科学とモデル

シミュレーションの哲学 入門

Simulation and Similarity

Using Models to Understand the World

マイケル・ワイスバーグ 著

松王政浩 訳

名古屋大学出版会

ディーナへ

しばらくするとこの厖大な地図でもまだ不完全だと考えられ、地図学院は帝国と同じ大きさで、一点一点が正確に照応し合う帝国地図を作り上げた。……西部の砂漠では、ぼろぼろになって獣や乞食の仮のねぐらと化した地図の断片がいまでも見つかることがある。……

ホルヘ・ルイス・ボルヘス「学問の厳密さについて」〔中村健二訳『汚辱の世界史』〕

目次

凡　例

一、本書は Michael Weisberg, *Simulation and Similarity: Using Models to Understand the World* (Oxford University Press, 2013) の邦訳である。

一、引用文に対する原著者の補足は〔　〕で記した。

一、補足的な短めの訳注は本文中に［　］で記した。

一、原注および長めの訳注は巻末にまとめた。注番号に付した（　）は原注、［　］は訳注を示す。

序　文

モデル、モデリング、さらに理想化について私が関心を持つようになったのは、化学者たちが化学結合の挙動を記述するのに、互いに全く相容れない高度に理想化されたモデルを使っていると知ったからだ。この行為は不可解に思えた。なぜ化学者たちは、最良のモデルを素直に用いないのか。本書は、この疑問についてかれこれ一五年間考えてきたこと、およびその間生じた他のさまざまな疑問について考えたことをまとめたものであり、三つの哲学雑誌（*The British Journal for Philosophy of Science*, *Philosophy of Science*, *The Journal of Philosophy*）に発表した論文がもとになっている。

本書を執筆するに当たっては、私の指導者であるピーター・ゴドフリー-スミス、ロナルド・ホフマン、フィリップ・キッチャーの手引きと洞察に多大な恩恵を被っている。また本書のアイデアについて議論した多くの同僚や友人たちの助言、意見、批判、ユーモアにも大いに助けられた。ジェイソン・アレグザンダー、ロバート・バターマン、クリスティナ・ビッキエーリ、ナンシー・カートライト、ジョン・デュプレ、マーカス・フェルドマン、ポール・ガイヤー、ポール・グリフィスス、トム・グリフィスス、ゲイリー・ハットフィールド、エリフ・ジェルソン、マレー・グッドマン、ロナルド・ギャリ、パトリック・グリム、ヴォルカ・グリム、ステファン・

ハートマン、ロム・ハール、ロビン・ヘンドリー、ポール・ハンフリー、ベン・ケア、スティーヴン・キンブラウ、ロブ・コーラー、ヘンリカ・カックリック、リチャード・レヴィンズ、スーザン・リンディー、エリザベス・ロイド、タニア・ロンブロゾ、イアン・ラスティック、ウスカリ・マキ、セルジオ・マルティネス、サンドラ・ミッチェル、メアリー・モーガン、マーガレット・モリソン、ポール・ニーダム、ジョーン・ラフガーデン、ブライアン・スカームズ、トニー・スミス、エリオット・ソーバー、カローラ・スタッツ、ポール・テラー、マーティン・トムソン-ジョーンズ、バス・ファンフラーセン、ウォード・ワット、ラズミス・ウィンザーに感謝する。

以下の大学、学会で聴講してくれた人たちからも、これまで多くを学ばせてもらった。アラバマ大学、オーストラリア国立大学、ブリストル大学、シカゴ大学、コーネル大学、デューク大学、ダーラム大学、フランクリン＆マーシャル大学、インディアナ大学、ロンドン・スクール・オブ・エコノミクス、ミズーリ大学、ペンシルバニア大学、ピッツバーグ大学、サンフランシスコ州立大学、南メソジスト大学、パリ大学、セントルイス大学、ティルブルフ大学、メトロポリタナ自治大学、カリフォルニア大学サンディエゴ校、メキシコ国立自治大学、ユタ大学、ワシントン・アンド・リー大学、そして、本書の核となるアイデアを発表した科学哲学会、国際生物学の歴史・哲学・社会学会に感謝する。

ベイモデルがどのように使われるかということについて、貴重な直接的知識を与えてくれたビル・アンゲローニとジョン・カーン、工兵司令部とジョン・リバーの資料に関して協力してくれた国立公文書記録管理局-太平洋地域のロバート・グラスにも感謝する。

私が本書の初稿を大半仕上げ、中心となるアイデアを練ったのは、オーストラリア国立大学に三度訪問し、さまざまな刺激が得られた期間であった。この訪問を可能にしてくれたペンシルバニア大学、アメリカ国立科学財団（認可番号 SES-0620887, SES-0957189）、そしてオーストラリア国立大学に感謝する。また、オーストラリア国立大学の科学哲学グループの哲学者たち，レイチェル・ブラウン，デイヴィド・チャーマーズ，ベンジャミン・フレーザー，アラン・ハイエク，ベンジャミン・ジェフェアズ，エイデン・ライアン，ケリー・ロー，ダニエル・ストージャ，そして特にブレット・カルコット，ジョン・マシューソン，キム・ステレルニーにも感謝したい。

私の執筆仲間であるタリッサ・フォードは，最も執筆の難しい箇所を書き上げる際に助けとなってくれた。私も彼女に対して同じようにできていることを願う。

本書は同僚や学生たちの注意深い読みと洞察力に富んだコメントで，大いに改善された。エリザベス・キャンプ，ローマン・フリッグ，ピーター・ゴドフリー-スミス，グレン・イアリー，アリステア・イーサック，リチャード・ローレンス，アーノン・レヴィ，ジェイ・オーデンバウ，イザベル・ペシャール，スコット・ワインスタインに大いに感謝する。また私のかつての，そして現在の学生たち，マシュー・ベイトマン，ウィーブキー・ダイムリンク，スコット・エドガー，アルキスティス・エリオット-グレーヴズ，ポール・フランコ，コリー・ジョンソン，ダニエル・イスラー，リアン・マルドゥーン，エミリー・パーク，カルロス・サンタナ，ダニエル・シンガーが，私の原稿にコメントをくれて，模範的な哲学者集団となってくれたことに感謝する。

最後に，知的で優れた編集感覚を持ち，計り知れない支えと愛を与えてくれた我妻ディーナに心から感謝する。

第1章　はじめに

1　水をめぐる二つの難問

サンフランシスコの飲料水は、ヨセミテ国立公園のヘッチ・ヘッチー貯水池からサンマテオのプルガス・ウォーター・テンプル〔サンフランシスコ水道局によって建てられた記念碑的な古代神殿様の建造物〕まで一六七マイル〔約二七〇キロメートル〕の距離を移動してやってくる。その旅の終点となる神殿には、次のような聖書の言葉が書かれている。「荒れ野に水を、砂漠に大河を流れさせ、わたしの選んだ民に水を飲ませる」（イザヤ書43：20〔訳は新共同訳聖書による〕）。この言葉が刻まれたのは、ベイエリアに住む人たちに、彼らが抱える水供給のもろさを忘れさせないためだ。このもろさは多くのサンフランシスコ住民の心に重くのしかかったが、とりわけジョン・リバーは人一倍これを重く受け止めた。リバーはアマチュア歌劇場の監督をしていたが、その名刺には「水のないところに命なし」という言葉〔生理学者セント－ジェルジ・アルベルトによる〕が戒めとして書かれていたくらいである。

ベイエリアの水問題を憂慮したリバーは、ある大胆な解決策を提示した。これがうまくいけば、サンフランシスコにほぼ際限なしに飲み水を供給できるだけではなく、ベイエリアの交通、産業、軍、レクリエーション施設に革命的変化が生じることになる。その計画とは、湾《ベイ》にダムを建設するというものだ。

ベイの北と南に延びた入り口部分に二つの巨大ダムを建設すれば、サクラメント川とサンワーキン川から海に流れ出る、年間三三〇〇万エーカーフィート［約四〇・七立方キロメートル］の真水が取り込めるはずだ、とリバーは考えた。このダムの上を塞いでしまえば、そこに新しい道路や線路を敷くことができる。さらに、新たにできる二万エーカー［約八一平方キロメートル］の埋め立て地には基地や空港が作れるし、産業用途、レクリエーション用途にこの土地を利用することもできる（図1・1）。

リバーは自分の計画によって、ベイエリアの水問題と土地問題がいっぺんに片づくだろうと思ったし、政治家や退役軍人のトップ連中の支持に加えて、一般市民の支持も得られた。しかしリバーに批判的な者たちは、その計画で漁業がだめになってしまわないか、サウス・ベイの海水が汚染されてしまわないか、オークランドやストックトン、サクラメントの港で問題が生じないかということを懸念した（Jackson & Paterson, 1977）。計画に反対した者の中には、米陸軍工兵《エンジニア》司令部が含まれていた。司令部は、リバーの計画、ならびにベイに堤を築く他の計画について、その影響を総合的に評価する仕事を請け負っていた。司令部は、リバーの計画が地域にいくつか利点をもたらすことを認めたが、ベイにダムを建設すれば、意図しない深刻な結果をもたらすことも確かだとした。彼らは地方当局に対して、ただの言葉のやりとりをするだけでは、助言として意味のないことがよくわかっていた。確かなデータが必要なのだ。だが、実際にダムを建設せず、湾をリスクに曝すことなしに、いったいどうやって確かなデータが得られるのだろうか。彼らが導いた答えは、サンフランシスコ湾の、大規模な水理縮尺模型《モデル》を作るというものだった。

この模型は、よくある縮尺模型とは比較にならないほど巨大なものだった。「倉庫の中のサンフランシスコ湾」

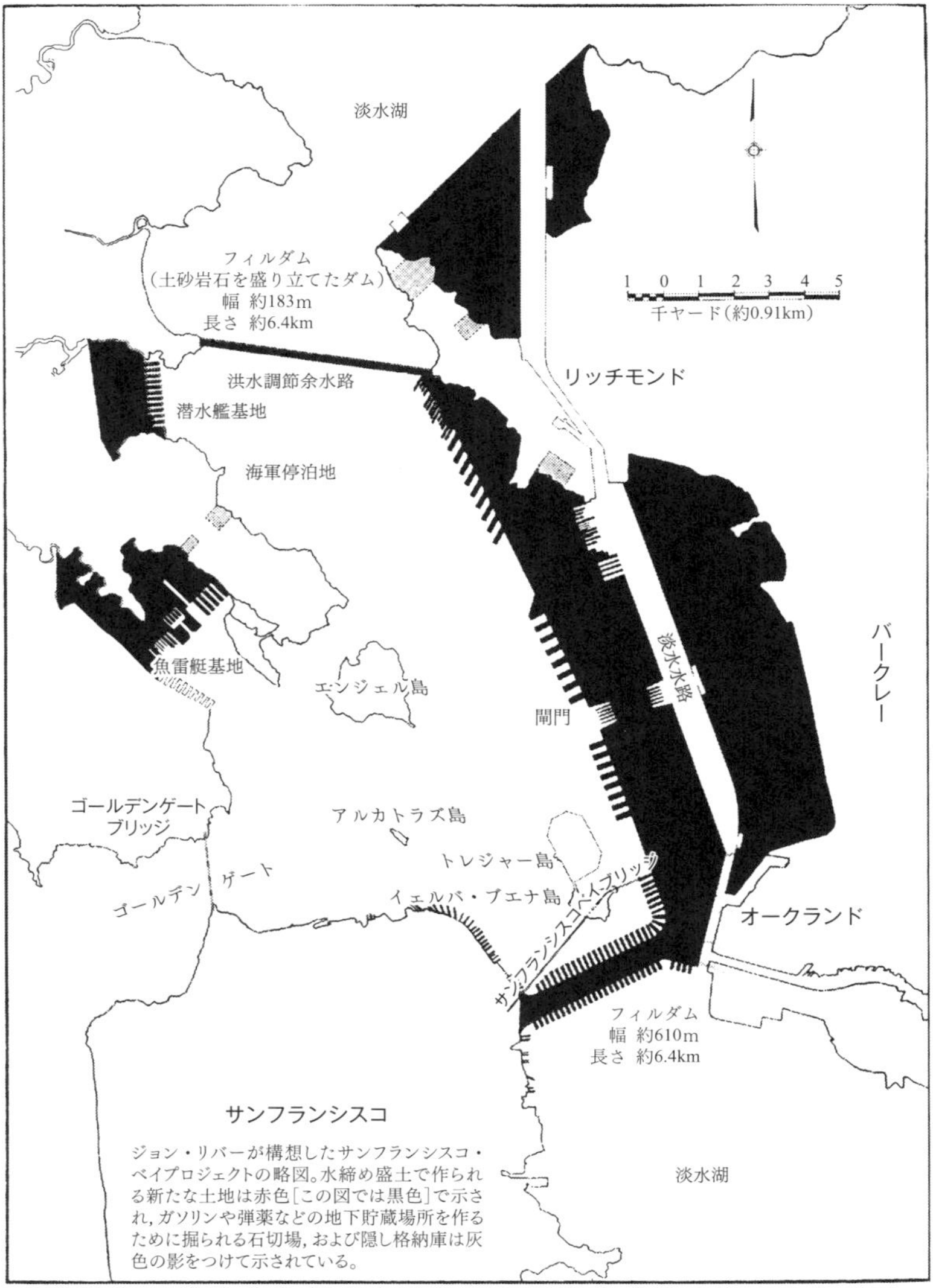

図 1.1　リバー計画の概略図．No. 77-94-09；「サンフランシスコ・ベイプロジェクト-リバー計画」サンフランシスコ湾と他の対象に関するリバー計画に関わるジョン・リバーの論文，c. 1917-1967；リバー計画を記述し推進する出版物と報告書，アメリカ国立公文書記録管理局-太平洋地域（サンフランシスコ）

(Huggins & Schults, 1967) と呼ばれたこの模型は、サウサリートの倉庫に格納されているが、当初一エーカー［約四〇四七平方メートル］の大きさから始まったものが、今ではおよそ一・五エーカーの大きさにまで規模が拡大している。模型は、水力ポンプによって湾の潮の動きと川の流れを実験的に作り出し、潮汐と海水の流れ、さらに、塩水と真水が出会う場所にある河口堰を模したものだった (Huggins & Schults, 1973)。

模型はリバーの肝煎りで作られ、政治的なサポートもあった。リバーは事業開始の式典には出席したが、模型の中で彼の計画が実行されるのを見ることなく亡くなった。彼の死後数年して、陸軍工兵司令部は最終報告書を発表した。報告書には、リバーの計画を実行していれば大きな被害が出ていただろうということ、そして、リバーができると断言した淡水湖は、実際には実現しようがない、といったことが記されていた。

これとは全く異なるモデルが、水をめぐる別の難問に取り組む上で用いられた。第一次大戦後に、イタリア沖のアドリア海では漁業資源の極端な不足が生じたが、とりわけ、戦時中は漁業のペースが落ちていたこともあって、このことは奇妙に思われた。イタリアではたいていの人が、漁業のペースを遅くすることで各個体群の数は増えるはずだ、と思っていたが、実際にはそうではなかった。この問題に取り組んだのは、イタリア人生物学者、ウンベルト・ダンコーナである。彼が魚市場に関する統計データを詳細に分析するうち、興味深い事実が明らかになった。戦時中、サメやエイ、その他捕食系の魚の数が増えていたのに対して、同時期にイカ、数種類のタラ、そしてエビ（ヨーロッパアカザエビ）の数は減っていたのである。どうしてこうなったのか。戦争で漁の手控えられたことが、なぜサメにとってプラスに働いたのか。

ダンコーナはこの疑問を、彼の義理の父で著名な数学者、物理学者でもあるヴィト・ヴォルテラのもとへ持ち込んだ。ヴォルテラは漁獲高の統計を直接分析することなしに、また物を使った模型を組み立てることもなしに、捕食者と被食者の各個体数からなる数理モデルを用いてこの問題を解こうとした (Volterra, 1926a)。その結果、捕食に関して「ロトカ-ヴォルテラモデル」として今日知られる、次のような二つの微分方程式を導いた。

$$\frac{\mathrm{d}V}{\mathrm{d}t}=rV-(aV)P \qquad (1\cdot1)$$

$$\frac{\mathrm{d}P}{\mathrm{d}t}=b(aV)-mP \qquad (1\cdot2)$$

この微分方程式で表されたモデルを分析することで、ヴォルテラは漁獲量の不足に関する難問を解いた。このモデルに従えば、もし生物を殺す範囲が多くの種に及び、捕食者と被食者の両方を同時に殺してしまうほどであれば、被食者がかなり有利となり、そこまで強くないレベルでは捕食者に有利となる。ここからヴォルテラは、濫獲して生物が全般的に死ぬ場合は被食者に有利となり、あまり漁獲がなされない場合は捕食者有利になると論じた。サメが特に繁殖したのは、第一次大戦でアドリア海の漁業が低迷し、殺生レベルが低くなったためである。このことをヴォルテラモデルは示唆していた。こうした結果は、ヴォルテラ本人であろうとも、また他の誰であろうとも、アプリオリに予想できるものではない。この数理モデルがもつ力のおかげで、ヴォルテラは厄介な問題に対する解答を見つけ出せたのだ。

ここに述べた二つの話は、科学者がモデリングで問題を解こうとする場合の典型的な例だといえる。モデリングとは、モデルの構築や分析を通じて、現実世界を間接的に研究する手法のことである。科学哲学ではこのところ、モデリングという行為の意味を重視するようになったが（たとえば Godfrey-Smith, 2006；Wimsatt, 2007；Weisberg, 2007b）、実際、モデリングは他の表象方法や分析方法と重要な点で異なっている。科学哲学で強調されてきたのは、モデルの構築性（Giere, 1988）や、理論に対する自律性（Morgan & Morrison, 1999）、高度な理想化によってもたらされる有用性（Levins, 1966；Wimsatt, 1987；Batterman, 2001；Hartmann, 1998；Strevens, 2008；Weisberg, 2007a）などである。一方、こうした新しい科学哲学の分野では、モデリング行為の中心にあるモデルについては、まだ包括的な説明ができていない。とりわけ、モデルの個別化、モデルと現実世界システムとの結びつけ、モデルと世界の適合性評価など、モデリングのすべての場面で理論家の意図がある役割を果たしているにもかかわらず、その点の探究がまだ十分できていない。このことは、本書の目的にとってたいへん重要な意味を持つ。本書は、モデリング行為や、モデリングにおける理想化の役割について新たに分析することと併せ、こうしたさまざまな場面で理論家の意図が果たす役割について、十分に解明することを目的とする。

2 モデリングのモデル

この本は、現代科学の行為において、モデリングと理想化が果たす役割について説明しようとするものである。数学的なモデリングだけでなく、従来、哲学的議論の中心になかった種類のモデリングについて論じる。その中には、具体物によるモデリングや、数値計算によるモデリング、高度に理想化されたモデルによって現実世界の特定部分を調べる研究、世界のどんなシステムとも直接関連づけられないようなモデルを調べる研究などが含まれる。

本書で取り上げる多くの例からわかるように、モデリングは必ずしも、現実世界の完全な表現を目指しているわけではない。陸軍工兵司令部やヴォルテラをはじめ、モデル制作者たちの仕事ではっきりしているのは、彼らが、対象となる現象の完全に正確な表現を目指して進んだわけではないということだ。むしろ彼らが力を入れたのは、背景システムのどんな特徴が、自らの探究に対して特に重要となるのかを突き止めることだった。

本書は、こうしたタイプの理論的探究行為について理解することを目指している。本書はまず、現代科学で用いられている三つの種類のモデリングを区別することから話を始める。これが第2章のテーマとなる。その中で、三種のモデルに共通する点は何か、あるいは三種以外にモデルがあるのか、といった考察も併せて行う。

第3章、4章では、これら三種のモデルの本質について述べる。そこでは、モデルが解釈された構造であること、またどんな種類の構造がモデルとして使えるのか、構造の種類によって表現能力がどう異なるのかを論じる。第4章ではさらに、「数理モデルはすべて虚構《フィクション》のシナリオだ」とする主張に反対する考えを述べるが、一方で、虚構だと主張する哲学者のさまざまな洞察が、ある方法を使えば私の主張するモデル論の内部に組み込めることも述べる。

次の章では、モデリングの理論的探究行為の話に戻り、モデリングの本質をめぐる問題から、モデリング行為の問題へと視点を移す。第5章では、「対象指向型モデリング」と私が名づけた、モデリングの最も単純なケースについて重点的に論じる。このケースでは、ベイモデルがそうだったように、理論家たちは単一モデルを使い、単一の対象がもつ性質について説明しようとする。

続く二つの章では、もっと複雑なモデリング行為について考える。第6章では、理想化という行為について議論する。理論家たちが理想化を行う際、彼らは目的となる対象に応じて意図的にモデルを歪める。理想化という行為は、ときに全く制約がないように見えるのだが、理想化が用いられる多様な目的について考えるためにも、また、それらの目的が互いにどのようなトレードオフ関係にあるかを考えるためにも、私は一つの枠組みを示したいと思う。第7章では、単一・特定の対象をもたないモデリングについて論じる。取り上げるのは、汎化モデリング、仮説的モデリング、対象なしモデリングの三つである。

モデリング行為について、このように拡張した説明を与えた後、今度はそれをもとにして、モデルが現実世界内の対象システムとどんな関係にあるかという問題を取り上げる。このあと論じるように、モデルはつねに真実と一致するわけではないし、対象のすべての側面をつねに忠実に記述するわけでもない。では、モデルと対象はいったいどんな関係にあるのだろうか。特に、モデルが対象に対して高度に理想化されている場合はどうなのか。この問題には第8章で答えたい。第8章ではまず、この関係をめぐって哲学の世界で影響力のある説明、すなわち同型性、準同型性、部分的同型性などの説について論じる。さらに、心理学者やコンピュータ科学者によって展開されてきた類似性の説明についても考察を行う。以上の議論を参考にしながら、「重みづけられた特徴の一致」と私が名づけた、モデル-世界間関係についての独自の説を呈示したい。

なお本書全体をとおして、モデルがデータによってどうテストされるかは、ほとんど取り上げていない。とはいえ、第6章と第7章で導く重要な結果の一つとして、科学者が複雑な現象を扱うときには、たいていの場合、少なくとも一部分が互いに相容れないようなモデルをたくさん作り出すということがある。その結果、科学者はロバスト分析という手法を用いざるをえない。この手法は、モデルのどの部分が、現実世界の現象について信頼できる表現となっているかを判断する手法である。第9章では、このロバスト分析について私自身の考え方を述べ、モデルが世界について教えてくれることを理解する上で、この解析が理論家たちにどう役立つのかを説明する。

理論家は、自分たちが対象とすることがらについて不完全で理想化されたモデルしか呈示できないが、哲学者も事情は同じに違いない。理論の探究行為は奥深く、層が何重にもあって、世界は多くの場合この行為に対して協力的ではない。科学は「何でもありだ」としたポール・ファイヤアーベントの有名な言葉は、たいていの場合この探究行為に当てはまりそうに思える。とはいえ、モデリングについて哲学的説明を与える議論を展開していけば、理論的探究行為への手掛かりが次第に見えてくるだろう。しかし、複雑な現象は、それがどのようなものであれ、必ずその表現は部分的で不完全となる。同様に、哲学的分析も部分的、不完全となることを免れない。したがって、本書でなされる説明は、それ自体がモデリングに関するモデルだということになる。

第2章　三つの種類のモデル

現代の科学で用いられる主なモデルは、具象モデル、数理モデル、数値計算モデルという、少なくとも三つのカテゴリーに分けられる。それぞれ、おおまかに次のようなものを指す。具象モデルとは、具体的な事物からできていて、その事物の物理的性質によって、現実世界のさまざまな現象がうまく表現できる可能性をもったモデルを言う。数理モデルとは、抽象的な構造で、現象を数学的にうまく表現している可能性のあるモデルのことである。最後に数値計算モデルとは、さまざまな手続き《プロシージャー》によって、あるシステムのふるまいをコンピュータ上の数値計算としてうまく記述できる可能性のあるモデルを指す。

哲学系の論文がこれまで扱ってきたのは、主として数理モデルであり、具象モデルはたまに言及される程度だった[1]。しかし現在でも、具象モデルは科学の場で広く使われている。特に応用科学分野、工学分野ではそうだ。数値計算モデルにいたっては、にわかに科学的モデルの主流となりつつある。とりわけ生物学、社会科学ではすでにごく普通に使われている。とは言っても、理論科学の大半の関心は、哲学者の場合と同じく今でも数理モデルにある。

この章では、まず、これら三種のモデルの典型的な例について論じることにしよう。そして、三つのモデルの共通点、異なる点について検討した後に、「モデルの種類のリストを増やすべきだ」とする意見と、「減らすべきだ」とする意見の双方を取り上げ、それぞれについて考察する。

1　具象モデル——サンフランシスコ湾《ベイ》-デルタ地帯モデル

第1章でサンフランシスコ湾《ベイ》-デルタ地帯モデルを紹介した。これは、一九五六年、五七年に米陸軍工兵司令部が作ったもので、リバーの計画が実現できるのか、あるいはどれだけ望ましいかを評価するための模型《モデル》であった。このモデルは水理モデルで、潮汐や海水の流れ、真水と海水が出会う勾配をモデル化しつつ、ポンプを用いて、湾における潮の満ち干や川からの流入を模している（Huggins & Schults, 1973)。

サンフランシスコ湾とデルタ地帯は、面積としては広いが、たいていの場所でそれほど深くはないので、モデルは水平方向に一千分の一のスケールで、垂直方向には百分の一のスケールで作られた。モデルには、サンフランシスコ湾とともに、サンパブロ湾、サスーン湾、サクラメント川とサンワーキン川の合流点、ゴールデンゲートブリッジの向こう側に広がる太平洋一七マイル［約二七キロメートル］分が含まれている。モデルは軽量の成形済みコンクリート板で作られていて、四隅を水平調整ねじで留められ、アスファルトの接合剤で目張りされている（Huggins & Schults, 1967)。

モデルの底表面は、一九四三年に行われた水路測量調査と、今回のプロジェクトのために追加で行われた水深測量の結果に合わせて成形された。またモデルには何千もの銅条が埋め込まれていて（現在では全部で二万五千ほど)、それにより、モデルの縮尺が原因で生じる流れの歪んだ部分を補正するだけでなく、海底のでこぼこや肌理を模している。

実験を行う際には、モデルは塩水で満たされ、ポンプ系を使って潮汐サイクルを模擬的に再現する。モデルの縁付近に後から設置された真水のパイプは湾に流れ込む川とその流れを模している。塩水は、ゴールデンゲートを通ってサンフランシスコ湾に入ってくる海水の、平均的な塩濃度となるように調整されている。

空間的な縮尺に加えて、モデルは他の点でも規模が調整されている。勾配と速度に関しては実際と十倍の違いに、流出量は百万分の一に、体積は一億分の一になるよう調整されている。湾の潮汐サイクルは二四時間五〇分だが、これはモデルでは一四・九分で生じる（百分の一の縮尺）（Army Corps of Engineers, 1981）。

リバー計画の評価に用いる前に、モデルを流体力学的にサンフランシスコ湾と同等になるように調整する必要があった。モデルの複雑さを考えると、これは決してたやすい作業ではない。モデルを合致させる単一のはっきりした対象があるわけでもないので、作業はいっそう複雑なものとなった。モデルは、平均的な渇水期の湾を表そうとしたものだったのか。渇水年の渇水期だろうか。それとも豊水年の豊水期だろうか。もちろん、湾や海、天候、その他すべてが完全にモデル化されていれば、これらの条件がいずれもうまく表現できるような形になっていたかもしれない。しかし、このモデルで捉えられる範囲はもっと限られていた。リバー計画が湾に与える影響を評価すべく、調整を行う必要があった。最終的に二つの特定の潮汐サイクルが、評価全体を左右する実験対象として選ばれた。

モデルの最初の調整は、湾全体に設置された二四の潮位計から得られた潮位データに基づいてなされた。これにはモデルの中で直接、調整できる対応箇所があった。潮位計から引き潮、上げ潮時の潮位に関する情報が得られた。しかし、モデルを調整して局所的な水の速さや向き、塩濃度、沈殿物の濃度を正確に表すようにするには、さらにデータが必要とされた。次の文章は、基準となるデータがどのように集められたかを述べたものである。

一九五六年九月二一日の秋分の日に、一五の小型船がサウサリートにある工兵司令部の船着き場から出航した。うち一一の船が湾の中で予め決まった固定場所（基準点）に着き、全体で五五〇平方マイル［約一四二五平方キロメートル］ある湾の、平均潮位での四八時間にわたる状態を記録した。……八〇人が交代で一時間おきに、水面から湾の底まで鉛直方向全域で水をサンプル採取した。これは、結果として起こる塩濃度の変化や懸濁した沈殿物の濃度を調べるためである。各深さの水流速度や向きについては、三〇分間隔で測定された。……潮の高さと振幅、水流の速度は日ごとに変わるものなので、少なくとも一回の潮汐サイクルで同時に測定するということが欠かせなかった。それゆえ、他に測定が行われているときには、自動検潮装置が使われていた。

(Huggins & Schults, 1967, 11)

ベイモデルが九月二一日、二二日に得られたデータに合うように十分調整されるまでには、さらに一四ヶ月が必要だった。調整には多くのパラメータの調整が含まれる。水の主要な流入と流出は、ゴールデンゲートブリッジの下で満ちる潮を模した二つのポンプを調整することで、うまく合わせることができた。しかし、満潮時の高さについては、湾の中の場所によってかなり違いがある。これについては、モデルの深さが正確な尺度に概ね沿ったものであることを確認した上で、湾底のでこぼことして模されたものを銅条の調整で変化させることにより、十分根拠のある対応ができた。川の流れを模した真水の流入についても、モデル全体を通して塩濃度変化が捉えられるように調整された。モデルの調整は、さらに断面的な測定と照らし合わせることによって検証された。

このような忠実性の高いサンフランシスコ・ベイモデルを備えたことで、米陸軍工兵司令部は、いまやリバー計画の評価を下せる立場にあった。リバーの提案では、サン・クエンチンからリッチモンドまで延びる幅六百フィート［約一八三メートル］、長さ四マイル［約六・四キロメートル］の土石ダム（フィルダム）建設が盛り込まれ、さらに、ベイブリッジの真南にサンフランシスコからオークランドまでをつなぐ、幅二千フィート［約六一〇メートル］、長さ四マイルの堤体の建設も含まれていた。陸軍工兵司令部は、リバーの堤体の縮小版を作ってベイモデルに追加し、水流、塩濃度、潮汐サイクルの変化を計測することによって、リバー提案の検討を行った。

工兵司令部が予測したとおり、リバー計画を実施すれば、湾やその生態系に大災害を引き起こすだろうということが、モデルによって示された。堤体は実際にはリバーが構想したような淡水湖を作り出すどころか、健全な水生生態系を維持するのに必要な循環が全くない、よどんだ貯水池しか生み出さない。堤体に開口部を設けて水の流れを生じさせるという可能性についても検討された。もちろん、これでは淡水湖はできないのだが、堤体の背後の水がよどまないようにダムを造れるかもしれない、と考えられたのである。しかしモデルによれば、こんな穴空きの堤体を作ることもまた、まずい考え方であった。穴を空けることで湾にきわめて速い水の流れが生じてしまうからである。それにより通常の生態系が乱され、湾の中心部を航行することが危険になってしまう。こうして工兵司令部は、これらモデルから得られたデータに基づいて、リバー計画の廃棄を訴える強い立場に立つこととなった（Army Corps of Engineers, 1963a）。

2　数理モデル――ロトカ–ヴォルテラモデル

生態学者は、捕食に大きな関心を持っている。捕食はしばしば、個体群を環境の収容力を超えないように保つ力を意味するからだ(2)。また捕食は、たとえば、環境が変化せず外部からの刺激が全くないところで個体群が振動したり、その他の周期的変化を起こしたりするときに、それを説明してくれる要因でもある（Ricklefs & Miller, 2000）。

理論生態学者たちは、捕食がどうしてこのような現象を導くのかという研究に関心を持っている。彼らはモデルを作り、個体群の振動の位相、振幅、振動数とともに、個体群の最大サイズを左右する要因についての研究も行う。

ヴィト・ヴォルテラ（Volterra, 1926a, 1926b）とアルフレッド・ロトカ（Lotka, 1956）はそれぞれ別々に、あるきわめてシンプルな捕食モデルを提唱した。このモデルは、今日ロトカ-ヴォルテラモデルと呼ばれている。ヴォルテラがモデルを作るときには、多くの生物学的な複雑さを自動的に排除するような、できるだけシンプルなモデルにしたいという動機がはっきりしていた。彼はこう説明する。「少なくともはじめのうちは非常に大まかだが……自分たちが調べたい作用だけを切り離して、それだけが単独で生じると想定し、他の作用は無視することを通じて、現象を概略的に捉える［つもりだ］」（Volterra, 1926b, G. Sillari 訳）。

ロトカとヴォルテラは、捕食を個体群レベルの現象としてモデル化したので、モデルで追いかける主要な数値は、個体群密度、あるいは種の（相対的な）発生量だった。対象となる個体群は相互作用するので、各個体数の変動は次のような結びつきをする。捕食者は被食者を食べることで被食者の数を減らし、被食者は捕食者にえさを与えることで捕食者数を増やす。抽象的な言い方をすれば、この関係は負のフィードバックの一つである。捕食者は被食者に対して負の結びつきをし、一方被食者は捕食者に対して正の結びつきをする（Maynard Smith, 1974）。

シンプルな、個体群レベルの捕食モデルをつくるには、対象とするべき六つの基本的要素がある。捕食者の生長率・死亡率、被食者の生長率・死亡率、捕食が被食者個体群に対して与える影響、被食者の捕獲が捕食者個体群に対して与える影響である。増加、減少の割合という点からモデルを組み立てるならば、個体群ごとの生長率と死亡率を、被食者の単一の生長率、および現実とはさらに少し離れるが、捕食者の単一の死亡率、という二つにまとめることもできる。その場合、追跡する要素は四つとなる。

いま、Vが被食者個体群の大きさ、Pが捕食者個体群の大きさ、tが時間をそれぞれ表すとしよう。上で示した関係を連立微分方程式で表すと、次のような基本的な方程式が得られる（Roughgarden, 1979 に従う）。

$$\frac{dV}{dt} = [\text{被食者出生率}] - [\text{捕食者当たりの被食者被捕獲率}] \quad (2 \cdot 1)$$

$$\frac{dP}{dt} = [\text{捕獲当たりの捕食者出生率}] - [\text{捕食者死亡率}] \quad (2 \cdot 2)$$

これらの方程式は、大きな、密接に相互連関するモデルの集まり（族）に対して一つのひな型となる。シンプルな仮定を置くことで、被食者の生長率は直線的になることもあれば、指数関数的になったり、等比級数的になったり、あるいはロジスティック（S字カーブ）なものになることもある。捕食者の死亡率は、一定（定数）となるケースが最も典型的である。このとき、もし被食者がいないとすると、捕食者数は指数関数的に減少する。関数が環境パラメータに依存したり、食物源がたくさんあってS字型の減少が見られたりする場合など、率を表す式がもっと複雑になることもある。

少なくとも捕食者-被食者の相互作用を考えようとする際、生物学者がより関心を持つのは、式2・1の第二項、および式2・2の第一項である。これらの項は、それぞれ**機能的反応**（機能の反応）、**数的反応**（数の反応）と呼ばれる（Holling, 1959）。ひな型になる方程式からわかるとおり、機能的反応とは、ある率のことを指し、特に一捕食者当たりの被食者被捕獲率を指す。最もシンプルな仮定では、機能的反応は直線的、つまり被食者数が増えるにつれ被食者の被捕獲数も直線的に増える。

最後に、数的反応に関する項は、生まれた捕食者の数と捕獲された被食者の数を関係づける項である。そのため、数的反応はそれ自身、機能的反応の関数である。数的反応を決めるのは、とりわけ被食者が集団の中でどれだけいるか、捕食者が獲物を捕まえるのがどれだけうまいか、また、獲物を捕まえて得られるエネルギーのうち、どれだけを新たな子孫づくりに回せるかである。当然、これらは複雑な相互作用を意味し、捕食者個体群にかかる他の環境ストレスや、子孫に要するエネルギーコストなど、他の環境変数にさらに依存することになる。生態学者はたいてい、こうした複雑な要因の多くを一つのパラメータにまとめ、数的反応を機能的反応の定数倍として表す。

さて、基本的なひな型がだいたいどう用いられるかを確認したところで、ロトカ-ヴォルテラモデルそのものに話を戻し、その正当化について考えることにしよう。ロトカ-ヴォルテラモデルは最もシンプルな関数を使うので、式2・1と式2・2を満たすモデルの中でも、最もシンプルなものである。

rが被食者個体群の生長率を表すとし、mが捕食者の死亡率を表すとしよう。機能的反応は直線的であり、定数aとVの積で表される。同様に、数的反応は機能的反応の一次関数であり、数的反応全体を表す式は、パラメータbと機能的反応との積、つまり$b(aV)$と表せる。

そうするとロトカ-ヴォルテラモデルは、次のような微分方程式で記述される。[1]

$$\frac{dV}{dt}=rV-(aV)P \qquad (2・3)$$

$$\frac{dP}{dt}=b(aV)P-mP \qquad (2・4)$$

この方程式は、劇的な結果を生むモデルの記述となる。捕食者と被食者の個体群は、互いに異なる位相でいつまでも振動する（図2・1）。種が共存する状態で、パラメータの値すべての組み合わせに対して、個体群が振動しない平衡状態が一つ存在するが、この平衡は不安定で、そのためその値から乱されて少しでも外れると、個体群モデルは振動し続ける。

ロトカ-ヴォルテラモデルの最も重要な性質は、ヴォルテラ特性と呼ばれ、これはヴォルテラ原則の主要な要素となる（Weisberg & Reisman, 2008）。ヴォルテラ特性とは、全般的な殺生物の状況において、つまり捕食者と被食者のどちらに対しても有害な影響を与えるものがあるときには、それが何であれ、被食者個体群の相対的な存在量を大きくするように作用する、ということを述べたものだ。この特性を見るには、まず、どちらの微分方程式の値もゼロにしてやって、それぞれの種が、平衡時にどれだけの存在量を持つかを求めればよい。式を解くと、平衡時の存在量はそれぞれ次のようになる。

$$\hat{V}=\frac{m}{ab} \qquad (2・5)$$

$$\hat{P}=\frac{r}{a} \qquad (2・6)$$

このとき平衡は不安定であるが、これらの値は、きわめて長い期間をとった場合の、捕食者と被食者それぞれの平均存在量に相当する。

ロトカ-ヴォルテラモデルからヴォルテラ特性を導くには、まず、被食者個体群の平均的大きさに対する、捕食者個体群の平均的大きさの比（$\hat{P}/\hat{V}$）をとる必要がある。これをρと表そう。ρの値が小さくなることは、被食者個体群の相対的な大きさが増加することを意味する。

式2・6と2・5から、

$$\rho=\frac{rb}{m} \qquad (2・7)$$

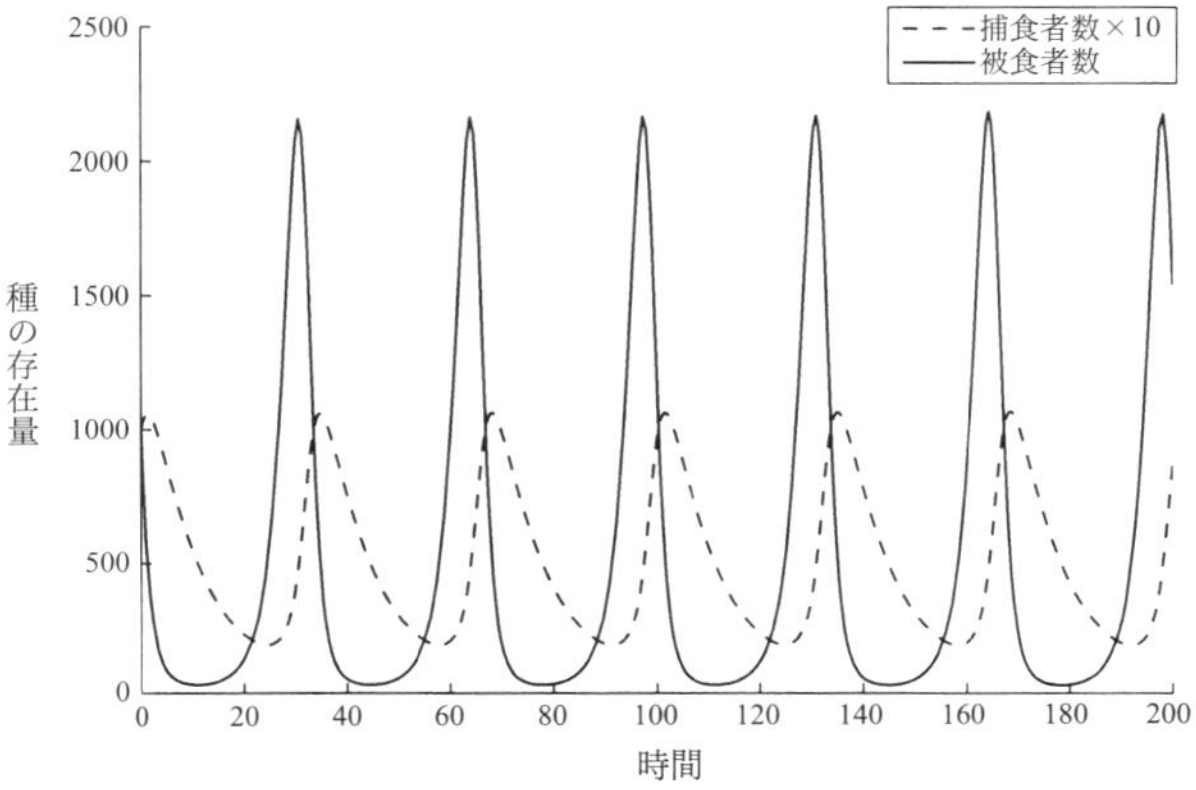

図 2.1　ロトカ-ヴォルテラモデルの振動

である。

次に、全般的な殺生物という事態が、モデル集団にどんな影響を与えるかを考える。殺生物の事態は、rとmの値の変化として表現することができる。すなわち、殺生物時には被食者の生長率（r）が減少し、捕食者の死亡率（m）が増加する。平均密度の比を表すρの変化に注目すれば、ρ（殺生物時）＜ρ（通常時）となることがわかるので、殺生物時には、被食者個体群が捕食者個体群に比べて増えることになる。これが正にヴォルテラ特性と言われるものだ。全般的な殺生物により、被食者個体群は相対的に大きくなる。濫獲は全般的殺生物に当たるので、濫獲期には被食者の種が有利となることが予想される。一方、第二次世界大戦時のように漁獲が少ない時期には、捕食者の種に有利となる。

3　数値計算モデル――シェリングの人種分離モデル

トマス・シェリングは『ミクロな意志とマクロな行動』(Schelling, 1978) の中で、非常にシンプルなモデルを使い、全く人種差別がないところでも人種の分離が起こることを示した。このモデルは、行為者《エージェント》ベース、つまり各個体が一つ一つ区別されて表現されたモデルである。シェリングは、十セント硬貨と五セントニッケル貨がそれぞれ異なる人種AとBの各個人を表すとし、チェス盤のマス目が空間的位置を表すとして、モデルの実装を行った。このモデルでは、どの個人も、少なくとも三〇％の隣人が同じ人種であってほしいという選好を持つ。したがって、A人種の人は、少なくとも周りの三〇％がA人種であることを望み、B人種についても同様である。シェリングモ

初期分布　$t = 1$　$t = 2$　$t = 3$　$t = 14$（平衡状態）

図 2.2　シェリングの人種分離モデルの例。51 × 51 の格子上に 2000 の行為者が配置されたもの。各行為者は，ムーア近傍の 30 % が同じ色，形であることを好む。行為者の初期の分布はランダムで，14 の時間ステップ後にモデルは平衡状態となった

デルの近接空間は、九つの格子をひとまとまりとする標準的なムーア近傍で定義されていた。ある格子eにいる人は、そこに隣接する格子に〇人から八人までのいずれかの人数で隣人を持つことになる[2]。

シェリングは、はっきりと効用関数[3]を与えることはなかったが、上で述べた選好が意味することは、自分と同じ人種が隣にいる割合が三〇%から一〇〇%の間ならばこれを気にかけず、三〇%未満になると不満になる、ということだと解釈できる。格子の幾何学的な制約により、近傍がすべて埋まっている場合には、結局のところ、隣人八人の中で少なくとも三人は自分と同じ人種であることが望まれ、三人から八人の間であれば選好に差がない。

このモデルは動き始めると、次々に流れるような展開を見せる。その様子は図2・2に示されている。もともと満足していた人であっても、一人の隣人がそばを離れてそこに新たな人が入ってくると、直ちに不満になることがある。これはさらに、新たに移った人の不満へとつながる。格子のある点で不満が生じれば、結局、広範囲の移動が生じて最終的には人種の分離に至る。分離せずに、誰もが満足できるような格子の配置というのも若干はあるが、それは稀であって、人の移動によってそうした配置になることはほとんど不可能である。このモデルの平衡状態とは、人種が分離した状態である。かくして、シェリングが導いた重要な帰結は、人々が類似性を求める小さな選好が大規模な分離をもたらすことがある、ということだ。この結果は非常に安定したものであって、異なる効用関数や更新規則を与えたり、

近傍サイズや空間的な配置を変えたりするなど、モデルにさまざまな変化を加えたとしても影響がない。実際、人が自分に似た隣人を少しでも求めることがあれば、分離を避けることはきわめて難しいのである。

4 これらのモデルに共通する特徴

サンフランシスコ・ベイモデルとロトカ-ヴォルテラモデル、シェリングモデルの間には、かなり大きな違いがある。ベイモデルは工学技術を巧みに駆使している。特定の時間空間に生じることがらに的を絞ったもので、対象となるシステムについての知識を得るには、科学的な計測を注意深く行うことが必要となる。他方、ロトカ-ヴォルテラモデルでは、それがもたらす重要な結果を知るには、紙と鉛筆、そして計算に関する若干の知識しか必要ない。このモデルは数学的対象物なので、直接評価したり計測したりすることができず、そこから何かを学ぶ方法は、記述された方程式の操作を通してということになる。シェリングの分離モデルは、それを具体的に実現するものがどこにもないという点ではロトカ-ヴォルテラモデルに似ているが、その全体的なふるまいは簡単には分析できない。その特性を理解するには、シェリングがしたように物理的空間を使うか、あるいはコンピュータを使うかで、いま注目している特性を知るためのしかるべき手続きに従わねばならない。さてそうすると、これら三つのモデルについて統一的な説明を与えようとした場合、いったいその三つにどんな共通点があると言えばいいのだろうか。

核心的なことは、三つのモデルのいずれも、現実を、または想像された現象を表すための、ある**解釈された構造**によって成り立っているということだ。どのモデルも構造を持っている。ベイモデルとはすなわち、一組のポンプと装置類を備えたコンクリートの水槽であり、ロトカ–ヴォルテラモデルは数学的に構築された空間内の点の集合であり、シェリングモデルは状態とその遷移の集まりである。これらをそれぞれサンフランシスコ湾のモデル、生物個体群のモデル、都市の人々のモデルにするのは何か。それは、モデルの定義における第二の部分、すなわち解釈にほかならない。理論家は、コンクリートの水槽がサンフランシスコ湾を表しているつもりにならないといけない。あるいは、コンピュータ空間における状態遷移が、都市における移動を表しているつもりでないといけない。こうした解釈によって、モデルが何のモデルなのかが理解され、モデルと意図された対象との指示関係が成立するのである。[3]

5　モデルは三種類だけか？

多くの哲学者たち（たとえば、Downes, 1992; Winther, 2006）が、モデルとモデリングに関する伝統的な議論を批判してきた。というのは、一種類のモデル、つまり微分方程式で表される動的な数理モデルに対して、あまりに焦点が絞られすぎてきたからである。彼らが主張するのは、モデルがすべて数学的だとは限らない、またたとえ数学的であっても、それらは伝統的なモデリングで説明されているよりずっと多様だ、ということである。私はこの批判には大いに共感するし、科学哲学者はモデリングの説明に対して、数値計算モデルや具象モデルのためのスペースを設ける必要があると思う。しかし、私が示す三つの分類は、他に提示されているいくつかの案よりも要求が厳しい。私の分類に対する考えは、果たして議論を狭めるものだろうか。

私のリストがそれだけで完結し、すべてを網羅していると確信するわけではないが、この三種類のモデルは、哲学的文脈でよく議論される典型的な問題にはうまく対応できると思う。私が具体例を通して述べてきた三つの分類以外に、科学哲学者がよく持ち出す三つの分類がある。モデル生物、言葉によるモデル、そして理想化された範型、である。これを一つずつ考えてみよう。

モデル生物とは、生物学者が用いる特定の生物種のことだが、必ずしもその種に限定されないような現象を研究するために用いられる。遺伝学では、キイロショウジョウバエと大腸菌が非常に一般的なモデル生物である。医学研究者は、ヒトのモデルとしてよく犬を用いる。心理学者は、さまざまな種にまたがる学習モデルを立てる際に、長い間齧歯類の動物を用いてきた。実験室で用いられる特定生物はたいてい同系交配であり、現在そのような形のものが野生では見られないような純血種である。

モデル生物は、いくつか異なる目的で用いられる。科学者がある現象を研究する際に、何らかの生物を調べる必要はあるが、特定の生物について調べるわけではない、という場合がある。そうしたときにモデル生物が用いられる。たとえば、遺伝子調節に関心がある生物学者は、しばしば酵母菌を用いる。醸造やパン焼きの話以外では、本来、酵母菌の遺伝子調節は興味の対象にはならない。ではなぜわざわざ研究されるかというと、酵母菌は実験室で簡単に操作することができ、遺伝子調節に関わる生化学そのものが、あらゆる生物で同様だと考えられるからである。

それ以外にモデル生物が使用される場合としては、何らかの属性を共有する一群の生物が研究されていて、生物学者がそうした生物の典型例を必要とする場合などがある。たとえば、侵入生物の研究をしている生態学者は、これまでオーストラリアへのウサギの侵入や（Scanlan, Berman, & Grant, 2006）、植物の葛の侵入について（Forseth & Innis, 2004）よく調べてきた。また、モデル生物が用いられるさらに別の場合として、特定の生物、たとえばヒトについて科学者が知識を得たいが、倫理的あるいは金銭的理由でそうした対象への実験ができない、といった場合も挙げられる。

モデル生物に関する論文がこれまで一つの焦点としてきたことは、こうしたモデルが何を対象とするのかということである。葛をモデル生物として考える場合、その対象になるのは現実的もしくは仮想的な、非常に幅広い範囲の侵入植物である。私たちは葛から学べることを汎化（一般化）して、将来起こるかもしれない侵入について理解を深めたり、その侵入を防いだりすることができるように思われる。さらにモデル生物は、数学的分析ではなく実証実験によって知識を得る、という点で他の典型例とは区別されると思われる（Ankeny, 2001；Griesemer & Wade, 1988；Griesemer, 2004）。

モデル生物がモデルの重要な集合であることは明らかだが、私の意見では、これまで私が示した枠組みの中に、きちんとモデル生物を取り込むことができる。理由は、モデル生物が具象モデルだからである。モデル生物は、サンフランシスコ・ベイモデルのように組み立てられることはないが、具体的な対象物に似ていることから、やはりそれは具象的システムだと言える。上に述べたような、とりわけモデル生物において顕著な特徴は、決してモデル生物に固有というわけではない。そうした特徴は、モデリング行為においてごく普通に見ることができる。たとえば、このあと第7章で論じるように、多くのモデルが汎化された対象システムを持っている。ベイモデルは特定の二日間の潮汐に合うように調整されたものだが、このモデルでさえ、ベイ-デルタシステムの汎化モデルとしての役割を担わされていた。この点で、ベイモデルを使用することは、より大きな種集団を研究するために単一種を用いるのと、ほぼ同様だと言える。

さらに、他の具象モデルでもモデル生物と同じように、まさに実験によって研究が行われる。本章1節で論じたように、サンフランシスコ・ベイモデルは操作を施すことで研究が行われた。リバー計画に従ったダムがモデルの中に導入され、海水が湾の大部分を占めることがないようにその浸入を遮るとどうなるかが、この実験によって確認された。したがって、ベイモデルは多くの点でモデル生物と類似している。合成生物学が発達してくればまた話は変わるが、今のところベイモデルとモデル生物の主要な違いは、前者が組み立てられるものであるのに対し、後者は自然状態を起源にしている点にある。こうした違いはあっても、両者はともに具象モデルである。

これ以外に、新たなモデルの種類として候補に挙げられるのは、哲学者たちが**言葉によるモデル**、あるいは**叙述モデル**と呼んできたモデルである（Winther, 2006）。こうしたモデルは叙述によって表され、たいていの場合、何らかのありうるメカニズムを言葉により素描している個所がある。さらには、このメカニズムの作用によって現実の一部の現象がいかにうまく説明できるか、といった解説がつけ加わる。たとえばシェパードとメッツラーは、被験者に対してさまざまな向きに並べられた幾何学的図形を見せる実験を行った（Shepard and Metzler, 1971）。これらの図形は、互いに全く同一であるか、重ね合わせることのできない鏡像関係にあるかのいずれかであった。被験者は、それらが同一かそうでないかを判断し、その判断結果をボタンで示すという課題が課せられた。研究の結果彼らが気づいたことは、図形が同一かどうかの判断に要する時間が、図形の回転角の一次関数として表せるということだった。

この発見について説明するために、シェパードとメッツラーは、被験者が頭の中で図形を三次元図形として思い描き、それを実際頭の中で回転させているのだとした。この説明は、モデルを導入するものだと考えられる。というのも、シェパードとメッツラーが心のメカニズムを提唱し、その結果がどうなるかを考察し、実際に得られた実験結果がそれでうまく説明できると想定しているからである。しかし、このモデルを定式化するのに全く数学は使われていないし、具体的なものは一切構築されていない。このことから、ある人たちは、こうしたモデルのことを「純粋に言葉による」モデルと呼んできた。

私は、シェパードとメッツラーが、自分たちの実験結果を説明するためにモデルを作ったということについては、全く反対するつもりはない。しかし、だからといって、これがモデリングの別の分類を示しているとは考えない。その一番の理由は、モデルがどのように記述されるかということと、そのモデルの種類が何かということとがはっきり異なるからである。第3章で論じるように、私が挙げた三つの種類のモデルは、言葉でも、数学でも、また図を用いても記述することができる。したがって、シェパードとメッツラーがモデルの記述に言葉を用い、方程式を用いなかったというだけでは、そのモデルが特別だということにはならない。

さらにつけ加えると、言葉によるモデルが特別な種類に見える理由は、しばしば記述が不完全だということにあると私は思う。シェパードとメッツラーの元の論文では、心の中の回転メカニズムについて、私が上で述べた以上のことはほとんど書かれていない。しかしそれだとモデルの完全な記述というにはまだほど遠い。このモデルの性質についてもっと踏み込んだ理解がしたければ、このモデルをさらに詳述するとどうなるかを考えてみればいい。

シェパードとメッツラーのモデルを詳細に記述すれば、「視覚的な入力Vが心的メカニズムMを作動させ、それがPによって処理されてOを出力する」といったようなメカニズムの詳細が、多数含まれると思われる。詳細を完全に書き表せば、言葉によるモデルは、現象を説明する手続きとして数値計算モデルを言葉で書き表したものになる。すなわち言葉によるモデルは、少なくともそれが心理学で通常目にするような種類のものならば、たいていは言葉で書き表された数値計算モデルなのである。

具象モデルでもない、また明確な数理モデルでもないモデルの候補として最後に挙がるのは、**理想化された範型**という種類だ。そうした事例の一つについて、スティーヴ・ダウンズが、モデルの多様性を論じた画期的な論文の中で取り上げている。彼が取り上げているのは真核細胞の標準モデルである。

……細胞を描いた、よくある生物学の教科書について考えてみよう。ほとんどの教科書では、細胞核、細胞膜、ミトコンドリア、ゴルジ体、小胞体を含んだ配列図式の細胞が掲げられている。植物学の教科書の細胞図式には葉緑体や外側細胞壁が含まれるが、動物学の教科書ではこうしたものは含まれていない。細胞として取り上げられているものは、一つのモデルである。これは、すべての細胞の働きを理解させてくれるような、相互に関係し合った複数のモデルの集まりに含まれた一つのモデルにすぎない。逆にモデルは、それ自体、神経細胞でも、筋肉細胞でも、また膵臓の細胞でもない。それはこれらすべてを表すものである。

(Downes, 1992, 145)

理想化された範型が、それだけで一つのモデルの種類をなすかどうか判断するには、その主張の基礎をなすと思われるものを、いくつか切り分けて考えるべきである。ダウンズによれば、細胞の標準モデルは、(1)図式的に表され、(2)言葉でさらに詳しく述べられ、(3)実際の細胞と比べると抽象的で、また(4)実際の細胞に比べると理想化されている。この四つの主張について、それぞれ検討してみよう。

まず、細胞の標準モデルが図式的に表されているからと言って、何かそれが特別なものになるわけではない。それは、言葉で表されたものが特別ではなかったのと同様である。モデルがどのように表されるかは、モデルの記述の特性に関係することであって、モデルそのものに関することではない。具象モデルを数学的に表すことができるし、また数理モデルを具体物で表すこともできる。同様の理由で、この細胞標準モデルが言葉で詳述されるからと言って、それが他の種類のモデルと区別されるわけではない。

哲学者がこの標準モデルの、言葉による形式、あるいは叙述による形式の重要性を説くとき、彼らが実際に指摘していることは、むしろモデル記述の豊かさの方ではないかと思う。教科書に掲げられているモデルは、ロトカ－ヴォルテラモデルのように中身が希薄なわけではない。むしろ、それがどれだけ詳しいかという点からすれば、細胞標準モデルはより具象モデルに近い。

　ダウンズは、細胞の教科書モデルは実際の細胞に比べて抽象的であり、同時に理想化もされていると指摘する。抽象的だというのは、それがいかなる特定の種類の細胞とも違うからである。標準モデルは、すべての真核細胞が共有する性質をもったモデルである。このことと関連するが、理想化されているというのは、それが汎化されることで、モデルのある部分が現実の細胞に対して歪められているからである。私はこの二つはどちらも興味深い特徴だと思うし、細胞に関する話では特にこうした特徴がはっきり表れていると思う。しかし、実際のところこうした特徴は、すべての種類のモデルに非常に幅広く見られる特徴である。私が挙げた三つの主要な事例は、それぞれが対象とするものに対して、いずれも確かに抽象的であり理想化されている。

　理想化された範型が、もしそれだけを別扱いする特別なところが全くないなら、いったいそれらは何だと思えばいいのだろう。私は、真核細胞の標準モデルは、それが実際に組み立てられるようなことはおそらくなかったとしても、実は具象モデルの一つなのだと思う。教科書に書かれている記述や図解は、このモデルの仮想的な構築の役に立つものであり、それを実際に構築することなしに、モデルに関する考察を導いてくれるものである。

　ここまで、モデル生物と理想化された範型が、実は種類としては具象モデルだと論じてきた。また、言葉によるモデルは、実際は三つの種類のモデルのどれかを規定するモデル記述だと述べてきた。私はここで、考えられるすべてのモデルの種類について検討し尽くしたと言うつもりは毛頭ないし、私が挙げた三つの区別に当てはまらない別のモデル類型はありえない、などと言うのは馬鹿げたことだと思う。けれども、通常哲学の論文で議論されるモデルやモデリングの例に関しては、そのすべてを、具象的、数理的、数値計算的モデルのいずれか、あるいはひょっとするとその三つの混成として考えることが可能なのである。

6　モデルは三種類よりも少ないか？

前の節では、モデルの種類のリストを三つよりも増やすことは理にかなっていないと述べた。今度は逆の質問を考えよう。モデルの種類は、実は三つより少ないのではないか。

モデルの種類を減らす最もわかりやすい方法は、数値計算モデルが数理モデルの特別な場合にすぎないと論じるやり方だ。突き詰めれば、数値計算の操作は、基本的に数学的な操作である。数値計算は形式的（定式的）には状態と状態遷移によって記述され、離散数学がそうした遷移の理論を与える。それ以外に種類を減らす方法としては、具象モデルを何らかの仕方で数理的だと解釈するか、あるいは数理モデルを具象的だと解釈することが考えられる。おそらくこうした解釈がとられる際には、両者とも実際には虚構のシナリオなのだ、という点に訴えることになるだろう。

ここで確認しておきたいのは、私たちが「結局、何種類のモデルがあるのか」と尋ねるときに、少なくとも三つの問いを区別することができるということだ。一つには、科学における額面通りの実践行為について問うことが考えられる。この場合、「科学者が語るモデルは何種類か」という問いが発せられることになる。二つ目は、存在についての問いである。そこでは、「本来、モデルとはいったい何なのか、それを確認した上で、何種類のものが存在するのか」と問われることになる。三つ目は、「モデルを基礎とした理論づくりの行為を説明しようとするとき、何種類のモデルが必要になるだろうか」という問いである。この三つ目の問いの種類は、ステイシー・フレンドが**認識的**レベルの哲学的理論化と呼んだものに関係する（Friend, 2009；また French, 2010）。

この本全体を通して、私はこの三種類の質問に対して意見を述べたいと思うが、この章、および本書全体で私が主に関心を持つのは、認識に関わることがらである。三種類のモデルがある、と言うとき、私は科学者によって何種類のモデルが認められているかという、純粋に記述的な主張をしようとしているわけではない。また、何か根本的な存在論に関する主張を行いたいわけでもない。むしろ私が主張したいのは、現代の科学において実践されているモデリングについて説明を行うとき、モデルおよびモデリングについての哲学的議論ではこうした三つの区分が必要になる、ということだ。

もちろん、実践に基づいた説明の必要性を訴えるだけでは、この問題の完全な解決にはならない。説明によっていったい何をしたいのか、ということ次第で答えが大きく変わるからだ。科学哲学者の中には、異なる種類のモデルを提示することを目標にし、その取り組み方に細心の注意を払う人たちがいる。たとえば、私はモデル生物とベイモデルは同じ種類だと考えるが、彼らにとっては、このような二つのモデルがいかに違うかを示すことが非常に重要である。本書で私が目標とするのは、これとは異なる。私が理解したいと思うのは、さまざまなモデルの集合が持つ表現能力であり、モデルの個別化や解釈において理論家の意図が果たす役割であり、実世界のシステムに対するモデルの位置づけであり、モデルと世界の適合度評価についてである。こうした目標に照らして、私が挙げた分類をより少なくする可能性をいくつか検討してみよう。

まず、単純に、数値計算モデルは数理モデルだと言えるのではないか。答えは簡単だ。そう言ってよい。しかし私は、両者が科学的説明で用いられるときの違いがあるために、両者を区別することが重要だと考える。ある現象を説明するために数値計算モデルが持ち出されるとき、たいていは、遷移規則やアルゴリズムが**説明項**として用いられる。シェリングは、小さな心の傾向を反映した小さな意思決定が集まると、大規模な人種分離の人口統計につながることを指摘し、人種分離に関する説明を行った。そこではモデル状態の時系列やモデルの最終的な平衡状態などは、いずれも説明力を持っていない。説明には、アルゴリズムそのものが必要なのである。逆に、私が数理モデルと呼ぶ種類のモデルでは、数学的構造、あるいは変数間の関係が説明力を持っている。したがって、存在論的に見れば両者は異なる種類のモデルではないが、実践として見れば両者の働きは異なっており、それぞれ異なる表象能力を持っている。ここから、両者には異なる分類がなされるべきなのである。

分類を減らす別の方法として考えられるのは、具象モデルが実際は数理モデルか数値計算モデルである、としてやることだ。この考え方をあからさまに支持している哲学者がいるかどうかわからないが、構造実在論者の何人かは、すべての物理的対象は究極的には数学的構造になると主張してきた（French & Ladyman, 2003）[4]。これに関連した、しかしそこまで極端ではない見方として、具象モデルは数学的ではないが、それが潜在的な表象手段として持っている科学的な価値は、しばしばその数学的特性に由来するという見方がある。ピンコックが最近そのような見方を擁護している（Pincock, 2011, § 5.3）。

何人かの哲学者はこのような構造実在論的見方を擁護して、すべての種類のモデリングにとって数学が不可欠なことを考えると、「数学中枢的」な見方に自ずと行き当たるものだと証言している。ピンコックが指摘するのは、具体的な物の構造がモデリングに用いられるときでさえ、対象システムに対してこれらのモデルを比較する際には、しばしば数学が必要になるということだ。サンフランシスコ・ベイモデルを構築する際、工兵《エンジニア》たちはある無次元量の計算を対象とモデルの両方に対して行い、モデルと対象の類似関係を確かめるために、これらの量を比較した（Army Corps of Engineers, 1963a, 1963b；また、無次元量の使用についてのもっと一般的な議論は、Kline, 1986；Batterman, 2001）。

けれどもピンコックの述べていることが、実際どれほど一般的かはわからない。というのも生物学や化学では、構造や作用など、はっきり数学的だと言えない仕方で比較を行う場合があるからだ。しかし、仮に構造実在論の一連の見方に賛成してこのピンコックの指摘を認めるとしても、私が数値計算モデルについて上で述べたのと同じ点に話は戻ってくる。具象モデルに関する究極的な存在論とは別に、科学的実践において、具象モデルは数理モデルおよび数値計算モデルとはその働きが異なるのである。たとえば、具象モデルは数式の媒介なしに、直接そのものを研究することができる。これがその一つの例である。

さらに、具象モデルのもつ特性は、単なる数理モデルの特性よりもはるかに豊かである。たとえ、モデルのあらゆる使用、もしくはほとんどの使用において、モデルの数学的特性が用いられなければならないというピンコック的な主張が可能だとしても、その特性がモデルの他の部分から明確に切り離せるとは限らない。たとえば、ベイモデルの工兵たちは、対象に対するモデルの類似性を無次元量によって確かめようとしたが、類似性の評価はモデルの水流に関する特性と対象とを比較することで行われ、単にモデルの数学的特性のみが比較されたわけではなかった。したがって、私は具象モデルを他とは区別されたモデルとして立てる必要があると考える。

モデルの種類を減らそうという最後の提案は、マーティン・トムソン-ジョーンズが発案したものだ。彼は、すべての種類の科学的モデルは命題として捉えることで最もよく捉えられ、そうすることですべての科学的モデルの統一が図れると主張する。命題としてのモデルは、「一組の命題であり、それを構成するものが集まって、探求領域に含まれるあるシステムを、何らかの特徴を持ったものとして、あるいはある仕方で作用するものとして表す」モデルである（Thomson-Jones, 1997, 11）。トムソン-ジョーンズは、モデルのこのような概念が数理モデルで意味をなし、前で述べた真核細胞モデルや、また水素原子のボーア模型《モデル》のような物理モデルなど、扱いが難しい場合にも意味をなすと述べている。

トムソン-ジョーンズの主張は統一性に関するものなので、その点で彼の説明には興味をそそられるが、モデルが命題の集合だと述べる彼の元々の動機は、あるモデルの集合を扱うことにあった。そのモデルは現実的な、または潜在的なシステムについて非常に一般的に記述したものであって、数理モデルとは異なるように思われる。トムソン-ジョーンズはボーア模型について論じる中で、次のように述べている。

……水素原子のボーア模型は、水素原子がたどるどんな個別の時間発展も表すものではない。むしろそのモデルに含まれるのは、水素原子に関する非常に多くの様相的な情報である。具体的には、電子は陽子のまわりのどの円軌道上でも動くことができるが、それはモデルを表す際に導かれた制約を満たすものであり、〔……〕。他は一切認められない。 (33)

トムソン-ジョーンズは、数理モデルは単一システムの時間発展に対応し、状態空間[5]内の一つ一つの軌道と考えられるものなので、ボーア模型は数理モデルではありえないと述べる(4)。また同様に、細胞モデルには空間と細胞のプロセスに関する情報が含まれていて、それらはいずれも状態空間の軌道に対応するとは考えられないとも述べている。

トムソン-ジョーンズはこうしたケースを数理モデルの一例と考えることはきわめて不都合だと考え、数理モデルも含めて、こうした事例を命題の集合と捉えることが最も適切であると主張した。たとえばボーア模型は次のような複数の命題で捉えられる。

(1)水素原子は正の電荷をもつ一つの陽子と、負の電荷をもつ一つの電子からなる。
(2)電子は陽子のまわりの円軌道を動き、nを正の整数として角運動量 $n\hbar$ をもつ。

ボーア模型に関わる命題は、物理的対象への言及、および水素、電子、負の電荷等の特性への言及を含むもので、これによって、モデルがいかに表象内容を持つかが示される。同様の分析が、細胞モデルのような全く非数学的なケースと、逆にどっぷり数学的なケースの両方を対象にして行われる。このようにして、トムソン-ジョーンズはモデルの統一的な説明が可能であるということ、すなわちモデルは命題の集合であるということを主張する。

トムソン-ジョーンズが主張するこの統一説に対し、私は二つの応えを返したい。一つ目の応えとして、私はサンフランシスコ・ベイモデルのような具象モデルが命題集合でないことは、かなり明白だと思う。命題の集合によってこうしたモデルを記述することは可能だが、モデル自身は具体的、物理的な事物である。トムソン-ジョーンズのために公平を期すならば、彼は論文の中で具象モデルについては述べていない。けれども具象モデルについて真剣に捉えようとするのであれば、命題を用いて三つの種類のモデルが完全に統一できるとは思えない。

二つ目の応えは、もっと好意的な応えである。この章のはじめの方で、私は三種類のモデルが共有しているのは、構造と意図であると述べた。適切な抽象度で考えれば、解釈された構造は命題と考えることができる。それは潜在的に対象を表すという意味論的な中身を持っている。しかし、これはかなり弱い主張である。この主張が意味することはせいぜい、モデルが、文や絵など他の担い手と同じ種類の表象内容をもつということにすぎない。これだけで、私たちに命題の存在論を受け入れさせることは無理である。

さらにこれに加えて、「潜在的に、モデルが現実世界の現象を表す意味論的対象と考えられるから」と言うだけでは、すべてのモデルが統一されることの理由として不十分だと思う。これは、異なる種類のモデルはすべてモデルである、と言っているのと同じである。モデルの本質や、モデルと世界の関係を含めて、モデリングという実践的行為について理解するためには、それが機能しているレベルの抽象度にもっと近づいて、モデルのことを考えるべきである。たとえば、もし理論家が現実の都市における人種の分離のことを学ぼうとして、モデルの住民によって開始される事柄の進行と、現実の住民の思考プロセスの類似関係を仮定するのであれば、このレベルの抽象度でモデルを個別化する必要がある。

以上から、私たちに残された見方は、モデルの種類は三種類であって、いずれの種類も構造、および構造の解釈で成り立っているという見方のみとなる。

第3章　モデルの構成

前の章では、モデルが、構造とその構造に関する科学者の意図で構成されていると論じた。本章の目的は、この二つの側面をさらに深く掘り下げることである。

1　構　造

具象モデル、数理モデル、数値計算モデルは、互いに構造が異なっている。この節では、それぞれのモデルの核心をなす構造について論じる。

(1)　具象的な構造

具象モデルは実在する物理的事物であり、モデルのねらいは、現実にあるシステムや想像上のシステム、システムの集合、あるいは一般化された現象などとうまく対応させてこれを表象することにある。理論家が自分のモデルを対応させたいと考えているシステムのことを、モデルの**意図された対象**と呼ぶことにしよう。

ベイモデルは、人工的に構築された具象モデルの典型的な例である。このモデルが対象とするのはもちろん、サンフランシスコ湾だ。歴史上の重要な例を他に挙げるとすれば、古代ギリシャの天体モデル、マクスウェルによるエーテルの力学モデル、ワトソン-クリックのDNA構造モデル、航空機の翼やエンジンの縮尺模型《モデル》などが挙げられるだろう。ベイモデルやDNAモデルのように、対象をうまく表象できたモデルもあれば、ギリシャの天体モデル、マクスウェルのエーテルモデルのように、そもそも意図された対象が実際には存在しなかったために、試みがうまくいかなかったモデルもある。

実際に構築されるモデルのほかに、科学者は、自然の中ですでに生じている具象モデルを用いることもある。つまり、自然界にすでに存在していて、研究対象である現象に似た構造物、あるいはそれに類似した現象をモデルとするのである。自然にあるものの中で最も広く用いられているモデルは、おそらくモデル生物だろう（Griesemer & Wade, 1988 ; Griesemer, 2004 ; Weber, 2005 ; Winther, 2006）。たとえばショウジョウバエは、どこにでもいて、また遺伝学にとって有用な存在であることから、しばしば「分子生物学の試験管」と呼ばれる。哺乳類の研究において、なかでも特に医学研究に関わるような場合は、ヒトの代わりに、マウス、ラット、犬、ヒト以外の霊長類など、さまざまな動物が研究に用いられる。もちろん、ショウジョウバエについて成り立つ分子生物学は、他の動物に成り立つ生物学と同じものではないし、またマウスもある点ではヒトに類似しているが、他の多くの点で明確な違いがある。しかし特定の研究目的に即して見てみると、こうした自然のモデルは、その特性に関して意図された対象との間に十分な共通点があり、科学的に有益な成果をもたらしてくれる。

こうしたケースと非常によく似ているが、これより複雑なものに、人口動態学や地質学、気候学などで用いられる自然発生的な実験がある（Richardson, 2006）。このケースでは、ある特定の事物や生物が、他の生物や生物群の代わりに用いられるわけではない。そうではなく、ある時間に実際に生じている動的な現象をモデルとし、時間的あるいは空間的にたどり着けない対象を研究するために、これを用いるのだ。たとえばある場所で、素早く岩の隙間に浸透する高圧の水が観察されるとする。もしかしたらこの事象は、違った場所でゆっくり浸透する低圧水を理解するのに有益なモデルとなるかもしれない。モデルと研究対象とのこうした関係は、自然モデルの場合の関係と非常によく似ているが、自然発生実験に関しては、構造的な類似性よりも作用の類似性の方がはるかに重要となる。

最後に、地質学者が研究するような自然発生実験とは少し違ったものとして、人類学者の研究する自然発生的集団実験に触れておこう。たとえば、ジャレッド・ダイアモンド（Diamond, 1999）はこう論じている。ある集団が他の集団と接触したときに、どれだけ効率的にその集団を支配できるかは、さまざまな地理的要因に加え、穀物と家畜がどれだけ利用できるか、という二つの大きな要因によって決まる。ダイアモンドにとってこの理論を発展させる最終的な目的は、ヨーロッパ人がアメリカ大陸とアフリカ大陸の征服にいかに成功したかを説明することである。このような集団相互作用は非常に複雑であり、また非常に大規模に生じたものなので、作用する仕組みについて判断する最も効率的な方法は、規模の小さな局地的な争いについて研究することだった。たとえば、ニュージーランド北部にいたマオリ族の人たちは、チャタム諸島に侵入してそこに住むモリオリ族をほとんど絶滅させた。モリオリ族は、ポリネシアの熱帯作物がチャタムの寒冷な気候では育たないため、昔の狩猟生活へと逆戻りしていた。一方、マオリ族は比較的進んだ農業社会を築いており、それが軍事能力を伸ばすことにつながった。マオリ族とモリオリ族の例を通じて、ダイアモンドの本で論じられているような、もっと大きな集団で問題となる因果的要素について、その一部を説明することができる。工兵司令部がベイモデルでリバー計画を調べた例からも見て取れるように、自然発生実験は、対象から作用の原因となるものを直接取り出さなくても、原因についてもっと直接的な理解が得られるという恩恵をもたらした。言い方を換えると、自然発生実験とは、それ自体がモデルとして役立つような構造物である。

以上の例、および第2章で論じた例から、具象モデルには三つの形態があることがわかった。一つめは、実際に構築された構造物、二つめはすでに自然界に存在する構造物、そして三つめは、それについて記述はできるが構築はなされない構造物である。いずれの場合も、その中の具体的な構造がモデルとして使われるように意図されたとき、それはモデルになる。

（2）数学的構造

科学的モデルの二つめは、数理モデルである。これは、モデルやモデリングを論じた哲学の大部分が、これまで議論の焦点にしてきたものである。と言っても、議論の焦点となってきたのは、このようなモデルのごく一部にすぎず、専らの焦点は、微分方程式で表されるような動的モデルにあった。

哲学は伝統的に、数理モデルは集合論的な述語であるか、状態空間における軌道の集合かのいずれかだと説明してきた。たとえばスッピスは、モデルに基づく理論の**意味論的解釈**を独自に発展させたが、その中で彼は、数理モデルが数理論理学に由来するモデル概念と非常によく似ていることを述べている。この見方に倣うと、モデルとは「対象、関係、対象への操作（演算）の集合からなる、順序づけられた組」ということになる（Suppes, 1960a, 290）。彼は、この具体的な例として古典力学のモデルを挙げている。

私たちは五つの基本的な概念を使って、古典的な質点力学を公理化することができる。五つの概念とは、粒子の集合P、経過時間に対応し実数値で表される間隔T、粒子の集合と時間間隔の直積をもとに定義される位置の関数s、粒子の集合をもとに定義される質量関数m、粒子の集合、時間間隔、そして正の整数の集合の直積をもとに定義される力の関数 f である（正の整数が力の関数の定義に入ってくるのは、単に、各力を名づける方法が必要だからである）。すなわち、古典的な質点力学の公理を表す一つの有力な方法は、順序づけられた五つの組、$B = \langle P, T, s, m, f \rangle$ で表すことである。古典的質点力学の一つのモデルは、このような順序つき五つ組である。（291）

スッピスは、両モデルの概念がほとんど同じであると示すことで、集合論とモデル論を、科学的モデルの分析および公理論的な理論分析に用いることができると考えた。

理論の意味論的解釈は、確かに初期の頃は、このような集合論的述語と捉える考え方に基づいて説明がなされていたが、意味論的解釈を支持する現代の多くの哲学者は、ロイドが**状態空間による手法**と呼ぶ方法（Lloyd, 1984）を採用している。この手法の標準的な説明に従えば、モデルとは一組の動的方程式と結びついた状態空間ということになる（van Fraassen, 1980；Lloyd, 1984, 1994）。厳密に言えば、動的方程式と結びつくのは、状態空間における軌道の集合、すなわち**軌道空間**である。

この考え方を十分理解するには、**状態**の概念を手始めに、鍵となるすべての言葉を解説する必要がある。実在する物理的システムについて言えるのは、それが特定の時刻に、特定の状態にあるということだ。直観的には、状態とは、このシステムが持つ特性を完全に記述したものだと捉えられる。こうした、ある特定の時刻におけるそのシステムの特性すべてのことを、システムの**全状態**と呼ぶことにしよう。私たちがたいてい興味を持つのは、全状態ではなく、ある特定の規模の内容と結びつき、科学に対応した状態である。したがってシステムの**熱力学的状態**について語る場合、その状態に対応するのは温度、圧力、エントロピー、その他の巨視的な特性であり、一方、システムの**量子力学的状態**について語る場合に、私たちが記述しようとするのは、量子力学で受け入れられている微視的で計測可能なすべての特性である。

物理学者は場合によっては、システムの完全な熱力学的状態、完全な古典力学的状態、あるいは完全な量子力学的状態を扱うことがある。けれども他の科学分野においてはほとんどつねに、範囲限定的にシステムの状態を考えることが必要となる。たとえば、生物学的システムは多くの特性を持っているが、生物学者は二種類の生物個体群の存在量にだけ関心がある、といったような具合である。

状態の概念は、本来は現実世界のシステムにこそ当てはまるものだが、それはモデルの中にも反映される。モデルにおける状態とは、変数の値がさまざまに組み合わさった集合を指す。これらがしばしば、現実のシステムの状態を表すよう意図されるわけだが、この表象の意図はあとから付け加わるものであり、また任意に選択されるものである。もう少し形式的（定式的）に言うと、モデルの状態は、モデルシステムにおいて、決定可能な項の決定された値を成分とするベクトルである［後述の訳注1を参照のこと］。

次いで**状態空間**とは、あるシステム、あるいはモデルがとることのできるすべての状態の組み合わせから成るものである。ある状態がそれに従って変わるような独立した次元があるとき、それが状態空間の次元となる。たとえば、ロトカ=ヴォルテラモデルは、捕食者集団の存在量（P）、被食者集団の存在量（V）、そして時間（t）に従ってそれぞれ独立に変化する。このように次元が決まることによって、システムの各状態が、状態空間における点に対応することになる。空間内にどの点が存在するかを調べることで、理論家たちは、どんな状態がモデルによって許容されるかを知ることができる。一般に、力の法則や支配方程式などの簡潔な関数を使って、許容される状態および状態間の遷移を簡潔に表すことがよく行われる。

状態空間の次元は、代数的に表現される変数の量に対応するので、科学者たちはしばしば、この次元のことをモデルの変数に対応したものとして語る。厳密に言えば、変数というのはモデルの記述に関する特性だが（本章2節を見よ)、これはモデルの決定可能な状態にも対応している。したがって、本来ならば、「モデルの状態とは、一組の決定可能な項の値が決定されたものだ」と言うべきであるが、たいていは、モデルの変数について語る方が何かと都合がよい。[1] このような変数(「決定可能なもの」の意味でとってほしい)は、モデルが、その挙動について説明を与えようとする量に対応する。たとえば、一つの変数が他の変数と一次従属の関係にあることが、モデルによってわかることがある。モデルを記述する上では、さらにパラメータが必要である。これは固定された値であり、外的要因で決まるもの、すなわちモデルが直接表すことのできる範囲の外側で決まるものとされる。たとえばロトカ-ヴォルテラモデルでは、出生率はパラメータである。なぜならモデルの中に、出生率を決めるための情報源が一切含まれていないからである。

最後に、時間の次元について。ロトカ-ヴォルテラモデルをはじめ、科学哲学者が論じるほとんどの例で、状態空間は時間の次元を含んでいる。この次元があると、時間を独立変数として、状態から状態への写像を可能とする時間発展の関数を構成することができる。この関数は、システムの時間発展を記述する。この関数が作る曲線は、状態空間における**軌道**として表すことができる。

状態空間の軌道は、モデルの状態が時間の経過とともにどう変わるかを示すものである。たとえば、決定論的な集団モデルの軌道が、集団初期の大きさに相当するある点から出発し、集団の大きさが大きくなったり小さくなったりするのに応じて、空間の中を移動するということが考えられる。初期の状態は、システムの**初期条件**と呼ばれることもあるが、これにより、モデルが通る軌道空間内の経路が決まる。完全な軌道空間とは、独立変数のあらゆる組み合わせと固定されたパラメータとから生じる、すべての軌道に対応した空間のことを言う。パラメータ値の組み合わせが異なれば、軌道の組み合わせ方も異なる。

かくして「軌道空間として表されるモデル」という見方は、数理モデルに関する議論では標準的な見方になって

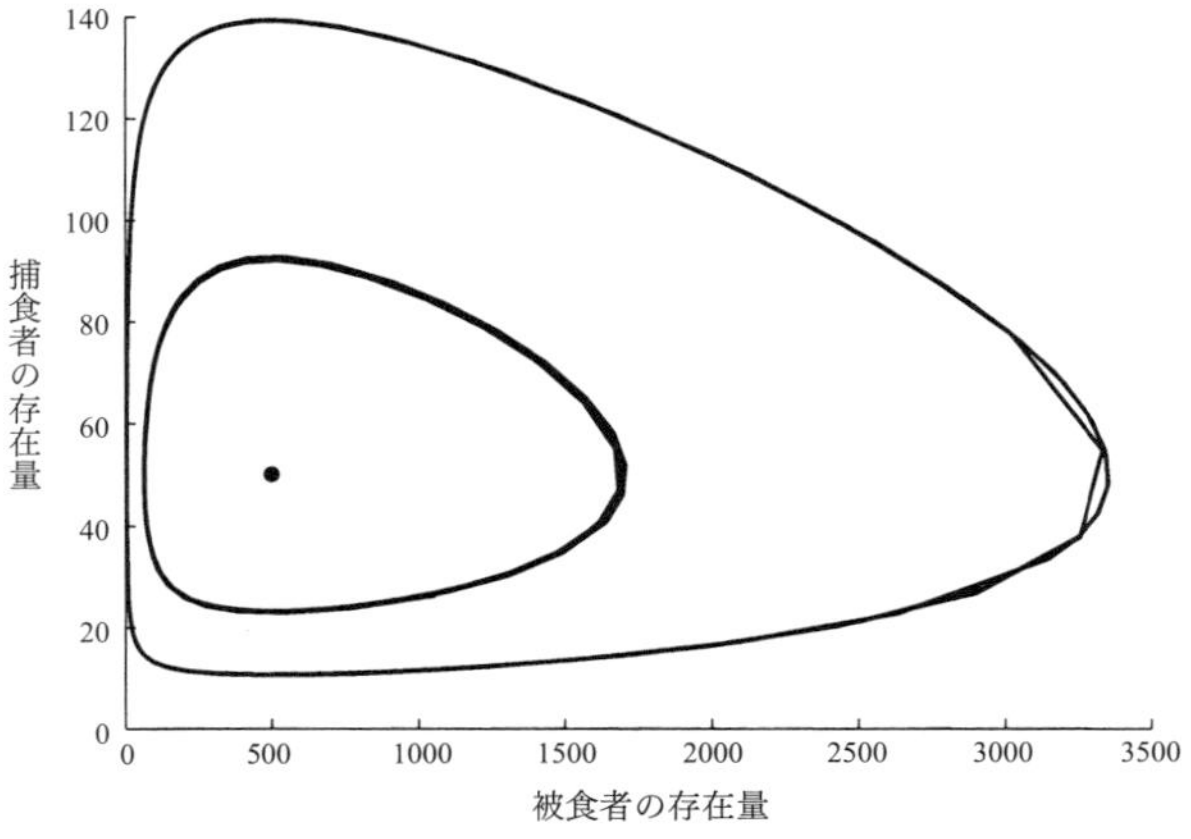

図 3.1　位相空間で表現したロトカ-ヴォルテラモデル

いる。しかし、このような特徴づけは、数学的なモデリング全体の特徴づけとして果たして十分だろうか。私は、いくつかの理由から十分ではないと思う。

　まず一つの理由として、軌道空間は、数学的なモデリングで重要となる状態空間の中で、単に一つの種類にすぎないということがある。モデリングの領域によっては、分析に関わる構造の中に固有の時間次元が含まれないことがある。たとえば、バネや振り子、ロトカ-ヴォルテラモデルのように周期的運動に関わるシステムでは、たいていの場合、システムの位相でモデルの特徴づけをする方がより有益である。したがって時間の次元は落ち、状態空間は図3・1で示されるような位相空間になる。

　位相空間の場合だと、まだその根元に時間次元が残っているが、動的モデルの中には時間的ではない動的次元を用いるものがある。たとえば、化学反応動力学で用いられる状態空間には、反応分子における原子の相対的位置に対応する次元、および原子がその配置になるときのエネルギーに対応する次元が含まれている。このような空間は、**ポテンシャルエネルギー面**と呼ばれる。この状態空間内の経路は、反応の特有な仕組みに対応する形で、すなわち反応中に生じる分子間または分子内の運動に対応する形で決まる。与えられた分子の集合は、空間内の特定の経路に沿って一方向に移動するが、状態空間そのものは時間の次元に関して中立的である。同一の分子集合が、この空間内の経路を逆向きに進むこともあれば、安定した中間的な場所に留まって動かないこともある。

反応動力学で用いられる状態空間は時間的なものではないが、それでもその空間の性質は動的であり、それ自体がある状態空間内の経路になっていると考えることができる。しかし、なぜ数理モデルという概念を動的モデルに限定するのだろうか。確かに、私たちはしばしば物事の変化に興味を持つが、システムの静的で構造的な特徴に興味を持つこともある。そのような場合は、グラフや群といった、他の数学的対象の方が有益である。実際、こうした数学的対象を用いて、実在システムの重要かつ有益なモデルを作ることができる。

動的でないモデルに数学を使った例として、モデリングにおけるグラフ理論の応用がある。この応用について、ここ数年かなり高い関心が持たれているのは次のことである。システムがもつと思われるきわめて一般的な特性、たとえば微小な変位（摂動）に対するモデルの頑健性（ロバストネス）や、ランダムに作られたグラフにおいて、任意の二つの節点（ノード）をつなぐリンクの平均数などに対し、グラフの連結度［グラフの結びつきの固さを示す不変量］の違いはいったいどう影響するのか。いずれにせよ、こうした数学的対象は、社会的ネットワーク、病原媒介者、生態系、インターネット等々を表すものとして用いられている（Watts & Strogatz, 1998）。これらは明らかに数理モデルだが、そこで私たちが興味を持つのは静的属性であり、動的な特性ではない。

話をまとめよう。数理モデルには、状態や状態間の関係、特に遷移を表すのに用いられる数学的構造が含まれている。多くの場合、モデリングにおいて、こうした数学的構造は状態空間における軌道として表されるが、その他の数学的構造を用いることもできる。

さて、三つめのモデルの話をする前に、存在論に関してここで私がとる方針について、少し述べておきたい。この本は数学の存在論に関する本ではなく、私はこうした問題については、できる限り中立的な立場をとりたいと思っている。本書の目的からすれば、関数や状態空間などについて語ることに意味があり、こうした対象がそれを記述する数式によって特定される、ということさえ想定されれば、それで十分である。したがって、形而上学理論としては、こうした数学的手法を意味のあるものにしてくれるものであれば、たとえ極端な存在のデフレ理論［デフレ理論については、第4章の訳注1を参照のこと］であっても、ここでの目的にとっては十分である。もちろん、そうした理論のいずれが真かを問うとすれば、話はずっと込み入ったものになる。

（3）数値計算の構造

モデル概念の土台となる第三番目の構造は、数値計算の構造である。(1) なかでも本書が注目するのは、ある手続きを実行するための一組の指示を意味する**アルゴリズム**だ。したがってここで言う数値計算モデルとは、初期の状態を入力と捉え、この状態がどう変化するかを具体的に示し、最後に出力をもたらすという、一組のまとまった手続きのことを指す。

こんな言葉遣いをすると、数理モデルと数値計算モデルはほとんど違いがないように見えるだろう。ある抽象度で捉えると、違いがないというのはほぼ確実に正しい。数値計算モデルが数理モデルの一部分だと述べることは、「とりわけ重要な一部分」という断りがつくけれども、私は全く抵抗を感じない。しかし、数値計算モデルには一つの際だった特徴がある。それは、手続きそれ自体がモデルの核だということ、つまり、手続き自体が対象のさまざまな部分について説明を与える当の構造だ、ということである（Kimbrough, 2003）。

人種の分離に関するシェリングモデルが、この点をよく表している。いま、シェリングの予測にそっくりの人種分離パターンが、ある都市に見つかったとしよう。シェリングモデルがその分離パターンを説明するものだとすれば、モデルのアルゴリズムは、その都市で起こっていることに似ているはずである。モデルの中の行為者は、二段階の手続きに従う。(1)まず、自分と同じ人種の人が、効用関数を満たす数だけ自分の周りにいるかどうかを判断し、(2)次に、もし効用関数が満たされなければ、新たな場所に移る。もし、この手続きに相似的なことがらによって、その都市に実際住んでいる人たちの行動特性がうまく捉えられるとすれば、このモデルは実際の都市の人種分離を説明するものだと言える。

数理モデルは、原理的にはこうした手続き的役割を担うことが可能だが、数値計算の構造には、この仕事にとりわけ適した特徴がいくつかある。一つの特徴は、それらが条件を含む構造になっているということだ。たとえば、シェリングの人種分離モデルでは、行為者は自分の効用関数が最大化されているかどうかを判断する。もし最大化されていれば、彼らは同じ場所に留まり、最大化されていなければ、新しい場所に移ってモデルの新たな状態を作り出す。このような条件つきの形は、手続きとしてなら非常に自然に表すことができるが、微分方程式による関数を含め、広く使われている数学的構造では多くの場合それは困難である。

数値計算の構造に含まれるもう一つの重要な構造は、確率的状態遷移である。数値計算モデルが確率的状態遷移を含む理由は二つある。一つは、モデルの制作者が意図する対象が、実際に確率論的なふるまいをするということだ。さらによくあるのが次のケースである。意図する対象は実際には決定論的だが、非常に複雑であり、私たちが扱える情報量や数値計算できる範囲に限界があるため、その対象を決定論的には扱えない。このような場合、モデルの制作者がよくとる方法は、確率的状態遷移の規則を用いるというもので、ランダムに発生させた数値の集合から出発して、出力された値の分布を調べるのである。

たとえば、ケン・ライスマンと私は、数値計算を用いてロトカ－ヴォルテラモデルに類した検討を行ったことがあるが、その中で私たちは、個体群ではなく生物個体を扱った。そうすると、モデルの各周期において、特定の個体が生まれるのか、死ぬのか、食べるのか、食べられるのかについて言及する必要が出てくる。そこで私たちは、こうした事象それぞれの可能性について、各個体、各時間ステップごとに確率を割り当てた。これらの状態遷移は、全体としてまとめて見れば、ロトカ-ヴォルテラが同じ特性を個体群レベルで決定論的に扱った場合と符合するものであった(詳細は第9章3節(3)を見よ)。

数値計算の構造で、対象の説明に用いることのできる特徴がもう一つある。それは、対象となるプロセスの複数の要素が同時に実行される場合に、そうした同時並行のプロセスを表す力を持っていることだ。社会的なプロセスは、さまざまな種類のものが同時に生じ、各個人は現在自分の利用できる情報に基づいて、独立した意思決定を同時に行う。これは並列した数値計算構造によってモデル化できるのだが、数値計算構造は真の並行処理を行う場合と、ランダム化された逐次処理を用いて近似的な並行処理を行う場合とがある。

ここでも再び、シェリングの人種分離モデルがたいへんよい例となる。シェリングが示した元のモデルでは、各試行における行為者の動きは、まず左上に位置する行為者から始まり、そこから縦横の動きがつながっていくという、逐次的なパターンに従うものであった。コンピュータを使ったこのモデルの現代版では、各試行において行為者が動く順序をランダム化し、近似的な並行処理を用いるのが一般的だ。しかし、このモデルを並列コンピュータの上で走らせると、プロセスは真に同時並行的に進むことになる(Tanenbaum & Van Steen, 2002)。

ここまで、モデルとして機能できる数値計算の構造について、その特徴をいくつか話してきた。この節の最初に述べたように、数値計算は数学的に記述することが可能である。実際、数値計算を抽象的なレベルで論じるときには、一組の状態と状態遷移について論じるというのが一般的だ。しかし、数値計算モデルを数理モデルから区別する点(数理モデルの一部とする点、と言ってもらってもいい)としてここで改めて注意してほしいのは、数値計算モデルでは、そこに含まれる手続きこそが構造の中心になるという点である。

この節を締めくくるに当たり、数値計算は必ずしもコンピュータ上の実装を意味するわけではない、ということを重ねて強調しておきたい。今では数値計算モデルによる研究は、ほとんどコンピュータを用いて行われるが、シェリングモデルを含む多くの数値計算モデルが、コンピュータの普及前にすでに研究されていた。さらに言えば、コンピュータが数学的計算に優れていることから、現在の数理モデルもまた、ほとんどの場合コンピュータを用いて研究されている。

まとめると、数値計算モデルの核心をなす数値計算構造は、手続き的なものである。そうした構造は、研究対象に含まれる因果的要素を手続きに結びつけることによって、対象の因果的特性を表す。構造は条件つきの処理のほかに、確率的、あるいは同時並行的な処理も行える。こうした性質の事象はいずれも、非手続き的な構造では表すことが困難である。

2　モデル記述

モデルに関する分析で二番目に取り上げることがらは**モデル記述**、すなわちモデルを記述する方程式や図（写真）、言葉などである。例として、サンフランシスコ湾の具象モデルについて考えよう。このモデルは設計図で表すこともできるし、製図（図3・2）、写真（図3・3）でも表すことができる。ベイモデルはこのような方法をはじめ、複数の仕方で記述できる。ロトカ-ヴォルテラモデルは解釈された数学的対象だが、方程式2・3と2・4で記述される。シェリングの人種分離モデルは一組の手続きであるが、コンピュータプログラムのソースコードでも記述されるし、言葉で言い表すこともできる。モデルについて論じたり、何かを書いたり、写真や図表を見せたりするときには、私たちはモデル記述を行っている。こうした記述は、モデルそのものから区別されなければならない。

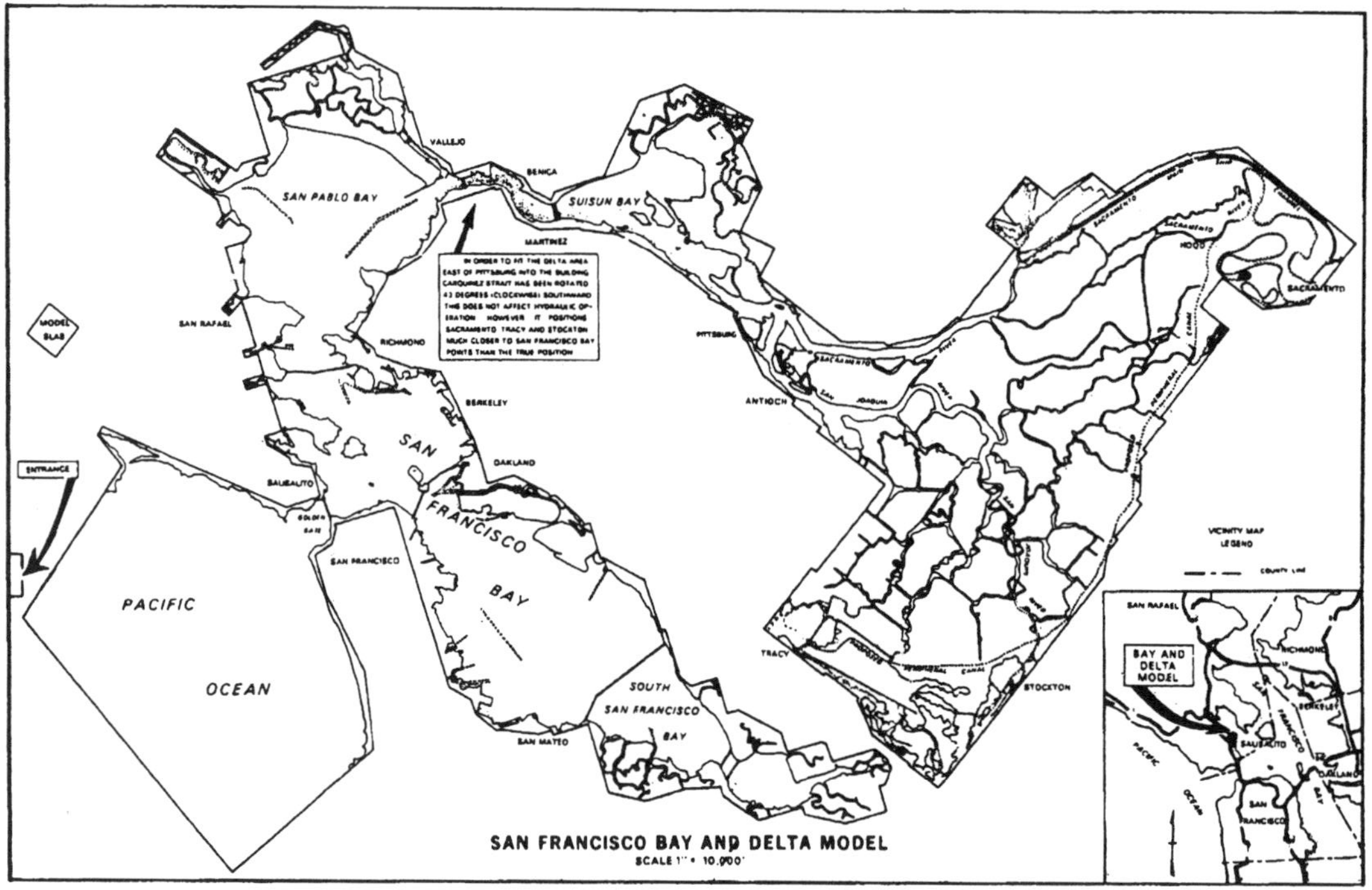

図 3.2　サンフランシスコ・ベイモデルの製図。モデルの縮尺（1：10,000）と配置を表している。サスーン湾とサンワーキンデルタを表現した部分は，モデルを格納する倉庫に収まるように 43 度回転させられている。No. 91-012；「ベイ・ポイント（ベイエリア郊外）浸食とサンフランシスコ湾に関する研究プロジェクトファイル, 1946-1965」アメリカ国立公文書記録管理局-太平洋地域（サンフランシスコ）

モデル記述の重要性を強調した最初の哲学者の一人が、ロナルド・ギャリである。ギャリの説明では、モデル記述はモデルを**定義する**一組の言葉だとされる（Giere, 1988, 83）。彼が挙げているのは大部分が数学的な例で、彼はその中で、モデル記述を方程式、または方程式の組だと捉えている。ギャリが、両者の関係は定義によるものだと主張するときに、二つのことを意味しているように思える。まず一つは、モデルとモデル記述の関係は、モデルがその記述によって作られるという意味で規定的だということ。二つめは、この関係が論理的関係を満たすものであるということ。つまり、モデルのあらゆる部分が、モデル記述で前提されている性質や関係を持っているということである。

図 3.3　サンフランシスコ・ベイモデルの一部分。ゴールデンゲートブリッジを表現したものが示されている

　ギャリの説明は数理モデルを念頭に置いて展開されたが、これに少し手を加えれば、具象モデルまで含む説明になる。その際、説明の規定的部分をそのまま保持することはできない。具象モデルは物理的な事物であり、その記述と独立に存在するからである。しかし、論理的関係を満たすという部分は保持することができる。この見方に立てば、具象モデルは、その記述によって前提される性質や関係を含むことによって、記述を満たす必要があることになる。一方、モデル記述とは何らかの解釈がなされたものだと捉えれば、モデル記述はモデルが持つ特性を忠実に記述すると言ってよいだろう。

　こうした枠組みは、モデルに関する説明を組み立てる格好のスタート地点にはなるが、結局は不完全である。というのも、ほとんどすべての場合、モデルはその記述によって述べられていない性質を持つからだ。たとえば、ベイモデルには、モデル記述の中では十分に言及されていないような細かな点が、おそらく数多くあるだろう。このことに関連したギャリの説明はこうだ。もし図表の記述内容が不十分であれば、それは、実際のモデルを記述するものではないと。しかし、このぎこちない結論は、科学者たちに見られる態度と一致しないように思われる。科学者たちは、モデルと記述の間の不一致には寛容な態度で専門の図表を読むものであり、どのレベルの寛容さで読むかについては一定のきまりを持っている。おそらく科学者たちは、最終的にこうした記述不十分な図表のことを不正確ではないと言うだろう。図表は単に、こうした細かな部分について何も語らないだけなのだ。この点で、図表はモデルよりも抽象的なのである。モデルのある側面については忠実に語るが、それ以外の部分については沈黙する。

このような、モデル記述はモデルよりも抽象的でありうる、という事実に対処するためには、ギャリの説明を修正しなければならない。私たちは一方で、何が抽象化されているのか、つまり何が言及されていないのかを知る必要があり、他方、存在しないことが前提されているのは何なのかを知る必要がある。たとえば、ベイモデルの図表の中に、ベイモデル開口部にある送水ポンプの絵が入っていない場合に、図表がそのポンプの存在を敢えてとりあげないだけなのか、それともポンプが存在しないことを前提にしているのかが明確ではない。

こうした曖昧さに対処する一番よい方法は、最初から、モデル記述だけではモデルやモデル集合を明確化するのに十分ではない、とすることだと思う。むしろ、モデル記述と、その記述をどう解釈するかという理論家の意図とを合わせたものが、モデルを特定するのである（解釈の中身について、より詳しくは本章3節を見よ）。

ギャリの説明で修正を必要とするもう一つの点は、モデル記述とモデルとの間に成り立つ写像関係の捉え方である。ギャリはモデル記述をモデルに関する定義だと見なすので、その関係は全単射[2]でなければならない。しかし、この条件は厳しすぎると思われる。一般に、モデル記述とモデルの間には一対一対応の関係はないし、全射の関係が必要条件になるということもないからだ。単一のモデルを、たとえば設計図、写真、方程式、コンピュータプログラムなどの多くの異なった方法で記述することが可能である。たとえば、サンフランシスコ・ベイモデルは、最初は設計図で表されていたが、出版物を通して行われたモデルの議論では、モデルのほとんどの特徴は文字で記述された。工兵司令部が、物理的モデルの使用から数理モデルへの依存度を高めるようになると、モデル記述はコンピュータコードで行われるようになった。このように、単一のモデルを、多くの異なるモデル記述によって記述することが可能なのである。

単一のモデルが複数の記述と結びつけられるように、単一の記述も、互いに区別された複数のモデルと結びつけることができるし、また、たいていはそのような形で結びついている。ベイモデルに関する、完全な設計図群について改めて考えてみよう。たとえこの設計図と、それに伴ったさまざまな注釈とが非常に細部にまで及ぶものであったとしても、それらは複数のモデルで同様に実現することができるだろう。単一のモデル記述は、記述に曖昧さや不明確さがあるとしても、相異なる複数のモデルを選び取ることができる。このような不確実性は小さいこともあるし大きいこともあるが、それは、記述がどれくらいの数のモデルと結びつくかに影響を与える。最高度の正確性を持つモデル記述は、単一のモデルを完璧に記述し、記述に少しでも不明確なところがあると、単一の記述で複数のモデルを選び取ることが可能になる。総じて、モデル記述の正確さや特殊性が低くなればなるほど、それと結びつくモデルの数は多くなる。したがってモデル記述のモデルに対する関係は、多対多である。

モデル記述とモデルの関係が多対多なのであれば、両者の関係について考える最もよい方法は何だろうか。モデル記述がモデルを表すということから、その方法の基礎をなすのは、関係が表象的ということだ。そして、両者の間には一対一の関係はなくても、なおも緊密なつながりがある。ここから私は、モデル記述とはモデルを**特定する**ものであり、モデルとはモデル記述を**実現する**ものだと言うことにする。モデル記述と解釈が洗練されて正確さが増すほど、それらはいっそう精密な仕方でモデルを特定する。

　特定するという関係についてもっと十分な説明を得るには、サンフランシスコ・ベイモデルについて考えてみるのがよいだろう。相当な量の文書が残されているので、実際のモデル記述によっても、またその注釈によっても、工兵司令部がモデルの特定に何が必要と思っていたかを正確に知ることができる。彼らのモデル記述に関する最もよい記録を、『サンフランシスコ湾《ベイ》-デルタの水力学潮汐モデル――利用者マニュアル』(Army Corps of Engineers, 1981) に見ることができる。「ベイ-デルタモデルの記述」と題された節には、写真と製図に加えて、次のような情報が記されている。

> ベイ-デルタモデルは広さが一エーカー［約四〇四七平方メートル］で、一二万八五〇〇平方フィート［約一万一九四〇平方メートル］の施設に完全に囲まれている［……］。モデルの範囲は、ゴールデンゲートの一七マイル［約二七・四キロメートル］西に広がる太平洋、サンフランシスコ湾、サンパブロ湾、サスーン湾、そしてサスーン湾の東にあるサクラメント-サンワーキンデルタのすべて、さらにそこから北東部にあるサクラメントの都市、東部のストックトン、そして南部のトレーシーまでを網羅している。
>
> 　モデルは南北方向におよそ三二〇フィート［約九七・五メートル］の長さがあり、東西方向には約四〇〇フィート［約一二二メートル］の長さがある。サンフランシスコ湾とサクラメント-サンワーキンデルタの重要な特徴はすべて再現されている。再現されているのは、すべての水路、河川、支流、入り江、デルタの運河、そしてすべての主要な波止場、埠頭、停船用水面、堤防、橋、システムの至る所にある防波堤などである。サクラメント川からヴェローナまで……、またサンワーキン川からヴァーナリスまで……もまたモデル化されている。加えて、モークラム川とコサム川への流入、デルタ-メンドータ運河へと水を排出する揚水施設、カリフォルニ

表 3.1　サンフランシスコ・ベイモデルの縮尺関係

モデル	要素	原型
1 フィート［約 30.5 cm］	深さ	100 フィート
1 フィート	長さ，または幅	1,000 フィート
10	勾配	1
1 平方フィート［約 930 cm^2］	面積（断面）	100,000 平方フィート
1 平方フィート	面積（計画）	1,000,000 平方フィート
1 平方フィート	面積（計画）	約 23 エーカー［約 93,000 m^2］
1 平方フィート	面積（計画）	約 0.03 平方マイル［約 77,700 m^2］
1 立方フィート［約 0.028 m^3］	体積	100,000,000 立方フィート
1 立方フィート	体積	約 2,296 エーカーフィート［約 2,832,070 m^3］
1 立方フィート/ 秒	流出量	1,000,000 立方フィート/ 秒
1 ガロン［約 3.8 L］/ 秒	流出量	1,000,000 ガロン/ 分
1 フィート/ 秒	速度	10 フィート/ 秒
1	塩濃度	1
1	時間	100
0.6 分	時間	1 時間
1 分	時間	1 時間 40 分
14.4 分	時間	1 太陽日（24 時間）
14.9 分	時間	1 太陰日（24 時間 50 分）
14.9 分	時間	1 潮汐サイクル

ア導水路、そしてコントラ・コスタ運河が再現されている。

(Army Corps of Engineers, 1981, 6–2)

工兵《エンジニア》たちは、さらに続けて、モデルに含まれる農業廃水の流れについても議論し、モデルで再現されたものと原型との縮尺関係を示す表を、表3・1のような形で与えている。最後に工兵たちは、モデルを作る材料や、潮の流れ、および塩濃度の分布を再現するのに必要な装置について説明している。これらはモデルを動かすのには必要な特徴であるが、それが対象システムの内に存在するとは全く考えられていない。

工兵司令部の完全なモデル記述のうち、私の述べた部分は明らかにごくわずかである。しかし、操作マニュアルに書かれた完全な記述をもってしても、モデルの実際の作り方やモデルの材料、ポンプなどに関してずっと多くの詳細な情報が与えられなければ、モデルを作り上げることはできなかっただろう。マニュアルにあるような記述が、サウサリートに作られたこの特定モデルで満たされるのみならず、他のモデルによっても満たされることは明らかだ。

数理モデルや数値計算モデルは、しばしば詳細部分がさらに省かれているが、モデル記述の形式については、これまで述べたことと同様のことが当てはまる。方程式や他の種類の言明が数学的対象を特定し、こうした対象はその記述を満たすものである。しかし、具象モデルの場合と違って、数理モデルはその記述を通してのみ研究され、操作される。ロトカ-ヴォルテラモデル自体は一組の方程式ではないが、その研究は方程式のような代用品によってのみ行うことができる。非公式にではあるが、科学者がしばしば方程式のことをモデルと言うのは、主にこのことが理由だろう。確かに、彼らの注意はこうした方程式に向けられている。

ロトカ-ヴォルテラモデルのような動的モデルを扱う際には、数理モデルのモデル記述は、具象モデルの場合よりもっと正確で簡潔な言葉で書き表すことができる。結局、微分方程式のような代数的言明は、定義域の値を値域の値に写像する関数である。本章1節(2)で論じたように、これは典型的な形としては、状態空間における軌道の特定と捉えられる。しかし、ダミーで入れられている文字に数値を代入しなければ、代数的表現は一つの状態空間の中で、無数の軌道の集まりに対する、そのまた無数の集合を特定するということになってしまう。そこで、これをさらに精緻化する必要が生じる。

スティーヴン・オーザックとエリオット・ソーバーによって、モデル記述の**例化**という、たいへん有効な概念が導入された（Orzack & Sober, 1993）[(2)]。例化されていないモデル記述とは、パラメータに数値が割り当てられていない方程式のことであり、逆にモデル記述を例化するというのは、パラメータに数値を入れることを意味する。完全に例化されたロトカ-ヴォルテラモデルの記述では、各パラメータは固定された値を持つ。個体群の存在量（PとV）はこの記述の従属変数なので、記述が例化されても代数的記号のまま残る。ロトカ-ヴォルテラモデルの二つの異なった例化を、次のような方程式として記述することができる。

$$\frac{\mathrm{d}V}{\mathrm{d}t}=0.01V-(1.0V)P \qquad \frac{\mathrm{d}P}{\mathrm{d}t}=0.5(1.0V)P-0.01P \qquad (3・1)$$

$$\frac{\mathrm{d}V}{\mathrm{d}t}=0.1V-(1.0V)P \qquad \frac{\mathrm{d}P}{\mathrm{d}t}=0.5(1.0V)P-0.001P \qquad (3・2)$$

例化されていないモデル記述を例化することによって、次のような、モデルとモデル記述をめぐるある種の支配構造が生じる。例化されていないモデル記述は、モデル記述がさまざまに例化されたときにできる各集まり（族）の全体を特定する。こうしたモデル記述の詳しさに応じて、一つの記述で単一のモデルが特定されることもあれば、モデルの集まり（族）が特定されることもある。パラメータのとる値が範囲で示されるときなど、その設定に多少不明確さがある場合、モデル記述が特定するのは、例化されていない記述によって特定されるモデルの部分集合である。十分に明確な値によってパラメータを例化すれば、例化された記述は単一のモデルを特定する。

三番目のモデルである数値計算モデルについても、モデル記述はふつう抽象的な形で与えられる。その記述は、プログラム言語のソースコードや擬似コードを用いて、あるいは、単純なケースでは離散数学を用いて、モデルの基本的手続きを明示する形をとる。たとえば、ほんの数行ではあるが、以下に示したのは第9章3節(3)で扱う個体ベースのロトカ-ヴォルテラモデルに関するソースコードである。

```
to prey-reproduce  ;; predator procedure
 ifelse foliage?
  [if random-float 100 < prey-conversion-prob [
   hatch 1 [rt random-float 360 fd 1]]]
  [if random-float 100 < prey-reproduction-prob [
```

```
    hatch 1 [rt random-float 360 fd 1]]]
end
to pred-reproduce  ;; prey procedure
if random-float 100 < pred-conversion-prob [
    hatch 1 [rt random-float 360 fd 1]]
end
```

まとめると、モデルはモデル記述によって特定される。単一のモデル記述が複数のモデルを特定することがあり、個々のモデルが多くの種類の記述で特定されることがあるので、特定化の関係は多対多の関係である。モデル記述として用いることができる表現の種類は、許容される範囲がかなり広いのだが、具象モデルはたいてい具象的なモデル記述で表され、数理モデルおよび数値計算モデルは、たいていは抽象的な（代数的な、あるいは擬似コードによる）記述で表される。

モデル記述の内容は、具象モデルが作られたり（自然の中に）見いだされたりする前に確定する、とつい考えてしまうが、いつもそうだとは厳密には言えない。実際、記述が行われる前に、あるいは、記述なしにモデルが作られる場合がある。もちろん、記述が先に行われる場合もある。けれどもおそらく最も一般的なのは、二つが同時に作られるという場合であろう。ワトソンとクリックが彼らのＤＮＡモデルを構築した際、彼らはモデルを記述する前にモデルを作り上げた。実際ＤＮＡの構造を解く鍵は、モデルの物理的特徴を見ることにあり、また、その特徴を使ってＤＮＡの主鎖と核酸がどう配置されるかを考えることにあるからだ。この例では、物理的なモデルが作られてはじめて、モデルの数学的記述がなされたのである。ここでのモデル記述の目的は、X線結晶構造解析のデータから得られた構造が妥当かどうかを確かめることにあった。

モデル記述が、モデルの作成に先行する場合もある。たとえば、工兵司令部がベイモデルを作ったのは、最初に詳細な製図を作り上げてからだった。したがってモデルは、こうした製図で特定された内容に従って制作された。リバー計画や他の塩水壁について調べられた際には、モデルにいくつかの変更がなされた。このとき工兵司令部の作業は、塩水壁の安定性評価のために行う一時的修正について製図するところから始まった。このように、モデル制作とモデル記述について一般的に成り立つ順序はない。状況によって、モデルを先にせよということもあれば、記述が先という場合もある。さらに具象モデルに関しては、全く記述がなされなくてもよいケースがある。

ここでは、科学的モデルの最も重要な要素が構造であることを確認した。三つの種類の構造があり、そのいずれも、抽象的モデル記述または具象的モデル記述を用いて特定することができる。モデル記述とモデルの関係は多対多であり、モデル記述は部分的にしかモデルを特定することができない。次の節では、モデル制作者の意図を取り上げることにしよう。モデルを十分に特定するには、この意図が必要なのである。

3　解　釈

この章のはじめに述べたように、モデルは構造と解釈の組み合わせとして成立する。ここまで、モデル制作者が用いる三種類の構造について一とおり説明した。この節では、モデル制作者の**解釈**（construal）について論じよう。制作者の行う解釈は、モデルの構造に対して解釈を与えるものであり、モデルと現実世界の対象との指示関係を示

被食者個体群密度

$$\frac{\mathrm{d}V}{\mathrm{d}T} = rV - (aV)P$$

機能的反応

捕食者個体群密度

$$\frac{\mathrm{d}P}{\mathrm{d}T} = b(aV)P - mP$$

捕食者死亡率

数的反応

図 3.4 割り当てを明確にしたロトカ-ヴォルテラモデルの集まり（族）

すものでもあり、また、モデルと対象の適合度を評する基準を与えるものでもある。これらの側面について、順に取り上げよう。

解釈は四つの部分から成る。**割り当て**、モデル制作者が意図する**範囲**、そして、二つの種類の**忠実度基準**である。割り当てと範囲を通じて、私たちは、モデルの中のある部分と現実世界の現象のある部分との関係について評価することができる。忠実度基準は、モデルが現象を表現する能力について評価する際に、理論家が用いる基準である。

割り当てとは、現実的または仮想的な対象システムの一部が、モデルの一部にどう対応しているかを明確に特定することである。この明確な対応づけは、二つの理由で重要である。一つの理由はこうだ。モデルの中には、その一部が、現実世界の現象の一部と自然に対応づけられるように見えるものがある。しかし、たいていはそうではない。たとえば、調和振動子モデルは、もともと物理的なシステムの周期的な運動について予測するために作られた。しかし、数理モデルとしてのこのモデルは抽象的であり、バネ、分子、あるいは振り子に関してすら、それらが持つ特性に類似したところを持っていない。さらに、化学者が結合の振動をモデル化する場合にも、調和振動子が用いられる。これらのモデルは原子の位置を座標系の点として表し、分子振動に相当するこうした点の周期的なずれを、調和振動子として記述する。割り当てとは、このような種類の対応づけをきちんと記すことにほかならない。

割り当ては、モデルに関する議論の中で、たいていはっきりとは論じられない。その理由は、モデル制作者の集団がそれぞれ、モデル記述の読み取り方についての標準的な約束事を持っているためである。約束事が明確でない場合や、約束事が破られている場合、あるいは、モデル制作者が特に具体的に述べる必要がある場合などには、モデル制作者は図3・4に示したように、モデルに関する議論の中で割り当てを明確にすることを余儀なくされる。

モデルにはたいてい、いま研究されている現実世界の現象には存在していない構造が含まれている。ロトカ－ヴォルテラの捕食モデルを考えてみよう。このモデルで、主な従属的状態変数となるのは個体群の存在量であるが、これらの状態と状態遷移は連続的な数学で表されている。これは、状態変数が無理数であるような状態間の遷移でも、モデルで表現できるということを意味する。ヴォルテラが、現実の魚の個体群や仮想的な個体群を表すのに、負の密度や無理数の密度で表すつもりのなかったことは確かである。したがって、ヴォルテラが自分のモデルを解釈する際には、アドリア海の個体群存在量や他に考え得る個体群の値として、ただ有理数のみを（そしておそらく限られた範囲の有理数のみを）受け入れていたのである。

モデル制作者は、自分たちのモデルのどの面を真剣に受け止めるかについて、このような意思決定を行う。彼らの意図する範囲を通じて、対象で生じうる現象のどの側面をモデルで表すつもりなのか、ということが明確になる。[3]

ヴォルテラモデルに戻って、意図された範囲に関する説明をさらに続けよう。このモデルそれ自体で表現できることは限られている。捕食者個体群の大きさ、被食者個体群の大きさ、両者の自然な出生率と死亡率、被食者捕獲率、および捕食者の出生に必要な被食者捕獲数のみである。このモデルには、空間的な関係や密度依存性、気候、微気候（局地的条件）、他の生物種との相互作用といった情報は全く含まれていない。もし、制作者の意図する範囲が、こうした特徴を表すことを目的とするものならば、ヴォルテラモデルは、密度依存や、探究に関係する空間構造などの情報を含まないわけだから、ほとんど役に立たないことになる。意図する範囲として非常に制限されたものを選択し、また狭い対象を選べば、ヴォルテラモデルが上記の特徴を表すためのものではないことは自ずと知られよう。

モデル解釈の第三、第四の側面は、忠実度基準である。割り当てと範囲で表されたのは、理論家が、モデルによって現実世界の現象をどのように表現するつもりなのかということであった。これに対して忠実度基準は、モデルが世界の適切な表現とみなされるためには、モデルと世界がどれほど似ていないといけないかを示すものである。忠実度基準には二つの種類がある。**動的な忠実度基準**と**表象の忠実度基準**である。

動的な忠実度基準は、モデル出力が、現実の現象の出力にどれだけ似ていなければならないかを教えてくれる基準である。ここで言う出力とは、モデルおよび世界における従属変数の値を意味する。動的忠実度基準は、しばしば許容誤差という意味で使われる。捕食者-被食者モデルを例にとると、たとえば「動的忠実度基準によって、モデルにおける捕食者と被食者の個体群存在量が、実際の値の±一〇%に収まっていなければそのモデルは受け入れられない」といった使い方ができるだろう。こうした基準は、モデルの出力だけを、つまり現実世界の現象的作用に関する予測だけを問題にする。

表象の忠実度基準の方はもっと複雑であり、モデルの構造が、研究対象となるシステムにいかにうまく対応しているか（いかによい写像が得られているか）を評価する基準となる。モデルが世界の適切な表現であるためには、モデルの内部構造が現実世界の現象の因果的構造と似ている必要があろう。表象の忠実度基準は、多くの場合、こうした因果的な類似性に関する基準を与える。

たとえば、捕食を研究する生物学者は、捕食者が捕食を開始したりやめたりする要因（飢え、食物備蓄、飽満など）を捉える、ということをモデルに期待するかもしれない。その研究者にとって、もしこれが表象の忠実度基準の大事な部分だとしたら、ロトカ-ヴォルテラモデルはほとんどその期待には応えてくれない。こうした要因について、モデルは何も示さないからである。

縮尺模型《モデル》を作るエンジニアたちも、これに似た組み合わせの区別を行う。**運動学的類似性**とされるものは、変数の変化の割合（しばしば、ある種のフロー量）が、モデルと対象とで似ていることを意味する。一方、**幾何学的類似性**とは、モデルと対象の構造が似ていることを意味する。この二つの区別は、私が示した動的忠実度基準と表象忠実度基準の区別に、概ね対応している。エンジニアが区別する類似性には、さらに**動力学的類似性**がある。これは、たとえばレイノルズ数やコーシー数〔いずれも、流体の慣性力と粘性力の比を表す無次元数〕など、分析に関わる無次元数がモデルと対象とで同じである、ということを意味する（Kline, 1986；また、Sterrett, 2005も見よ）。

具象的構造、数学的構造、あるいは数値計算の構造に、理論家たちの解釈が加わることで、モデルが作り出される。モデルが構造と解釈を合わせたものだということの意味は、モデルがすなわち、割り当てによって部分部分が解釈される構造にほかならない、ということである。意図された範囲によって対象のどの部分が特定されているのかについて、構造にはこれを指し示せるだけの潜在的な力がある。そしてその評価を、理論家は忠実度基準によって行うのである。これら解釈の四つの要素が、理論家のモデル解釈を構成する。

4　構造の表現能力

この章では、ここまで、構造と解釈という二つの主要な要素を含む科学的モデルについて説明してきた。理論家は、具象的構造、数学的構造、数値計算の構造についてそれぞれ解釈を与えることで、現象を研究することができる。しかし、ここで一つ疑問が生じる。解釈がそれほどまでにモデルの決定を左右するのなら、結局どんな構造でもモデルになってしまうのではないか。また、何でも他のもののモデルになるのではないか。

非常におおまかな捉え方をすれば、この問に対する応えは「イエス」となる。最も単純な事物や現象でさえも、他のものとさまざまな種類の類似点を持った関係にある。一方の事物の特性が、他方の事物の特性を少なくとも部分的に表している場合には、こうした類似関係が、単純な事物や現象をモデルとして使うための基礎となる。単純な機械や複雑な機械、紙でできたりプラスチックでできたもの、生物、そしてベイモデルのような非常に複雑な縮尺模型は、すべて具象モデルに数えられ、いずれも現実世界の対象システムと無数の類似関係にある。同様に、数学的な構造や数値計算の構造をほとんど無数に配列してやれば、現実の、あるいは仮想のさまざまな対象を表現することができる。

しかしながら、何でもモデルになれるとか、何でも別の何かを表現できると言ってしまうと、それは誤解を招くことになる。たとえば、単色のビー玉が一つだけテーブルの上に置かれていると想像してほしい。いま、これをサンフランシスコ湾のモデルとして使うことに興味があるとしよう。しかし私たちはただちに困難に直面する。考えられないほど低いレベルの忠実度基準を持たない限り、ビー玉の形が湾の形を表現することなどありえない。湾はほんのわずかでも球形ではない。さらに、水流だとか塩濃度や温度の変化だとか、浅瀬によって生じる水深の変化などといった湾の動的な側面は、たった一つの状態しか持たない静的な物によって表現できるはずがない。

ビー玉について、もう一度考えてほしい。ただし、今度一緒に考えるのは全く違った種類のシステムで、ロトカ-ヴォルテラモデルの軌道のようなきわめて抽象的な数学的システムである。ビー玉と軌道空間の間にはいくつかの関係が成立する。たとえば、ビー玉は空間の点と位相が共通である。しかし、こうした空間が持つ無数の数学的特性に関して、モデルが捉えることのできることがらは他にほとんどない。

ビー玉はどんなシステムのモデルにでもなれるのか。確かになれる。たとえば、ほとんど球形であるような表面で生じる光の反射、という非常に抽象的な対象であれば、照明の当たったビー玉をモデルにすることができるだろう。ビー玉はまた、他の非球面の形をしたものの反射率を表現できるかもしれない。しかし、ビー玉がそれとは全く違ったシステムを表現する能力は、二つの点で限定されると思われる。その構造が非常に単純であること、そして複数の状態を持たないことによる限定である。

したがって、厳密に言えば、何であれ他の何かのモデルになれるというのは正しいかもしれないが、私たちはビー玉の例から二つの教訓を引き出すべきである。一つは、非常に単純な構造の、そしてほとんど状態の数がないような具象的事物は、低い**表現能力**しか持たないということである。つまり、そうした事物はそれほど多くのシステムを表現することができない。特に、種類が全く異なるシステムの場合はそうである。もう一つの教訓は、具象モデルを用いる際、科学者は、モデルが全体として研究対象と似ているかどうかに注意しなければならないということだ。システムを、それとは全く似ていないモデルで表現することは非常に難しい。

数理モデルと数値計算モデルについても、これとよく似た教訓を引き出すことができるが、先ほどとは幾分状況が異なる。数理モデルと数値計算モデルは、同様にその表現能力によって制限を受けるが、制限の程度はかなり低い。数学が科学にとってこれほどまでに強力な道具である理由の一つは、その柔軟性にある。全く同じ数学的構造を、振り子、バネ、振動する分子、レーザー、水の動きといったさまざまなものの表現手段として使うことができる。したがって、具象モデルから数理モデルに移行すれば、モデルの表現能力はほとんど確実に、質的な向上を見せることになる。

しかしここでもやはり、どんな数理モデルあるいは数値計算モデルもすべての対象システムを表現できる、という言い方には用心すべきである。一つ関係するのは、忠実度基準で要求される水準に見合った予測をするのに、モデルがどれだけ多くの構造を持つ必要があるかという問題だ。ありふれた例を取り上げよう。ある生物の個体数が初めは指数関数的に増大するが、その後、環境が保持できる能力に応じて、安定した大きさに落ち着くとする。このようなシナリオは、意味のある忠実度基準をとろうとする限り、数学的構造が純粋に指数関数的なモデルではモデル化できない。また、変数が一つしかないような関数でも無理である。それゆえ、意味のある忠実度基準でこの種の生長をモデル化するには、最低限必要な変数の数、および必要な関数の形がある。この種の表現能力は、レウォンティン（Lewontin, 1974）やゴドフリー-スミス（Godfrey-Smith & Lewontin, 1993）によって、**動的十全性**と呼ばれ、レヴィンズ（Levins, 1966）によって**十全なパラメータ**と呼ばれている。

動的十全性とは、実は、状態の変化を規則に従って連続的に記述できるということなのだが、これに加えてさらに、どんな種類の因果的構造を表現できるかという問題がある。理論家はときに正確な予測だけをしたがるが、モデルが対象の因果的構造を把握した上で正しい予測ができているか、ということを知りたい場合もある。また場合によっては、対象のふるまいを十分予測できなくてもいいので、とにかく対象の基礎にある構造を表現したいということもある。これは、二番目の種類の表現能力である、**機構的妥当性**が評価されるべきだということを示唆している。機構的妥当性とは、モデルが対象の基礎にある因果的構造を表現する手段となるものである。

たとえば、ロトカ-ヴォルテラモデルにおいては、いかなる生物個体も表現されず、ただ個体群の存在量が表されるだけである。このことは、対象システムが持つ潜在的に重要な側面、たとえば空間的構造、個体の不均一分布などといったものが、このモデルでは全く表現できないことを意味する。モデルには、この構造を捉えるだけの十分な変数が含まれていない。こうした考え方は、数理モデルだけでなく、数値計算の構造や具象的構造まで含めて一般化できる。

表現能力の他の側面として、数理モデルや数値計算モデルが特に関わる側面がある。ある種の数学的構造は連続的であり、このことは、定義域における微小変化が値域の微小変化と対応づけられることを意味する。古典力学や古典的な個体群動態学（たとえばロトカ-ヴォルテラモデル）のような、多くの伝統的数理モデルが連続的な数学を用いている。

けれども、現代の多くの数理モデルや数値計算モデルは、不連続関数に基づくものである。その理由は三つある。まず一つの理由は、数理モデルを記述する微分方程式が解析的に解けない場合に、数値近似が必要になるためである。このような近似がコンピュータでなされる場合、微分方程式の離散的近似を用いなければならない。二つめの理由は、アルゴリズムで記述される状態遷移が必然的に離散的なため、すべての数値計算モデルが離散的となるからである。三つめの理由が最も重要だが、それは、科学者にとって関心のある現象の多くが、実際に連続的ではないということである。捕食者-被食者システムにおいて、連続的な数の捕食者は存在しない。生物の数はすべて整数で記述される。以上のような理由で、現代の多くのモデルは離散数学を基礎としているのである。たとえ連続的な数学の方がより一般的であるとしても、離散数学が離散的なシステムを記述する際に発揮される本質的な表現能力の方が、より優れていると思われる。

表現能力の違いに関して成り立つもう一つの局面は、決定論に関わるものである。状態遷移関数は、決定論的にも、あるいは確率論的にも記述することができる。これは、遷移が必然的に起きるか、それともある確率で起きるかに対応している。ロトカ-ヴォルテラモデルにおいては、被食者の個体数がある大きさで増えると必然的に捕食者の増加を招き、さらに引き続いて被食者の減少が起きる。しかしこの過程を確率論的に表すこともできる。その場合は、個々の個体を表現するのと併せて、個体が子孫を作る確率、捕食される確率なども表現されることになる。決定論的な過程を確率論的に表現することが特に価値を持つのは、鍵となる変数の値がわからなかったり、現象が集合体の性格を持つものであったり、システムの構造的な釣り合いが確率論的に最もうまく扱える場合(Strevens, 1998)だけである。一方、決定論的構造を確率論的過程のモデルとして使うことができるのは、集合体レベルのものを扱う中で、それぞれ確率が互いにどうにか相殺されるような場合に限られる。かくして、確率論的構造と決定論的構造には、その表現能力に関する非対称性がある。

このように、異なる構造が持つ表現能力について、深く考慮すべきことがたくさんあることがわかる。優れたモデリングを行う条件の中には、モデルに適切な解釈を選択することだけではなく、対象や現在の理論的課題にとってふさわしい表現能力の構造を選択することも含まれる。

この章で私は、モデルを構造と解釈から成り立つものとすべきだと論じた。モデルはモデル記述によって特定され、記述は言葉、写真、方程式、図表、あるいはコンピュータプログラムなどの形がありえて、キャプションが伴われることもある。こうしたモデル記述は具象的構造、数学的構造、あるいは数値計算の構造を特定する。理論家はこれらの構造に対して解釈を与える。そしてその解釈が、潜在的な対象システムに対する指示関係を準備し（割り当て）、理論家が対象のどの側面を特に焦点にしているかを明らかにし（範囲）、評価の基準（忠実度基準）を設定するのである。

第4章　フィクションと慣習的存在論

ロトカ-ヴォルテラモデルは抽象的なモデルであって、ベイモデルやワトソン-クリックのDNAモデルのように、具象的でも物理的でもない。けれども、数理モデルとはいったいどのような種類なのかという問題は、モデルに関する論文においてかなり議論されてきたテーマである。このあとの議論で、数理モデルの**数理構造中心**説と呼ぶつもりにしている考え方がある。[1] その一つのバージョンを、私は第3章で説明した。この説に従えば、数理モデルと数値計算モデルは解釈が行われた数学的構造である。しかし、ここ数年、数理モデルについての具象物説、あるいは**フィクション**説がとりわけ支持されるようになってきた。ローマン・フリッグ、ピーター・ゴドフリー-スミス、アーノン・レヴィといった哲学者たちの主張によれば、数理モデルを理解する一番よい方法は、それが、数学的なことがらよりも文学的なフィクションに近いもののように捉えることである。最初に注意しておかねばならないが、この主張は、「モデルは理想化されたものだからフィクション的なシナリオを記述するのだ」という主張と同じではない（Vaihinger, 1911；Suárez, 2009）。数理構造中心説、フィクション説のいずれの支持者も、モデルが理想化されているということは、主張の一部に含みうる。フィクション説の支持者は、これと違ってむしろこう考える。数学的モデリングは、物語を読んだり映画を観たりするのと似た仕方でフィクションに関わるものなのだと。

この章では、まず、フィクション説を採る動機は何か、またその議論がどのようなものかを述べよう。次いで、こうした見方への反対意見をいくつか挙げる。実は、第3章で説明した数理構造中心説に手を加えてやりさえすれば、フィクション説の支持者たちが提起する重要な洞察内容を、ある程度その中に取り込むことができると思われるのだが、章の後半ではこの点について考えよう。

1 数理構造中心説に反対して――個別化、因果、額面通りの実践、という問題

フィクション説の支持者たちは、数理モデルの数理構造中心説に対していくつか反対意見を挙げている。反対意見の一つは、モデルの個別化に関わる。モデルが単なる数学的対象なのだとしたら、二つの別個なモデルが同じ数学的形式を用いる場合に、それらを別々の対象として個別化することができないだろうという反論だ。こうした状況はしばしば起こる。たとえば、調和振動子モデルを考えてみればよい。同じ数学を、理想的なバネの記述にも、化学結合の記述にも用いることができる。このとき、単一の微分方程式（モデル記述）は二つの場合のどちらでも、状態空間内で同じ軌道（モデル）を表す。このことから、数理構造中心説の支持者は、これら二つに当てはまる単一のモデルがあると言わねばならないように思われる。しかし科学における通常の使い方からすれば、これらのモデルは、似てはいるけれども全く同じわけではない、と考えなくてはならないだろう。

数学的説明の二つめの問題点として挙げられるのは、一つめよりもかなり深刻なもので、それは、因果的な情報がモデルの中でどう表されるかに関わる。多くの場合、伝統的な意味論的解釈におけるモデルの説明が求めてきたのは、モデルが経験的に十全ということだけだった。すなわち、モデルは、現実世界の経験的構造を数学的に表現

したものに対して、同型でなければならないということだ。けれども、科学者の大半は実在論者であって、彼らが求めるのは、観測できない状態変数や因果的構造もモデルによって厳密に表現される、ということである。正確な予測ができるモデルを手にするということと、正しい根拠を持って正確な予測ができるモデルを手にすることとは違う。後者のモデルは、対象となる現象について実在的な因果的構造を表すものである。こんなことが、単なる数学的な対象物にできるのだろうか。

答えは否に思えるだろう。少なくとも、数理モデルの説明で多くの場合中心となる動的モデルについては、そう思えるだろう。(2) 数学的対象は構造的特性および関係的特性は持てるが、因果的特性は持つことができない。数学的対象が本来示すのは相関であって、因果的な依存関係ではない。そんなものが、適切な表現形式によって前向き因果、後ろ向き因果、あるいは共通原因さえも区別できるなどというのは全く自明なことではない。このようにモデルが数学的対象である場合、因果的構造を表しづらいという難点を持つことになる（Matthewson, 2012）。

数学的説明に残るもう一つの問題は、理論家たちがモデルについて語る場合に、具体的事物を表す言葉でそれを語っている事実をどう説明するか、という問題だ。たとえば、捕食モデルについて語る場合、理論家はたいてい、出生率や捕獲率といった特性を持つ二つの個体集団について記述しようとする。こうした語り方は、抽象的な対象の数学的特性を語るというより、具体的な対象の生物学的特性を語っているように思える。理論家たちは、具象的な言葉を用いながら抽象的な対象について語るのである。したがって、数理モデルに数学的説明を与えようとするなら、こうした具象的な言葉の使い方が意味をなすように、説明しなければならない。

確かに、数理モデルのフィクション的見方の支持者たちは、理論家たちのモデルに関する語り方やおよその考え方に注意を払うことによって、自分たちの見方を採る動機を得ている。ピーター・ゴドフリー＝スミスは、最近の論文の中でこう論じている（Godfrey-Smith, 2006）。

> 私はモデル制作者たちが、しばしば自分たちについて、想像上の生物学的個体群や、想像上の神経ネットワーク、想像上の経済を記述しているのだと考えている事実を、そのまま額面通りに受け取る。想像上の個体群とは、もしそれが実在するなら、生身の集団であって数学的な対象ではない。
>
> （735）

トムソン-ジョーンズは、こうした観察事実のことを、モデリングの**額面通りの実践**と呼んだ（Thomson-Jones, 1997）。モデル制作者は、しばしば自分たちのやっていることについて、それは言ってみれば、システムを想像し、想像することで現実世界について何かを学んでいるようなものだと述べる。[3] 私は、どのような立場を採るにせよ、モデル制作者のこうした額面通りの実践は受け入れられると思う。さらに踏み込んで、こんな想定をすることもできるだろう。彼らは、モデルについて単にこのような語り方をしているだけではない。彼らにとってモデルとは、もしそれが現実にあれば具体的事物として現れるような、そんな想像上のシステムなのだと。したがって、額面通りの実践というのは科学的認識に関する主張であって、単に理論家がモデルをどう語るかという主張ではない。

このことに関する非常に明確な例を、ジョン・メイナード-スミスの進化遺伝学の教科書に見ることができる。

> 自己複製するＲＮＡ分子の集団を想像しよう。その中に、他とは違うシークエンスＳがあり、それがRの速度で複製を生み出す。他のシークエンスはすべて、それより低い速度rで複製を生み出す。
>
> （Maynard Smith, 1989, 22）

この最初のステップによって彼は、上記の複製プロセスが見られるＲＮＡ分子の集合について考えるよう求めている。私たちには、これまで、こうしたＲＮＡの特性に関する何らかの経験があるので、おそらくこのようなＲＮＡの集合を想像することができるだろう。また、ＲＮＡについて標準的に成立することはすべて（私たちがそれを知っているかどうかにかかわらず）、この想像上の集団についても成り立つものと仮定する。次いで彼は、最初に想像した集団に次のような制約を課すことを求める。複製速度は集団の中で不変なのではなく、それはシークエンスに依存し、一つのシークエンスが他のすべてのシークエンスよりも速い複製速度を持つという制約だ。

続けて、メイナード-スミスはモデルのさらに詳細な記述を行う。

> あるシークエンスは自分の正確な複製を確率Qで作り出す。x_0、x_1をそれぞれＳと非Ｓの複製の数とし、死滅の数を考えないとすれば、
>
> $$\frac{dx_0}{dt}=RQx_0$$
> $$\frac{dx_1}{dt}=rx_1+R(1-Q)x_0$$
>
> となる。これらの方程式を記述する上で、非Ｓの複製においてエラーが生じたときには、他の非Ｓシークエンスが生じるものと仮定した。すなわち、非ＳシークエンスからＳシークエンスが生じる非常に小さな確率は無視している。（Maynard Smith, 1989, 22）

この第二のステップで、メイナード-スミスはＲＮＡ分子複製の性質に関する情報を与えることによって、さらにモデルを制限している。特に、彼は正確な複製の確率を特定したわけだが、結果として、不正確な複製の確率も与えている。さらに、モデルを完成させるために一つの方程式も導いている。これは、集団における最適な分子の保存（維持）を、複製の正確さ度合いの関数として表すような方程式である。

ゴドフリー-スミスや他のフィクション的説明の支持者たちが言うには、この例は、理論家たちがモデリングに

取り組むときの、きわめてはっきりした典型例となっている。すなわち彼らによれば、メイナード-スミスが最初に行ったのは、自身の語るモデルについて、想像するということだった。この場合想像されるのは、自己複製するRNA分子の集団である。次に彼が行うのは、モデルの固有の特性について心の中で思い描き、そうした特定作業の結果を表す方程式を書き記すことである。彼がモデルについてさらに考えを深め、詳細に分析するようになると、モデルをもっと精緻化したり、いっそう具体的なものにすることができるようになる。そしてそうした精密化の結果が、モデルを記述する方程式に記される。結局、メイナード-スミスの数学的分析とは、想像されたシナリオに関する数学的分析なのである。

そうすると、問われるべきことはこうだ。モデルの使われ方と併せて、こうした語り方や考え方を説明する最もよい方法は何か。数理モデルの認識論や存在論の説明としてどんな説明が正しいとしても、この種の議論や認識は説明されなければならない。それゆえ私は、額面通りの実践が、数理モデルの存在論に枠組みを与える際の中心的問題になると考える。

次の節では、数理モデルのフィクション的見方のうち、最もシンプルなものを紹介する。そして、これを評価するためには、その見方を何らかの認識論的、および形而上学的に詳細な議論で拡充してやる必要があることを述べる。最後に、そうした拡充の試みとして最近のものを二つ取り上げ、それについて議論する。

2 シンプルなフィクション的説明

額面通りの実践というところから出発すると、モデルのフィクション的説明に話を持っていくのは簡単だ。最もわかりやすいフィクション的説明はこうなる。数理モデルとは、もしそれが現実であったなら具象的なものになるような、想像上のシステムであると。この考え方に立てば、生物学の個体群動態モデルは、数学的に記述されるものではあっても、実際は、現実世界の個体群にたいへんよく似た想像上の生物個体群を表していることになる。それゆえ、ロトカ‐ヴォルテラの捕食モデルは、捕食者と被食者の想像上の個体群から成り立つことになる。これら想像上の個体群は、モデリングの際にそれらにはっきりと帰属させることができるような特性を持っている。たとえば、死亡率や出生率、数的反応、機能的反応などの特性である。それ以外のすべての特性は、理論家の想像力で規定されるか構成されたものから、推論されたものである。

これは、私たちが、小説やその他の書き物からフィクション世界を作り上げる方法に非常によく似ている。テキストには、詳細な内容の一部分だけが含まれていて、残りの部分は、話の辻褄が合うように私たち自身で補わなければならない。J・R・R・トールキンは、フロド［中つ国を舞台とする、トールキンの小説『指輪物語』の主人公］が左利きか右利きかを書いていないが、フロドはそのいずれか、もしくは両利きでなければならない。したがって、フィクションから何らかの推論結果を得るには、読者はおそらく詳細を自分で補わねばならない。そんな細かなことが、物語や著者にとって大して重要ではない場合でもそうだ（D. Lewis, 1978 ; Ryan, 1980 ; D. S. Weisberg, 2008）。同様に、理論家がモデルから推論結果を引き出すときには、彼らは足りない特性を心の中で補う。しかし、理論家はしばしばこうした特性を、あえて曖昧なままにしておく。こうした特性を分析によって明らかにするということが、数学的なモデリングの大事な点の一つだからだ。以上のような見方を、**シンプルなフィクション説**と呼ぶことにしよう。

ピーター・ゴドフリー‐スミスは、このようなシンプルなフィクション説を支持する最近の主な論者の一人だ。彼は、科学者の額面通りの実践から直接推論して、数理モデルを想像されたシステムと見なすべきだと主張する。

このような想像上の存在物というのは捉えにくいかもしれないが、おそらく多くのケースで、それらは私たちがみんなよく知っているもの、すなわち文学的フィクションに出てくる想像上の対象に似たものとして扱うことができるだろう。私の念頭にあるのは、シャーロック・ホームズの話で描かれるロンドンや、トールキンが描く「中つ国」などの存在物である。これらは想像上の事物だが、私たちはどういうわけか、それをかなり具体的に絞り込んだ形で語ることができるし、またしばしば、お互いにわかっているものとして語ることができる。私がこれから展開しようとしている見方に従えば、科学のモデルシステムは、しばしばこうした馴染みのフィクションと同じ働きをする。科学のモデルシステムは、たいてい数学的な言葉を使って記述されるが（中つ国に対しても同じことができるだろう）、それらは単に数学的対象なのではない。 (Godfrey-Smith, 2006, 735)

シンプルなフィクション説には、いくつかの利点がある。まず一つ。この見方を採れば、数理構造中心説を苦しめそうな問題の一つが解けるように思われる。すなわち、フィクション説では、モデルが容易に個別化できるということだ。想像上のシステムは、それぞれが一個のモデルである。こうしたシステムは、言葉を使ったり、方程式、写真、グラフを使うなど、多様な方法で表現することができる。モデル記述は、その記述で捉えられるモデルをつねに不十分な形でしか決定しないが、このことは何ら問題ではなく、むしろ利点だと言えるだろう。精緻ではないモデル記述によって、より大きな一般性を持ったモデルの集まり（族）が作れるからだ。

フィクション説が持つ別の利点は、ちょうど具象モデルの場合のように、モデルと世界の類似関係を直観的に把握できるということだ。モデルがその対象である現実世界の現象に類似しているのは、モデルが対象に似ている場合のみである。こうした類似関係について形式的（定式的）分析を行うのは容易ではないが（私の試みについては、第8章を見よ）、その背景にある考え方は具象モデルの場合と同じである。この見方で数理モデルを捉えると、それは、たとえ想像上のものではあるにしても、現実世界の対象に構造と作用がよく似た物理的システムだということになる。この関係についてもっと踏み込んだ説明をしようとすれば、モデルの構造のさまざまな部分を理論家がどう解釈するか、という解釈の役割について論じることになるだろう。

最後にもう一つ利点を挙げよう。フィクション説であれば、理論家がモデル記述を精緻化する際、頭に描いたモデルシステムのイメージを基にしているのだ、ということをまともに受け止めることができる。ゴドフリー=スミスは、理論家が自分たち自身について述べたこんな記述があると指摘する。それによれば、理論家はまず、頭の中にイメージを描くようにしてモデルについて考え、次いで、そのイメージに基づいてモデル記述（方程式）を書き記すという。これはまさしく、上で見たメイナード=スミスの例のとおりだ。こうした見方は、フィクション説がもたらす最も重要な洞察の一つと言えるだろう。

このように、シンプルなフィクション説には大きな魅力がある。それは、モデル-世界間関係を物理的具象モデルとの類似性で分析しようとするときには、たいへんわかりやすいスタート地点となる。また、この見解は、モデル制作者たちの間で非常によく見られる語り方を理解する手助けともなる。

私たちは数学的モデリングに対するシンプルなフィクション説を、第2章で論じたやり方にならって、科学的実践に関する「認識的」説明と捉えることができるだろう。こうした説明は科学の活動を哲学的に再構築しようとするものである。哲学的再構築とは、科学の実践に対して忠実でありつつも、なぜその実践がうまくいくのかを説明しようとする行為を指す。

一方、シンプルなフィクション説で示すことができないのは、モデルの形而上学に関する説明である。ゴドフリー=スミスは、これについては未解決だと述べている。数理モデルに関するここでの説明は、文学的フィクションの形而上学からさまざまな情報を与えられる必要があろう。モデル制作者によるフィクション的シナリオについて気掛かりな点があるにしろないにしろ、それは通常のフィクションにおける想像上の対象と同じである。形而上学者や言語哲学者は、ゆくゆくはこうした対象すべてについて形而上学的説明を与える必要があるが、その説明がデフレ理論[1]的な説明になることも十分考えられよう。しかしこの問題が未解決であっても、私たちがこうした想像上の世界について推論したり、語ったり、反事実条件の分析を行ったりできるということは、全くもって明らかなことである。

もっとも、すべての哲学者がこの問題を未解決でよいとしてきたわけではない。むしろ多くの哲学者が議論の結論としてきたことは、モデルと現実世界の対象をどう比較するか、あるいはモデルからどのように推論結果を引き出せばよいか、といった説明を与えるためには、少なくとも形而上学のある部分について明確にしなければならない、ということだ。私はこうした強化策を求める声を支持したいと思う。というのも、モデルに関する説明で最も大事な焦点は、モデルと対象の比較について行われる詳細な分析にあると思うからだ。次の節では、シンプルなフィクション説を強化する二つの方法について論じる。

3　シンプルな説を強化する

フィクション説の形而上学と認識論を展開しようと思うと、次の二つの大きな方向のうち、どちらかを進むことになるだろう。**可能的存在としてのフィクション**か、または**科学者の想像の産物としてのフィクション**か、である。または、トマソンが最近行ったフィクションの形而上学研究（Thomasson, 1999）に依拠する、第三の選択肢もあるかもしれない。彼女は、フィクションの登場人物を捉える最もよい方法は、彼らを抽象的な人工物とすることであって、形而上学に訴えて可能的存在と捉えたり、著者および読者の精神状態としたりすることではないと主張する。この見方を今の論争に取り入れると、こうなる。シンプルなフィクションとは、科学者の精神状態によって生み出され、維持されるような抽象的人工物である。こうした主張の可能性は、モデル論の文脈ではまだ十分検討されていないので、ここではこれ以上この説に深入りせず、他の二つの選択肢に話を絞りたいと思う。

二つのうち第一の選択肢は、デイヴィド・ルイス流の「可能的存在としてのフィクション」という形而上学に基づくものである。[2] この見方では、シナリオを想像するという認識活動はそれほど重視されず、可能性そのものの役割が前面に押し出される。この見方に従えば、モデルは具象的で、非現実的な可能的存在である。こうした説明を展開するときの一つの自然な方法は、数理モデルが一つの可能世界もしくは可能世界の一部である、とすることである。ゴドフリー‐スミスは必ずしもこの方法を支持しているわけではないが、この方法は、彼のシンプルなフィクション説に対するきわめて自然な解釈である。ゴドフリー‐スミスはときどき理論家の想像力について語ってはいるが、彼の議論の大部分は、モデルを具象的かつ非現実的なものとして考えたらどうなるか、ということに関係している。可能的存在が具象的ということはあり得る。しかし、想像物が具象的だというのは理解しがたい。

第二の選択肢はこうだ。理論家がフィクションに訴えるというのは、そのときの精神状態がフィクション的な内容を持っているということであって、理論家がそれ以外の、何か形而上学的なことがらに関わりを持っているのではない。この選択肢は、モデルをフィクションとする際の存在論的な関わりをあまり重視せず、モデリング分析の中心を理論家の想像に置こうとするものである。このような数学的モデリングにおいては、可能的存在にはほとんど、あるいは全く関心が向けられず、その行為は物語を話すことや、ごっこ遊びをすることにずっと近づくことになる。そうすると、このようにして生まれるエピソードは、いずれも精神状態であると理解され、具象的事物と理解されることはない。[4]

可能的存在としてのフィクションという見方は、哲学界ではそれほど支持者は多くない。この見方に立った一つの議論が、コンテッサによって展開されている（Contessa, 2010）。ただし彼はその議論に対して、モデルを抽象的対象とすることから導かれるある制約を課している。一方、想像としての見方については支持する論者が何人かいて、その中には、ローマン・フリッグ（Frigg, 2010）、アーロン・レヴィ（Levy, 2012）、アダム・トゥーン[5]（Toon, 2010, 2012）らが含まれている。次の二つの節では、想像としての見方の二つの形について論じよう。そのあとで、こうしたフィクション的見方に対する私の批判を述べることにする。

（1）ウォルトン的なフィクション主義

数理モデルを科学者の想像と結びつけるべきだ、とする考え方を展開する一つの方法は、文学的フィクションをめぐる考え方を数学的モデリングに適用するというやり方だ。ケンドール・ウォルトンは、フィクションをごっこ遊びと見る説を述べたが、ローマン・フリッグは、この説の概念的枠組みを使えば、フィクションとしてのモデルが理解でき、そのようなモデルと世界との関係も理解できると主張した。

額面通りの実践、という話がゴドフリー－スミス説に必要な動機を与えたが、その議論の多くが、フリッグ説を支持する動機にもなっている。ゴドフリー－スミスと同様に、フリッグは、科学者たちがしばしばモデルのことを物理的事物であるかのように語る、という点に訴える。しかし彼の場合は同時に、物理学理論は「物理的性質」を持つ、という昔からの哲学的議論（Campbell, 1957）にも訴えるのである。この議論が意味するのは、物理学の理論について理解するには、それを物理的に例化したものをきちんと把握する必要があるということだ。こうした物理的性質は、数学だけでは十分に捉えられない。したがって、フリッグが擁護する数理モデルの見方においては、モデルを「想像上の物理的システムと見なす。つまり、実際には時間空間的に存在しないが、それが現実のものであれば物理的な事物であったという意味で、単なる数学的あるいは構造的なものではないような、仮説的存在である」と見なすのである（Frigg, 2010, 253）。

ここまでの議論は、可能的存在の形而上学によって展開されたシンプルなフィクション説と、非常に似通っているように見える。しかしフリッグは、そうした形而上学に訴える見方はあまりに実体説的だと考え、別の道を探る[6]。彼はその別の道を、芸術の哲学に関する現代の研究、特にケンドール・ウォルトンの装い理論の中に見出した。

ウォルトンは、フィクションの高度な形而上学的、認識的、言語的問題を扱うには、フィクションをごっこ遊びに類したものと理解するのがよい、と提唱している。それゆえ、私たちが「モルドールはゴンドールの東にあるか」という疑問について評価する際には、私たちは、中つ国が空間的関係や地理を有する場所であるという、作りごとのシナリオに関わっているのである。私たちは『指輪物語』や、それに関連する本を、こうしたごっこ遊びでどんな「動き」が許されているかを決める**小道具**として使用する。このような公認規則と種々の産出原理によって、私たちは、こうした地理的主張が正しいかどうかを評価することができる。「モルドールはゴンドールの東にあるか」という問いは、「中つ国ごっこ遊びにおいて、モルドールはゴンドールの東にあるか」と問うことを意味する。この文は、これに関わるトールキン読者集団が、『指輪物語』のテキストによって公認される同じ遊びに参加していると仮定すれば、正しい。

フリッグは、この理論が持つ処理能力を、数理モデルの理解に使うことを提唱する。モデル記述は、それが関わるごっこ遊びに対して小道具の働きをする。モデル記述によってはっきり認められた規則に加え、背景理論や数学により、規則本体にさらに広がりが与えられる。

モデル記述（たとえば、モデル惑星は球形であるなど）で明確に述べられていることが、モデルの直接的真理であり、この真理から法則や一般的な原則によって導かれるのが、間接的真理である。直接的な産出原理とは、そこに関わる記述を私たちに理解させてくれる言語の規約であり、間接的な産出原理とは、直接的真理からさらにさまざまな結果を導くための法則である。

(Frigg, 2010, 260-261)

フリッグの見方が、シンプルなフィクション説に対して特に有利なのは、フィクションの形而上学への関与、という厄介に見えることがらについて、対処の方法が示されている点だ。フリッグ説は、そんな厄介なものなしで済むように思われる。ごっこ遊びは心理的なものなので、人間の認識システムと数学運用能力以外に、仮定すべき余計なものは一切ない。これは、同じシンプルなフィクション説の展開でも、想像上の具象システムを可能的存在として扱うルイス流の展開とは好対照をなす。

このことは、形而上学的要素が少ない方がいい、と思っている多くの科学哲学者にとっては確かに有利なことに見えるが、一方で、シンプルなフィクション説が持つ利点、すなわち、モデルと世界が物理的な類似性によって関係づけられる、という利点が損なわれてしまうようにも見える。数理モデルがごっこ遊びだとしたら、それらは科学者の精神状態なので、物理的世界とは何も似ていないことになる。それゆえフリッグは、私たちがごっこ遊びからどうやって現実の対象について学ぶことができるのかを、説明しなければならない。これは簡単に片づく問題ではない。なにしろ、モデル制作者の頭の中にあるものと対象の特性とを、どう比較するのか説明せよというのだから。

現実の対象を想像上のシステムと比較する、という問題一般のことを、フリッグはトランスフィクション的命題の問題と呼んでいる。いま特に取り上げるべき問題は、想像上のシステムが持つ特性を、現実世界の対象が持つ特性と比較するという問題だ。フリッグは、このことは最終的には問題にならずに済むと言う。というのも、ここでやるべきことは単に、

> モデルシステムの特徴を対象システムの特徴と比較することだけだからだ。こうした理由で、モデルについてのトランスフィクション的な言明は、比較の観点を示す項目によって、内容があらかじめ固定されたものとして読まなければならない。このことによって、比較の文は対象間の比較ではなく、特性間の比較を表すものとして読み替えられる。これにより、もとの難題は消え去ることになる。(Frigg, 2010, 263)

別の言い方をすれば、フリッグはモデルと対象のどちらであっても、その特性を抽象的に表現することができると考えているのだ。そこで、モデルが対象と直接比較されるのではなく、こうした特性が互いに比較されることになる[7]。

このように、フリッグはシンプルなフィクション説を洗練化し、その説明は、心理学的範疇を超えて形而上学に訴える、という問題を回避しているように見える。それによってまた、理論家たちがいつもモデルをフィクションのように語っている、という額面通りのことがらについても、確かに意味を与えることができるだろう。しかし、この説明ではまだ、モデルと世界との比較に関する心配を払拭できていない。後で述べるように、これは、理論家ごとの想像の差異という問題を抱えているのだ。

(2) モデルなしのフィクション

最近レヴィによって提唱された説明（Levy, 2012）が、モデリングに関するウォルトン流の説明としては、より徹底している。モデリングがある種のフィクション的行為と捉えられる、という点はレヴィも認めるのだが、彼の

主張では、その行為によって、モデルという新たなものを導入する必要は全くない。そのような捉え方をしなくても、モデリングを特別なタイプの理想化と見ることができるのだという。

マーティン・ノワクは最近、陰窩と呼ばれるマクロな細胞の組織構造が、発がん確率に影響があるかどうかを研究しているが、レヴィはこの研究を例として考えてみよと言う。ノワクはこう記している。

> この問題への一つのシンプルな取り組み方としては、まずN個の細胞が直線的に並んでいると考えてみることだ。各時間ステップに一つの細胞がランダムに選択される。ただし、それは適応度に比例してなされる。選択された細胞は二つの娘細胞に置き換えられ、その右側にある細胞はすべて、一つ右側へとずれる。その結果、右端にある細胞は〔死に〕、左端にある細胞は幹細胞としてふるまうことになる。
> (M. A. Nowak, 2006, 222)

ゴドフリー-スミスとフリッグなら、この一節は、一列に細胞が並んでいる様を想像で捉えようとしたものだと理解するだろう。しかし、レヴィは別の読み方ができると主張する。レヴィによれば、おそらくノワクが想像するように求めているのは、特別な仕方で理解される現実の細胞である。レヴィはこう述べる。

> しかし、ここでノワクは、**現実世界の陰窩**を想像するよう読者に求めている、とも受け取れるだろう。それが特別な性質を持ち、一列に並んでいると想像するのである。これを、モデル記述の「事象的な」解釈と呼ぼう。特定し、比較するという、二つの段階で考えるのではなく、事象的解釈では、モデル記述が直接その経験的対象に関わるものだと捉える。ここで私たちがやろうとしていることは、自分が実際よりもっときれいだと想像したり、世界的なアスリートだと想像したりすることに非常に似ている。
> (Levy, 2012, 12)

レヴィの説明に従えば、モデルなどというものは実際には存在しない。モデリングというのは、対象システムを事実とは異なる特別な形で考える行為にすぎない。想像上のシステムを作り上げたり、また数学的構造を作り上げたりする作業も必要ないのだ。このようにレヴィの見方には、哲学に関わる部分がきわめてわずかしか含まれていない。

レヴィは、こうした立場を採る動機について次のように説明する。シンプルなフィクション説やウォルトン説は、「新規立ち上げの」見方と呼べるものであって、モデルが対象の説明にどう使えるか、という根拠がそこにはない。たとえば、フリッグの説明では、フィクションと対象との間で共有される性質に訴えることが必要だが、前節で論じたように、これは見掛けよりも複雑な作業である。というのも、厳密に言えば、フィクションは全く特性というものを持たないからである。したがって、フリッグはこのような比較をしようと思えば、例化されていない特性に訴えざるをえない。けれどもそんなことをすると、形而上学的に問題のある機構を再び持ち込むことになるだろう。フリッグの見方もルイス流の見方も、理論家の想像を超えた形而上学的特性に訴える必要があるので、レヴィは両者の見方がどっちもどっちだとしている。結局、形而上学的に確固としているが自然主義的には疑わしいことがらを支持するのか、それともモデルと世界の比較が実際にはできないままか、といういずれかを選択しなければならない。

これに対してレヴィは、自身の「事象的」見方には膨らみすぎた形而上学は含まれていないし、モデリングがいかに対象の情報を教えてくれるか、という説明ができるように思われると述べる。理論的表現と対象との間には、いかなる中間的な段階もない。理論的表現はつねに、その対象に関する直接的な表現だからである。

4　なぜ私はフィクション主義者ではないのか

数理モデルのフィクション説には、確かに魅力的なところがある。フリッグの見方もゴドフリー-スミスの見方も、モデリングの過程が、いかに間接的な表現や間接的な分析の過程となるのかを容易に理解させてくれる。分析が間接的だというのは、構築されたモデルにおいても（ゴドフリー-スミス）、単に想像上のモデルにおいても（フリッグ）、その中に「途中下車」があるからだ。さらに、少なくともシンプルなフィクション説をとる場合には、具象モデルと非常によく似た方法で、かなり容易にモデル-世界間関係の説明を得ることができる。モデルは文字通り対象によく似ていて、そのため私たちは、モデルから学べることを対象と直接比較することができる。レヴィの見方には、このような特徴はない。しかしレヴィの見方をすれば、科学者がさまざまな科学的推論の方法を用いる際、その中で私たちに対して、あたかもシステムが特性を持っているかのように考えよ、と促していることが理解できるだろう。このように、私たちは、モデルが隠喩のように機能することを確認できる。そしてこうした立場は、長年にわたって多くの哲学者の心を捉えてきたのである（たとえば、Black, 1962, あるいはHesse, 1966）。

このような真に魅力的な点はあるが、フィクション説は、最終的にその考えが維持できなくなるような、かなり大きな問題をいくつも抱えていると思う。この後の議論で示すように、犠牲を払えば、そのうちのいくつかは乗り越えられそうに見える。しかし、それ以外の問題に対する解決策は、単純に数理構造中心説を受け入れるよりももっと問題がありそうである。以下に四つの大きな問題を論じる。順に、科学者間の差異の問題、フィクションの限られた表現能力の問題、レヴィの見方ではモデリング行為が説明できないという問題、そして額面通りの実践に関する差異の問題である。

(1) 差異

モデルがフィクションである限り、科学者が違えば、モデルの捉え方にもかなり差があると考えられるだろう。これは、フィクション説の中での違いによって、それぞれ違った結果を招くことになる。ルイス的な、形而上学を伴うシンプルなフィクション説に対しては、この指摘は次のことを示唆する。まず、モデル記述により、その記述と同値関係にある集合を可能世界の中から取り出せなければならない。さらに、理論家たちはその想像力で、特定の一つの可能世界、もしくは特定の小規模な可能世界の集合を追跡できなければならない。フリッグにとっては、理論家の間にある差異は、異なるごっこ遊びを生じさせることになり、レヴィにとっては、対象が事象的に想像される仕方に違いを生じさせることになる。

それぞれを個々に論じる前に、一つ大事なことを確認しておこう。それは、文学的フィクションについて語るときには、この種の差異はつねに生じるものであり、またそのことはたいてい問題にならないという点だ。もし私が、オーク〔トールキンの作品で中つ国に住む人間以外の種族〕の足は人間に似ていると考え、あなたがむしろ熊の足の方が近いと考えたとしても、オークの足の形が物語の一部になっているのでなければ、このことは問題ではない。もちろん、それが物語の一部であれば、作者のトールキンはほぼ間違いなく、ストーリー展開を理解するのに必要な細部の描写を与えることだろう。トールキンおよび物語がこの点について何も語っていないのであれば、それは、考えてみるのが面白いという程度の、ファンの集いで議論するような話であり、それが何か重大な局面につながるということはない。こうした可能性があるために、一部の人は、フィクション的世界と可能世界を区別しようとする。端的に、フィクション的世界はすべての特性に関して決定されていない、というのがその論点だ（Eco, 1990）。

こうした非決定性が重大な問題になるかどうかは、どんな事実が非決定なのか、ということによる。文学のケースでこれまで示唆されてきたのは、物語の中心的な特性か、中心的ではない特性かを区別する必要があるということだ。オークの足の指が何本か、マクベス夫人の子どもの数が何人かは、それぞれの物語で重要ではないので、非決定なままであってよい。少なくともこれまでのところ、そうした部分がテキストの中で大事だということはないし、私たちが、中つ国や十六世紀のスコットランドというフィクション的世界についてこうであってほしい、と思うことが、いま述べたようなことがらに左右されるということもない。一方、ローハンがモルドールの西にあるということは、たとえこれがテキストの中ではっきりと述べられていないとしても、『指輪物語』の中で重要な意味を持つ。こうしたこと、あるいはこれに類したことで、読者の意見が一致しないということは見過ごせないし、もし不一致が認められれば、物語の重要な点が理解できなくなってしまうだろう。

数理モデルにも、これに相当する問題がある。モデルの中心的特性をめぐる科学者間の一致という問題だ。フィクション説において、モデリングやモデルに基づく表現がうまく機能するためには、完全な一致とまではいかなくても、少なくとも高いレベルでの意見の一致がなければならない。したがって、差異の問題については、こう問い直すのがいいかもしれない。科学者の間に、モデルの中心的特性に関する重大な差異はあるだろうか。そしてそれによって、科学的推論に必要な意見の一致が損なわれるだろうか。

これがどれほど大きな問題かは、フィクション論者が自分たちの説明をどう展開するかということに、そのまま依存する。一つの可能性として、フィクション説の支持者たちが、数学的記述は、モデルの中心的特性のすべてを、またその特性のみを与えるのだ、と述べることが考えられる。モデルの中で、それ以外のものはすべて、理論家の想像力で自由に構築してよい。つまり、モデルに大きな差異があるということは起こりうるが、そうした差異は、いずれも中心的ではない特性について起こるというわけである。

この回答方法は、差異の問題に単刀直入に切り込もうとするものだ。中心的特性とは、この場合おそらく、説明に関わる特性ということになろうが、この回答によればそうした特性には全く差異がない。それゆえ、理論家たちがモデルの中身に関していかに意見の一致を見たか、ということはわざわざ説明すべきことではなくなる。重要な中身は、すべて数学によって決定されるのだ。

これが一つの可能な回答である、ということには同意する。しかし、このような回答をすれば、フィクション説の魅力的な部分が削がれることになる。フィクション説の動機になっているのは、次の事実だ。すなわち、モデリングという認識活動には、しばしば想像世界について考えるという作業が含まれるが、その想像世界とは、現実世界とかなり直接的な比較が可能な世界なのだ、ということである。フィクション説の支持者が強調したがるように、数学的記述はきわめて内容が希薄である。もし数学的記述によってモデルの中心的特性がすべて尽くされているのだとすると、その結果、モデルがフィクション的シナリオを描き出す上でも、きわめてまばらな内容しか描けないことになるだろう。そうすると、フィクションは現実世界のシナリオとは似ても似つかないものになり、モデルが現実システムと直接的に比較可能だ、という主張に悪影響を及ぼすことになる。

これよりもっともらしく見える回答として、フィクション説の支持者たちは、モデルがモデル記述の範囲を超えて中心的な特性を持つ、と主張するかもしれない。つまり、フィクションとしてのモデルが持つ特性が、すべて中心的だ、と主張する代わりに、モデルは広い範囲に及ぶ中心的特性を持っている、と主張するのである。そして、これらの特性に対し、理論家が導入する非中心的特性がつけ加わることによって、現実の対象と比較できるほど、内容の豊かなフィクション的シナリオが構築されるというわけである。

もしこれが事実なら、そこで問うべきは、モデル記述から中心的特性を持つ豊かな世界への移行は、いったいどんな**産出原理**によって可能なのかということだ。フリッグの示唆する答えは、モデル記述がモデルの「第一真理」を与え、自然法則がその残りの部分を埋めるというものだ。しかしこれでは、最もシンプルなケースでさえ、そのフィクション的シナリオ全体を産出するには至らない。たとえば、想像上の生物個体群を産出するのに、自然法則はロトカ-ヴォルテラモデルの十分な補足にはならない。こうした生物には、物的形状、代謝と調整の過程、ふるまい、居場所などを帰する必要がある。ロトカ-ヴォルテラモデルからだけでは、どんな自然法則もこうした特性を産出することはできない。したがって、自然法則を超えた何かが必要となる。(8)

フィクションに関する哲学的議論には、中心的特性がどう産出されるかについて、二つの標準的な考え方がある。一つは、**現実性原理**を用いるものだ。この考え方は、フィクション的世界が私たちの現実世界から特に逸脱すると書かれているのでなければ、その世界は、現実世界のあらゆるもので満たされているとする考え方である(Walton, 1990；また D. S. Weisberg & Goodstein, 2009 の議論を見よ)。こうした議論の方向性は、文学的フィクションの文脈では異論のあるところで、広くは受け入れられてはいないし、科学的なケースにおいては、なおのこと見込み薄だろう。ロトカ-ヴォルテラモデルに戻って考えてみると、たとえこの現実性原理を採用するとしても、どうしてこれで想像上の捕食者や被食者の個体群にたどり着けるのだろうか。数学によって与えられるもの以外で、こうした個体群はどんな特性を持つのだろうか。またたとえば、個体群の大きさとして非整数値が数学的に現れたりするが、このような側面を無視するということを私たちはどうやって知るのだろうか。これらは、ロトカ-ヴォルテラモデルを理解する上で、また、それがいかに生物学的現象の説明に使えるかを理解する上では、すべて欠かせない部分である。しかし、現実世界とモデルの数学との足し算によっては、このようなことがらは生み出されない。実際、特性の一部は、数学と相反するものでもある。

これとは違う別の見方が、ルイスによって提唱され(Lewis, 1978)、その後ウォルトンによって詳細に展開された(Walton, 1990)。この見方によれば、中心的特性の構築には**相互信念の原理**が必要である。相互信念の原理とは、

> もし命題p_1、…、p_nのフィクション性が、ある表現によって直接産出されるとすれば、他の命題qがその中でフィクション的であるのは、芸術家集団において「もしp_1、…、p_nが事実なら、qも事実だろう」ということが相互に信じられている場合、そしてその場合に限る。
> (Walton, 1990, 151)

私たちがフィクション世界の詳細を埋めるとすれば、それは、私たち自身の世界からあらゆるものを取り込むことによってではなく、芸術家の世界で通常信じられていることがらを取り込むことによる、という考え方だ。科学的なケースでこれに類した考え方を述べると、だいたい次のようになるだろう。

> もし命題p_1、…、p_nが、あるモデル記述Mによって直接産出されるとすれば、他の命題qがそのモデルのフィクション的シナリオの中で正当な根拠を得るのは、科学者共同体において「もしp_1、…、p_nが事実なら、qも事実だろう」ということが相互に信じられている場合、そしてその場合に限る。

もちろん、この原理を定式化するのにはもっといい方法があるだろう。けれども、およそこの線で原理を立てれば、モデルの中心的特性が共同体の共通信念と同じくらい確固としており、モデル記述以上の内容を持ったフィクション的シナリオが産出されるのは間違いない。これがどれだけ解決策になるかはまだわからないが、このことで、確かに差異には限定が加わるだろう。この考え方をさらに検証するために、ロトカ-ヴォルテラモデルの例に帰ることにする。

二つの中心的特性について考えよう。いずれも、ロトカ-ヴォルテラモデルのモデル記述の中では言及されておらず、また、その数学的表現の論理的帰結でもない。一つは、生物学的個体群は大きさとして整数値をとる、という特性だ。この特性は、ロトカ-ヴォルテラモデルの数学を解釈する上では間違いなく本質的なものだが、これは数学そのものから帰結するわけではない。モデル記述の核となる微分方程式を解くと、ある時間的な幅にわたって、生物の数の予測値として非整数の値を得る（第3章3節を見よ）。科学者共同体は、そこで用いられる数学と、整数値だけを認めるモデル解釈との間にある乖離を、暗黙裡に受け入れている。したがって、上に述べた相互信念の原理を理解する一つの方法は、理論家たちがモデルを解釈する際、暗黙裡に了解される部分を成文化することとして、これを捉えるという方法だ。これによると生態学者たちは、ロトカ-ヴォルテラモデルが整数値の生物数のみを予測として与える、ということを相互に信じていることになる。

もう一つ別の中心的特性について考えよう。捕食者-被食者システムにおける、生物二種の空間的構造という特性である。ロトカ-ヴォルテラモデルの数学は、空間的構造については何も語らない。それゆえ数理構造中心説だと、モデルはこの構造に関しては単に抽象的なものに留まることになる。けれども具象的見方をするなら、モデルは現実の生物で構成されることになり、現実の生物は空間的に配置されなければならない。

具象的見方においては、空間的な位置が確定していることが必須となるわけだが、それらは中心的特性なのだろうか。私は、そうでなければならないと思う。捕食者-被食者モデルに関するその後の研究において、空間的構造が数学に含まれているときには、ある種類の空間的構造をとる場合にだけ、ロトカ-ヴォルテラのような振動が起こることがわかっている（詳しくは、Weisberg & Reisman, 2008を見よ）。実際に振動は、生物種が空間に均一に分布した**完全な混合状態**に近い状態のときに生じる。モデルの鍵となる特性がこのように空間的構造に依存するのだから、モデルに空間的構造が含まれていれば、それは中心的特性だということになる。

そうすると、ここで問題が生じる。理論家たちは、捕食者と被食者の空間的配置をそれぞれ違った仕方で想像しようとする。ある想像の仕方は、ロトカ-ヴォルテラ振動を発生させる配置に一致し、ある仕方は一致しないだろう。しかし、ロトカ-ヴォルテラ振動は、このモデルを調べる中で得られた重要な発見の一つである。であれば、その配置に一致しない想像上のシナリオが、そのモデルの例化になっているとは言えないだろう。このケースでは、相互信念の原理が理論家たちの想像を十分に制限できるとは明確に言えないことになる。

これに対し、数理構造中心説にはシンプルな解決策がある。ロトカ-ヴォルテラモデルは空間的構造については何も言わない。このモデルはもっぱら、個体群レベルでの特性の組み合わせに関するモデルなのだ。モデルに関するまさにこの事実が、ある部分では、モデルの最も特徴的な特性を生み出す原因となっている。そして、このことが不利か有利かは、モデルがどんな目的で用いられているのかによるのである。私は、相互信念の原理がこのようなシンプルな解決策をもたらすとはどうも思えない。

事象的見方もまた、差異に関する問題を抱えているのだろうか。この点は、はっきりしない。というのも、事象的見方においては、対象から逸脱している部分もモデル記述によって何らかの許可が与えられるので、モデルの例化はつねに対象と直接結びついていると主張されるからである。このとき、理論家は現実世界の対象から出発し、モデル記述において、実際の世界と同じ仕方で特定されるものだけがその変更を認められることになるので、これはほとんど、現実性原理の一つのバージョンのようなものである。しかし本節(3)で論じるように、この説明のうち、差異の問題解決に役立つ厳密な部分が、却ってそれ自身の問題を生み出すことになる。

この節では、モデルをフィクションとする三つの考え方が、差異の問題に対してどう回答できるかを見てきたが、こうした考え方を擁護する人たちにとって、私はこの問題が依然として重大な障碍になっていると思う。モデルの中心的特性は、モデル記述のテキストを超えて広がっているはずだと思われるので、もしフィクション説がもっともらしさを持つのであれば、その支持者は何らかの産出原理を示す必要がある。ルイス的な形而上学的説明では、モデル記述は、それと同値関係にあるような、あらゆる点で完全に例化された可能世界の集合と結びつくことになる。この解決方法が孕む問題は、もし同値関係にある世界の集合全体をモデルだと考えると、あまりにも多くの特性が産出されてしまうということだ。もしそうした考え方をとらないとすれば、理論家がみな同一の世界に固定されることはなくなって、実際に異なるモデルを心に抱くことになるだろうから、その場合は差異の問題が大きくなるだけである。

フリッグは、このような世界の特性ということに由来する過大な産出の問題は回避しているが、そもそも、必要な中心的特性がどうやって産出されるのかを説明しなければならない。フリッグは、自然法則が必要な特性を産出するとしているが、それだけでは不十分だ。相互信念の原理を修正した考え方は、部分的には解決となるかもしれない。けれどもこれは、科学者間の個人的相違の影響を非常に受けやすい。結局のところ、この差異の問題がフリッグにとって乗り越えられない問題かどうかはわからないが、これが真剣に取り組むべき問題であることは確かである。

(2) 異なるモデルを表現する能力

フィクション説の二番目の問題は、異なるモデルが持つ表現能力の、見かけ上の違いに由来する問題である。第3章4節で論じたように、モデルはたとえば、離散的な場合もあれば確率的な場合もあり、集合体的な場合もあれば個別的な場合もある。また、空間的に明示される場合もあればそうでない場合もある。もしモデルが数学的対象であれば、このような違いは容易に理解することができる。異なる種類のモデルは異なる種類の数学を用いるので、このことが、それぞれの表現能力の違いを説明する。一方、フィクション説はこうした区別をすることができない。

具体的な例を考えよう。フィクション主義者は、ロトカ-ヴォルテラモデルを捕食者個体群と被食者個体群からなる想像上のシステムだと見なす。これがどれくらい具体的かはしばらく置くとして（捕食者はサメだろうか？）、モデルを構成するのは、相互作用を行う具体的で離散的な生物だ。しかし、ロトカ-ヴォルテラモデルを記述する方程式においては、相互作用するのは個体群である。すなわち、数学的に表されるものは生物の個体群であって、個々の生物ではない。このことは問題だろうか。

この問いに答えるために、ロトカ-ヴォルテラモデルに特徴的な特性をいくつか考えてみよう。このモデルは、捕食者と被食者の個体群が、位相をずらしながら際限なく振動することを予測し、また振動が中立安定であること［システムが増大も減衰もせず、もとの振幅範囲に留まり続けること］や、ある一つの平衡状態が不安定であること、さらに、全体的な殺生物状態になると被食者個体群の存在量が相対的に増えることを予測する。

これらの特性の中で、上の事実、すなわちロトカ-ヴォルテラモデルの数学が個体群レベルである、という事実に依存するものがあるだろうか。あるいは、その数学が微分方程式で定義されている、という事実に（つまり、ある状態空間における軌道の完全集合である、という事実に）依存する特性があるだろうか。答えは明らかに、イエスだと思う。生物個体を一つずつバラバラに表現したような、そして他はすべて、できるだけロトカ-ヴォルテラモデルに似せてあるような、個体ベースのロトカ-ヴォルテラモデルを考えよう（このとき、確かに何らかの再表現が含まれることになる）。このときは、モデルの特性は先ほどとは変わることになる。たとえば密度依存が導入されなければ、もはやそこに振動はない。これは、数学的表現がモデルの特性を変えることを示しているが、フィクション主義者たちはこれを否定しなければならないだろう。

実際、こうした見方をするとき、さらにいっそう微妙な影響を確認することができる。ロトカ-ヴォルテラモデルが減衰のない、振幅の固定された振動をすることは解析的に証明できるのだが、コンピュータを使って微分方程式の解を数値的に近似すると、振動の各サイクルにおいて、振幅がごくわずかではあるが大きくなることがわかる。方程式が数値的近似の所定の手順によって離散化されると、その変化はモデルのふるまいに対して、たとえど

れほど小さくはあっても、しばしば影響を及ぼすのである。(9)
ロトカ-ヴォルテラの先駆的な研究に続く研究の多くが、上に述べたような形の、基本的モデルに対する変化を調べてきた。こうした数学における変化は、関連の論文の中では「モデルに対する変化」として述べられている。しかし、フィクション主義者たちは、数理モデルの本質について彼らが理解する中では、こうした行為を捉えることができない。フィクション主義にとっての捕食モデルは、離散的で互いに区別される個体からなるような、具体的な個体群で構成されなければならない。数学が（元のロトカ-ヴォルテラモデルのように）個体群レベルのものであろうと、（現代の、個体ベースの形のように）個体レベルのものであろうと、モデルはつねに個体から構成されるのである。理論家が、多くの場合にモデルの違いと呼んでいるもの（個体群モデルか個体モデルかの違い）は、フィクション説においては、モデル記述の違いと呼ばねばならない。

この策は考えられる一つの解決策ではあるが、すべての違いがモデル記述のレベルにある、という主張はどうにも受け入れがたい。数学が変わればモデルのふるまいにも重大な変化があるのだから、このことは、モデルの違いによって説明されるべきだ。さもないと、あるモデル記述（たとえば個体ベースの記述）が、他の記述（たとえば集合体的記述）より本質的に優れていると言わねばならなくなる。そうなると、モデル記述とモデルの間にある特定化の関係は、弱くなるか、場合によってはなくなってしまうだろう。

では、フィクション的見方の支持者たちはこれに応えて、個体レベルではなく個体群レベルでしかないような、そんな特性を持つ想像上の個体群がある、と言えるだろうか。これは全く疑わしい応答だと思う。哲学者の間に想像力の違いがありうるとは思うが、それにしても、こんなものは私には全く想像できない。形而上学的にもっと強めたフィクション説をとれば、もしかしたらこの点は何とかなるかもしれない。その場合、想像力は求められず、そこで措定されるものの存在だけが求められるからである。そうするとフィクション主義者は、個体レベルの特性を全く含まない、想像上の具体的個体群を仮定することができるだろう。しかし、こんな個体群はおそらく想像できないので、これは自分勝手な主張であるように思う。

これと関連する表現能力の問題として、確率に関わる問題がある。現代の物理学や生物学、社会科学におけるモデルの多くは、その中心が確率的である。たとえば、シェリングの分離モデルを実装する場合の標準的な形として、仮想都市に対する行為者の初期分布は、座標をランダムに発生させることによって与えられる。これに加えて、多くの相互作用に確率的要素が関わる。たとえば、個体ベースのロトカ-ヴォルテラモデルにおいて、生物の初期の分布はコンピュータによってランダムに与えられる。

こうした確率的な相互作用を、いったいどうすれば想像できるのか、あるいはフィクション化できるのかは不明である。フィクション的シナリオが一つあれば、それは確率的相互作用を単一に例化したものであろう。しかし実際、どのようにして単一の例化が確率を表現できるのだろうか。一つ考えられる応答はこうだ。すべての確率は例化することができ、私たちは、それが数多く集まった複合体であるようなフィクションを想像したり、心に抱いたりできるのだと。しかし、もし確率が「食べる」「食べない」であるとか、あるいはいっそうひどいことに、「生きている」「死んでいる」といったことに関わるのだとしたら、いったいどんな複合体が想像されるのだろうか。捕食者と被食者に対して賭けをするのだろうか。このような確率的特性が、個体レベルで表現できるとは思えない。個体が生きている状態と死んでいる状態の両方であったり、空腹が満たされ、かつ満たされていない、ということはありえないからである。個体群レベルで集まりを表現することはできるが、そうすると上で述べた問題に突き当たってしまい、私たちが同じモデルについて語っているのかどうかが、もはやはっきりしなくなる。

私がここで特に重要だと思うのは、次のことだ。分類された遺伝子集団のような、限定的で決定論的な、そして個体中心のモデルであれば、その内容を想像することは比較的容易である。しかし、そうした想像の手続きを、もっと複雑なケースに対して一般化できるかどうかは不明である。集合体モデル、無限モデル［無限対立遺伝子モデル］、アンサンブルモデル［パラメータやモデル構造が変更でき、あらゆるモデルの個体群が記述できるモデル］、確率的モデル、高次元モデルといったモデルは、その全体を想像することができない。このことから、こうしたモデルと想像上のフィクション的シナリオを同一視する可能性は排除され、フィクション主義的立場のうち、ウォルトン的な立場は力を失うことになる。

（3）モデリングを理解すること

ここまで私たちは、数理モデルのフィクション説への主要な反論として、差異の問題、表現能力の問題という二つの問題を考えてきた。この二つの反論に加えて、数理モデルに関するレヴィの事象的説明が抱える困難について述べる。レヴィの説明は、他の二つの見方が対応できる問題について苦労することになる。レヴィの見方は、モデルの本性に関してデフレ的な説明をするだけではなく、モデリング行為に関してもデフレ的説明を与えるように思われる。レヴィは、数学的モデリングをフィクション世界の構築と捉えたり、心理的状態、あるいは数学的対象と捉えること（「新規立ち上げ」的見方）もしない。彼にとってのモデリングは、現実的対象に関して、実際にはそれが持っていない特性をあたかも持っているかのように扱う、ということにすぎない。これにより、確かにモデル–世界間関係についての説明は単純になるが、モデリング行為を、他とは独立した動機が与えられるような、際立った理論的活動として捉えようとするときには、そうした説明の価値を削いでしまうのである。レヴィの見方に従えば、結果として、モデリング行為と抽象的な直接的表現の行為との間に、実質的な違いがなくなってしまうように思われる（Weisberg, 2007b）。モデルが使われる特別な用途について説明するどころか、レヴィは、そもそもモデルなどというものはない、と言うのだ。

もちろん、レヴィはこんな帰結をそのまま受け入れるのかもしれない。そして、理想化や近似化は実際に行われることだとしつつも、究極的にはモデリングなどという行為は存在しない、と主張するかもしれない。私は、モデリングが際立った特徴を持つ行為だと考えられ、その理由を一つ一つ独立に与えることができると思うので、このような応答の仕方は受け入れられない。

他に考えられるレヴィの応答としては、次の章で論じるように、モデリングと他の種類の表現との違いが理論家の意図に関わるとし、生み出される表現の種類には関係ない、とする応答がありえよう。科学者がモデルを作るときには、科学者はある種の行為に携わっている。レヴィにとってこのことが意味するのは、「現実的対象が、実際にはそれが持ってないようないくつかの特性を持つ」という仮定を科学者が選び取る、ということだ。この応答の問題点は、この種の理想化がごく普通に行われている、ということである。対象を直接的に表現する場合の典型的な例においてさえ、ある種の歪みがしばしば導入される。したがって、もし彼がこうした応答をするのであれば、ほとんどすべての理論化の例がモデリングの例だと言わざるをえなくなる。

最後の問題点として、レヴィの説明には、もっと複雑なモデリングのケースについて考える手掛かりがほとんどない。私はここまで、単一のモデルが単一の対象システムと結びつくケースを論じてきたが、モデルと対象の関係はこれだけではない。第7章で私は、汎化された対象の特性や、存在しない対象の特性を説明するモデルの使用を含め、いくつか異なる種類の関係を紹介する。こうしたケースでは現実的な対象がないので、理論家がそうした対象について、どのように事象的信念を持つのかが不明である。

(4) 実践行為における差異

数理モデルのフィクション説に対して行う最後の反論は、額面通りの実践に関する再評価に関係する。思い出してほしい。こうした説を支持する人たちは、多くの説得力ある例を挙げ、「科学者たちがモデルを導入したりモデルについて考えたりする際には、フィクション的シナリオの想像に基づいてこれをする」と指摘していた。私はこれを、科学的行為の一部だと思うし、これについて説明する方法を本章5節で示したいと思う。しかし私は、この行為が存在することは受け入れるが、それが広く見られることやその重要性については、あまりに誇張されてきたのではないかと思う。科学者がフィクション的シナリオに訴えているように見える例がたくさん挙げられる一方で、フィクション的シナリオに訴えていない例、あるいは、はっきりとは訴えていない例も、たくさん挙げられる。

まず、集団生物学の一つのケースを取り上げよう。これは、前に論じたメイナード-スミスの例によく似ているが、想像上の集団への言及を含んでいない。カーリンとフェルドマンが行った、緩やかな結びつきの非平衡状態における非対称平衡に関する議論において、彼らは次のようにモデルを導入している。

x_1、x_2、x_3、x_4がそれぞれ、染色体AB、Ab、aB、abの頻度を表し、rが組み換えの割合を表しているとする。そうすると、〔方程式1〕に応じて、次の世代の頻度、x'_1、x'_2、x'_3、x'_4をx_1、x_2、x_3、x_4と結びつける回帰的な関係は、以下のような形で示された。

$$\bar{w}x'_1 = x_1 - \delta x_1^2 - \beta x_1x_2 - \gamma x_1x_3 - rD$$
$$\bar{w}x'_2 = x_2 - \beta x_1x_2 - \alpha x_2^2 - \gamma x_2x_4 - rD$$
$$\bar{w}x'_3 = x_3 - \gamma x_1x_3 - \alpha x_3^2 - \beta x_3x_4 - rD$$
$$\bar{w}x'_4 = x_4 - \gamma x_2x_4 - \beta x_3x_4 - \delta x_4^2 - rD$$

このとき、$\bar{w}=1-\delta(x_1^2+x_4^2)-\alpha(x_2^2+x_3^2)-2\beta(x_3x_4+x_1x_2)-2\gamma(x_1x_3+x_2x_4)$ であり、$D=x_1x_4=x_2x_3$ は通常、非平衡値と呼ばれるものである。

(Karlin & Feldman, 1969, 70–71)

この例でカーリンとフェルドマンは、特定の具体的集団に訴えているわけではない。むしろ、数学的議論の全体は、無限集団のきわめて一般的な特性に関して行われている。これらの特性はおそらく、現実的な集団と想像上の集団の全体から抽象したと言えるものであって、こうした集団への言及はなされていない。実際、何か特定の集団が参照されているとしたら、この議論は意味をなさなくなるだろう。またカーリンとフェルドマンは、認識を助けるものとして、特定の集団を想像しているとは一言も述べていない。

さらに、具体的なもの、想像されたものからいっそうかけ離れた数学的モデリングもある。たとえば、今私たちが化学結合についての、近似的な量子力学モデルを調べているとしよう。こうしたモデルは、分子システムに作用する力を考慮し、こうした力すべてについて近似的な説明を与えることによって作られる。結果として得られるモデルは、ポテンシャルエネルギー面を通る経路の集合という形をとる。空間そのものは高次元である（$3N-5$次元。ただしNは分子内の原子の数）。この空間を通る経路は、考えることも想像することもできない。それらは、ポテンシャルエネルギーと分子座標系の座標との間に相関があるということ以外は、物質的分子の持つ具体的特性に似たところはほとんどない。

モデルは、いま論じたケースよりもさらに抽象的な場合がある。統計熱力学のような科学における標準的モデルは、さまざまなアンサンブル［系の微視的な状態ωの確率分布］に関して数量化される［物理量の期待値が求められる］が、そこでは状態の確率分布に対する確率分布が問題となる。これは、確率を伴う複雑な空間を想像するという問題と合わさって、想像できる範囲からいっそう遠いところにあるケースである。こうしたケースが示しているのは、科学者の想像的認識能力に差異があるということもさることながら、あるモデルシステムは、端的に想像不可能だということである。

　このような実践行為の差異に対して、フィクション説の擁護者はいくつか可能性のある答えを持っている。まず一つの答えとして、それぞれの見掛けにもかかわらず、すべての数学的モデリングは想像上のシステムを持っているのだ、という答えが考えられる。つまり分子モデルは、理論家が、頭の中で数学と具体的なものを結びつけられるかどうかにかかわらず、実際に想像上の分子に関するものだ、とするのである。もしウォルトン的な形而上学を採用したとすれば、このような議論がいかにして可能となるかは、私にはわからない。この見方をすれば、科学者は、実際に彼らが心に描いているフィクションについて知らなければならないことになる。彼らがフィクションを構築するのは、それを心に描くことによってだからである。ルイス流の形而上学では、想像されない可能的存在というものが可能である。ただし、想像できない可能世界をモデルとして受け入れてしまうと、フィクション説の正当化根拠であるはずの、額面通りの実践という考え方が揺らいでしまうことになる。

　もう少しもっともらしい答えとして、フィクション主義者が多元的立場を採るということが考えられる。これによって彼らは、実践的行為がさまざまであること、そして、ある場合には、解釈された数学だけが理論化するのに十分な意味を持つことを、認めることができる。これは彼らの立場を弱めることにはなるが、それでもまだフィクションとして、多くの主要なケースについて語ることが可能である。彼らがこの立場を採るとき、私たちは、認識スタイルの違いがこの説明に対してどれほど重要か、と尋ねるかもしれない。［これに対する答えとして］おそらくある科学者は、ほとんどの時間中、自分たちのモデルのことを想像しているだろうし、ある科学者は想像する時間がわずかだろう。中には自分たちのモデルについて全くシナリオを想像しない科学者がいるかもしれないし、想像できないシナリオと結びつくモデルがあるかもしれない。

私は確かに、ある種の多元論がここで必要だとは思うが、上に述べたようなフィクション主義者の回答は、それを正しく捉えていないと思う。私たちが多元的であるべきなのは、科学者の認識能力に関してだ。そのような多元主義が示唆することは、数理モデルを扱う方法が多様であるということであって、実際のところ、モデルのすべてが想像を伴うわけではない。したがって、私たちは想像力に対して「補助的な役割」を求めるべきであり、想像力を数理モデルとモデリングの説明の中心に置くべきではないのだ。

さて、この辺りで一歩下がって、フィクション説に対して私が行った四つの議論を再度見直してみよう。モデリングという行為そのものについて私が記述したことから明らかなように、もし認識的レベルということの意味として、私たちが科学者の認識行為を最もよい形で再構築すること（第2章6節）を指すのだとしたら、私はこうしたレベルの研究を行うことは有益であると思う。この考え方に厳密に従えば、究極的な存在論に関わる問題は、ここでの議論に無関係である。しかし、話はそれほどきれいに切り離せない。少なくとも一部の存在論的問題が、この見方に向けられた異議に応えるときに関わってくるからである。

一つの例としては、科学者間の差異の問題が、多少とも形而上学的な問いに依存するように思われる。フィクションは想像を基礎とする、というウォルトン流の説明においては、モデルの中心的特性に関して科学者間の意見が一致しない、ということが主な懸念材料であり、どんな機構がこの問題を解決するのかがはっきりしない。これは、ウォルトン流の説明ではモデルとフィクションそのものを同一視するためである。逆に、ルイス的な形而上学の場合は、モデルを個別化するのにいかなる科学者の想像力も必要としないので、この問題が解決できる。しかし、可能世界の形而上学に基づく説明では、科学者が自分たちのモデルをどう認識しているかを、説明することが困難である。もし科学者が、可能世界を作り出すことはできるが、それについて想像はできないのだとしたら、いったい彼らは可能世界についてどんな説明ができるのだろうか。

たぶん、ウォルトンやルイスの認識論的側面を、実質的な形而上学への関わりから切り離すことは可能だろう。それは方法論的には理想的だが、まだ現在の議論ではその実現方法が明らかになっていない。したがって私たちは、少なくとも形而上学のいくつかの問題に関しては、モデルやモデリングの説明から排除できない状況にある。

この後の節の考察を見れば、数学的モデリング行為の難題に対処しようとするときに、フィクションに訴えることだけが唯一の方法ではないとわかるだろう。もし、その節での私の議論が受け入れられるのであれば、フィクションが数学的モデリングに必要だ、という説がそもそもなぜ唱えられるのかが理解しがたくなるだろう。というのも、フィクション的シナリオへの翻訳が不可能に思われるモデルが、現にあるからだ。しかし、私は、想像上のシナリオが決して役立たないと言うつもりはないし、さらには、科学においていかなる認識的役割も果たさない、などと言うつもりもない。実際、今から私は、想像力がモデリング行為の助けとなる場合の、正確な道筋について考えるつもりである。

5　慣習的存在論

ここまで、数理モデルのフィクション説に反対する議論を展開してきたが、モデリングの額面通りの実践は、確かにフィクション的なシナリオに頻繁に訴えるものだと思う。具体的な現象を想像することが、ある理論家たちにとっては、数理モデルを作ったり分析したりするときの導きとなるように思われる。たとえフィクション説を受け入れないとしても、この実践的行為は説明されねばならないだろう。

もしシステムが、具象的ではあっても想像上のものだとすると、その形而上学は複雑であり、それについての問題は全く解決されていない。このことをよく理解した上で、ゴドフリー-スミスは、数理モデルの形而上学的身分については、あまり本腰を入れて考えなくともよいと提言している。彼はこう述べている。

> ……ディーナ・スコルニック〔ワイスバーグ夫人〕が使った言い回しを使えば、モデルシステムを、想像上の具体的事物からなるものとして扱う場合には、少なくとも多くの科学的モデル制作者は「慣習的存在論」に基づいてそうするのだ。それは多くの科学者たちが、たとえばある種の個体群のふるまいを語ったり、ある種の市場で需要と供給が一致するかどうかを語るなどして、研究対象のことを無反省に語るうちに、そうした習慣が一つの形となってできあがった存在論である。（Godfrey-Smith, 2006, 735）

これは優れた提案で、私はこれを文字通りに受け取るべきだと思う。私は、フィクション的シナリオに関する理論家の想像を、彼らの慣習的存在論として扱うことを提案したい。この存在論は、モデルおよびその解釈と横並びで存在するものだ。では、モデルの慣習的存在論とは正確にどのようなものを指すのか。そして、それはどんな役割を果たすのか。

生態学理論に関するメイナード-スミスの重要な本の中で、ロトカ-ヴォルテラモデルがどんなふうに登場するかを見てみよう。彼は、捕食者-被食者関係に関するヴォルテラモデルを導入した数章あとに、こんな仮定を立てている。「ある数〔V_r〕の被食者が、捕食者の近づけないようなある隠れ場所を見つけたとする（Maynard Smith, 1974, 25）。」これにより、次の微分方程式で記述されるモデルが与えられる。

$$\frac{dV}{dt} = rV - aP(V - V_r) \qquad (4\cdot1)$$

$$\frac{dP}{dt} = baP(V - V_r) - mP \qquad (4\cdot2)$$

彼はさらに続けて、この新しいモデルによって二つの興味深い予測がもたらされると説明する。一つはこんな予測だ。もし隠れ場所にいる被食者の全数が、全体の数に対してつねに一定の割合であったら、これは振動および不安定な平衡の性質を変えることはない。しかし、「もし隠れ場所の被食者数が一定であれば、……隠れ場所は安定化に寄与する。なぜならそれは、振幅が一定の振動を、収束性の振動に変えるからである」。言い換えると、捕食者から姿を隠す一定数の被食者が、モデルの振動を安定化させるのである。

このモデルの詳細、および元のロトカ-ヴォルテラモデルとの比較も興味深いのだが、いま特に見てみたいのは、メイナード-スミスが具体的イメージをどう使っているかである。彼はまず、ロトカ-ヴォルテラの捕食者-被食者システムを想像するように言う。次いで、この想像をどう修正するかについて情報を与える。つまり、被食者集団がある割合で隠れ場所を見つけることができ、捕食者から逃れられたと私たちは想像することになる。このとき、おそらく彼の本の読者はみな、ある被食者集団が隠れ場所に向かっている様子を想像することだろう。もちろん、科学者(読者)の間には非常に大きな違いがある。私の場合は、ヴォルテラモデルを考えていたということがあるので、まずサメと鮭を想像した。中には、岩陰に隠れてワライカワセミから逃れるトカゲを想像した人もいるだろう。さらに、イソギンチャクの間に隠れるクマノミを想像した人もいるかもしれない。フィクション説では、こうした心像(あるいはもしかしたらそれを抽象したもの)は、実際、モデルなのだ。私はこうした心像は**モデルについて考えるための補助**であって、モデル自体の一部ではないと考える。

私はディーナ・スコルニック・ワイスバーグに倣って、こうした心像をモデルの慣習的存在論と呼ぶ。慣習的心理学は、他人の行為を予測するのを助け、慣習的熱力学は、熱すぎて触れないものの判別を補助する。これと同じように慣習的存在論は、理論家たちが、数理モデルやそれらを記述する方程式を作り上げるのを支援する。そして、慣習的心理学が、それを用いる人によって確かに違いはあるにせよ、予測を行う上ではだいたい一致するのと同じように、慣習的存在論も理論家によって異なる可能性がある。

ゴドフリー-スミスとワイスバーグ（夫人）が言うように、多くの理論家がモデルについて語る際には、想像された具体的システムについて述べているというのはその通りである。しかし私は理論家がこのように述べるのは、理論家が想像しているモデルにそのまま訴えているのではなく、慣習的存在論に訴えているのだと解釈したい。こうした見方をすれば、慣習的存在論はモデリング行為の不可欠な部分なのか、それとも全くなくてもすむようなものか、という問いが自ずと生じるだろう。私は前者が正しいと思う。慣習的存在論は、少なくとも三つの文脈においてモデリングに不可欠なのである。

慣習的存在論の第一の役割は、数理モデルを作り上げるのを支援することにある。例として、捕食者-被食者に関するヴォルテラモデルの最初の定式化を考えてみよう。私たちは、ヴォルテラの心的表象がどんなものか知る術がない。しかし、彼が最初に捕食者の個体群と被食者の個体群を想像し、それらがある特性を持っていると見なした、というのはおそらく正しいだろう。彼はこの個体群に関して数学的な解析を行いたかったので、この考え方を紙に書き、自分が想像したモデルを特定する方程式を書き留める。このことについての記録は残っていないため、ヴォルテラが最初のモデルにどれほど満足したかはわからない。ひょっとしたら、最初のモデルは彼が想像したシステムとうまく合わなかったので、彼はモデルをもっと正確なものにしようとしたかもしれない。あるいは、自分が想像しているモデルを正確に特定できたので、続けて解析作業に進むことができたかもしれない。いずれにせよ、自分が抱く心像――モデルに対する彼自身の慣習的存在論――に導かれて、ヴォルテラは最初のモデル記述を形にすることができ、そうして得られた方程式によって、自分の頭の中にあるものがうまく取り出せていると確信できたのだ。したがって、理論家の慣習的存在論が果たす一つの役割は、数理モデルを作り上げ、また、これをさらに正確なものにすることである。

慣習的存在論が重要となる第二の状況は、非常に複雑な数理モデルを考えている場合だ。化学で用いられる、複雑な数理モデルについて考えてみよう。単純な分子の高度に理想化された反応モデルでさえ、高次の状態空間におけるポテンシャルエネルギー面から成り立っている。化学者は、誰もこの像を心に描けないし、この想像上のシステムについて直接推論することはできない。化学者ができるのは、それをコンピュータ上で操作することだけだ。しかし化学者は、モデルの理想化の仮定と多少なりとも一致する心像を、確かに思い浮かべるのである。こうした心像が必要だということは、統計熱力学においていっそう顕著に見て取ることができる。気体の統計力学モデルは、実際にはアンサンブルモデルである。それらは、「相互作用しない無数のシステムからなる仮説的集合であり、そのいずれのシステムも、いま注目しているシステムと同じ巨視的状態（熱力学的状態）にある」（Levine, 2002, 749）。こうしたアンサンブルは、直接捉えることができない。高度に近似化された心像だけが、このようなシステムについて考える唯一の手立てである。

最後にもう一つ、異なる表現システムで表されたモデルをまとめることも、数理モデルの慣習的存在論が果たす重要な役割である。こうしたモデルは、数学的な面では大きく異なっているかもしれないが、それでも多くの特徴や仮定を共有している。たとえば、捕食者-被食者モデルが作られるときに、最も多いのはこれを集合体として表すという形である。つまり、追跡される主な量は生物の個体群に関する量である。しかし現代の生態学研究では、各生物を明確に個体として表現する個体ベースの方法へと、次第に重心が移ってきた（Grimm & Railsback, 2005）。

個体ベースの枠組みと集合体の枠組みは、どちらも同じ種類のフィードバックループを持つという意味では、非常によく似たモデルを作り上げることができる。しかし、このようなモデルは数学的には区別される。というのも、たとえば個体ベースモデルの状態空間は、その次元数が生物の数に応じて決まるために、集合体モデルの状態空間より何百倍も高次元になるからだ。したがって、数理モデルの数理構造中心説をとれば、これらは別々の種類のモデルということになる。具象的見方をするのであれば、それらは異なる数学的言語を使って記述されてはいても、潜在的には同じモデルでありうる。

しかしどちらの見方をするにしても、このような純然たる形のままでは十分ではない。集合体モデルと個体ベースモデルは、同じ現象に関するものではあっても、その構造的特性に明確な違いがある。しかし、互いにうわべの関係以外に何の関係もない、と言ってしまうのは、主張としてあまりに強すぎると思われる。そこでモデルの慣習的存在論の出番となる。慣習的存在論によって、私たちは、個体ベースのモデルの非常に複雑なふるまいを、シンプルな集合体モデルに結びつけることができるのである。それは、主題が似ていて、しかし構造が異なるようなモデルを比較しなければならないときに、いつでも、同じような仕方で機能してくれる。

以上のような理由から、モデルに関する理論家の慣習的存在論は、科学的実践行為の不可欠な部分であると思われる。このような心像がなければ、そもそも数理モデルを作り上げたり、数学的に複雑なモデルを心に抱いたり、さらに、異なる表現システムに組み込まれた類似モデルをまとめることは、おそらく困難だろう。モデルに関する完全な説明には、これら心像の役割が含まれなければならないが、だからと言って、それらをモデル自身と考えるのが最も適切というわけではない、と私は思う。

6　数学、解釈、および慣習的存在論

ここまでの二章をまとめることで、私たちは数理モデルについての完全なイメージにたどり着いたことになる。数理モデルとは、さまざまなモデル記述によって表される数学的対象である。多くの異なった種類の数学的対象

が、しばしば軌道空間の形をとって、数理モデルの役割を果たすことができる。モデルの構造は理論家によって解釈され、そのことで、状態空間の各次元が何を意味するかが決まる。モデルを現実世界の現象と比較しようとするときには、この現象の本質が、意図された範囲の中で特定される。この意図された範囲とは、理論家が解釈するもう一つの部分である。モデルと対象との比較は、理論家の慣習的存在論によって補助され、理論家の忠実度基準で設定された基準によって評価される。なお、モデルの対象との比較は、第8章で取り上げるテーマである。

科学モデルの完全な説明について概ね述べたところで、こうした説明が持つ特徴のうち、モデリング行為において最も重要な役割を果たす部分に注目したい。三つの主要なテーマの要点を述べる。

第一に、私がここで整理した数理モデルの説明は、数理モデルと具象的・物理的モデルとの間に強い類似性があることを示すものだ。具象モデル、数理モデルのいずれも、モデル記述に対して多対多の関係にあり、モデルを完全に実現するためには解釈を必要とする。そしてどちらのモデルも、対象システムとの間に、多くの違った種類のモデル-世界間関係が成り立つ可能性がある。現代の科学モデルに関する議論においては、具象モデルにほとんど関心が示されなくなった。数値計算方法の台頭によって、そのようなモデルを使用する意義がかなり見失われてきたからである。にもかかわらず私は、それらの説明が持つ強い類似関係に注目することで、具象モデルの表現能力およびその有益な用途についての研究が、今後さらに促されるのではないかと思う。この点では、私はフィクション説の支持者たちと多くを共有している。彼らはしばしば、数理モデルと具象モデルの類似性を強調するからである。

私はこの章および前章で、理論家の意図が果たす役割がたくさんあることを論じたが、現在のモデリング行為論にとってさらに中心的な問題は、この意図が果たす役割に関する問題だろう。理論家の意図は、何をモデルと見なすか、モデルをどう個別化するか、世界のどの側面を対象の一部と見なすか、モデル評価にどんな忠実度基準を用いるか、といったことを決める上で一定の役割を果たす。モデリングが非常に効率的に行われる方法を理解しようと思えば、以上のような要素についてどんな種類の決定がなされるのか、また、こうした決定がモデルの表現力にどんな影響を及ぼすのかを、さらに詳しく知る必要がある。

最後にもう一点、私は、数理モデルの慣習的存在論（科学者個人、および科学者共同体が抽象的な数学的対象に結びつける信念や心像）が、モデリングに関していくつか不可欠な役割を果たすと述べた。このことが正しければ、心理学や語用論が科学哲学にとって重要でないとする伝統的な考え方（たとえば、Hempel, 1965）は、モデルやモデリングを詳細に論じようとする場合には、受け入れられないことになる。

私はこの章を始めるに当たって、哲学者がなぜモデルの数理構造中心説を退け、フィクション説を展開するのかという理由について述べた。この理由には、モデルの個別化、数理モデルの因果的構造の必要性、そして数学的モデリングの額面通りの実践といった問題が含まれていた。ここまでの議論をもとに、私の説明がこうした批判にそれぞれどう対応できるかを考えてみたい。

個別化をめぐる反論というのは、見かけが区別されるモデルにおいても、全く同一の数学的構造が使われるというものだった。調和振動子の方程式が、バネ、振り子、分子振動の各モデルにおいて使われるが、もし数理モデルが単に数学的構造にすぎないのだとすれば、どうしてこれらを異なるモデルとして扱えるのか、という批判である。

これは、数理構造中心説を支持する者にとって、最も簡単に対応できる反論である。第3章で論じたように、数理モデルはもっぱら数学的構造だというわけではない。むしろ、数理モデルは**解釈された**数学的構造である。したがって、同一の数学的構造が、振り子、バネ、回路に用いられる場合、これらのモデルで異なるのは構造の解釈であって、とりわけ、割り当ておよび理論家によって意図された範囲が異なるのである。実のところ、フィクション説は、個別化に関して固有の問題を持っている。フィクション説では、数理モデルが同じ数学的構造を共有するときに、それらのモデルにどんな共通点があるかを説明できない。彼らが言えることはせいぜい、これらのモデルは同一の数学で記述されているということだけであって、核になる共通の構造を持っているなどとは言えないのだ。一方、数理構造中心説をとれば、モデルは核となる構造を共有していると言えるし、異なるのは理論家の解釈ということになる。

数理構造中心説に対する第二の反論は、科学モデルはたいてい因果的情報をもたらすものなのに、数学的構造は因果的ではないという反論だった。モデルが数学的対象だとしたら、それはどのように因果的情報を表せるのか。すべてのモデルが因果的であることを表すわけではないが、そうである場合は、モデルが関わる遷移規則によって因果的構造が表される。これらは数理モデルにおいては関数の形をとり、数値計算モデルにおいてはアルゴリズムの形をとる。このような構造だけでは、モデルは因果的とはならない。それゆえ、私たちはモデルの数学的構造を超えて、その解釈に目を向ける必要がある。

たとえば、生態学者は、ロトカ-ヴォルテラモデルを因果的に解釈しようとする。二つの微分方程式の組み合わせによって、二つの生物個体群を結ぶ因果的結合を表すことが意図される。数学的な組み合わせは因果的ではないので、それらが因果的結合を表せるという事実は、単にそれらの数学的構造だけに関わることがらではない。微分方程式が因果的構造を表すという数学的な理由は一切ない。むしろ、方程式が因果的構造を表しているかどうかは、これらの方程式がどのように使われているかで決まるのだ。したがって、因果モデルを扱っているのかどうかを決める際には、解釈を考慮すること、特に割り当てを考慮することが必須となる。

理論家が、因果モデルに取り組んでいることを知ると、表現の適切性についての決定がさらに生じる。たとえば、微分方程式の組み合わせが世界の因果的結合を表している、と理論家が判断したとすると、対象がそのように構成されているかどうかを経験的に決定しようとするだろう。同様に、モデルを記述する方程式が加算的な構造を持つとき、すなわちさまざまな変数の一次結合で他の変数の値が決まるとき、理論家は、これが対象における実在的な因果関係を反映しているかどうかを、おそらく介入実験によるなどして判断するだろう。

現実のシステムの因果的構造が、いかにして、モデルと比較できる仕方で決定できるのだろうか。これはきわめて難しい問題なのだが、このことについては第5章でさらに述べることにしよう。しかし、因果性に関する議論においては、反事実的な関係が因果関係の中心的要素だとする考え方が、次第に一致して見られるようになってきた（Woodward, 2003；Collins, Hall, & Paul, 2004；Schulz, Gopnik, & Glymour, 2007；Strevens, 2008）。科学者は明確に変数に対して介入と制御を行い、変数が互いにどのような影響を及ぼし合うかを研究することができる。これと似たことを、モデルそのものに関して行うことができる。パラメータを変更することができるし、初期値の範囲をテストできるし、またモデルに新たな相互関係や関数を導入することもできる。いずれの場合も理論家は、こうした変化がモデルのふるまいにどう影響するかを調べているのである。

したがって、モデル制作者が現実のシステムの因果的特性を調べ、こうした特性がモデルで表現できていることを確認しようとすれば、一つの方法として、対象システムとモデルの間で類似した並列実験を行うことが考えられる。可能な範囲で、彼らは対象システムの特性を操作し、こうした操作がシステム全体に与える影響を見ようとする。つまり彼らは、対象システムの一部を表すように作られたモデルの部分に対して、並列の実験を行うことができる。もしモデルと対象システムの間で収束する結果が見られれば、それは、モデルがそのシステムにある現実の因果的構造を捉えている証拠となる。

ここで再び注意が必要だ。モデルの因果的構造と世界の間にどれだけの一致が必要かは、モデル制作者の忠実度基準が、その基準を設定するのだ。場合によっては、モデル制作者は因果的構造を捉えることに全く関心がなくて、ただ出力された値だけが問題なのかもしれない。あるいは、対象の主たる因果的要素をモデルで捉えられたことに満足するかもしれない。また場合によっては、非常に高い忠実度の予測を行うだけでなく、高い忠実度で対象システムの因果的構造を捉えられるような、非常に精緻で正確なモデルを理論家は追い求めるかもしれない。このような場合、解釈された数学的構造（つまり数学プラス解釈）は、対象システムの因果的構造を完璧に表現することができ、理論家たちは、その表現の忠実度を評価する技術を持っているのである。

残る最後の問題は、モデリングの額面通りの実践について、どう説明できるかだ。私の答えは二つの部分からなる。まず一つは、モデリングの額面通りの実践と言っても、それは決して単一の実践ではないということだ。ある理論家たちはある時間の間（または、多くの理論家たちが多くの時間、ということさえ言えるかもしれないが）、モデルについて考える際にフィクションに訴える。これは、科学の場での言説や認識に関する重要な観察報告である。しかし、モデリング行為においてフィクションが果たす認識的役割は、すべて慣習的存在論によって説明可能であり、このことで、すべての数理モデルがフィクションだと主張する必要がなくなる。フィクションへの訴えを慣習的存在論の一部として扱うことで、ある場合にはこうした訴えがなぜ必須と言えないのかが、付随的に説明できる。フィクションは、表現においてある役割を果たすが、フィクションだけがその役割を果たせるのではない。もし、モデリングにおけるフィクションの主たる役割が、潜在的表現者として働くということだとしたら、実践的行為がこのように様々であるということはありえないだろう。それゆえ、モデルに関して私が与えた完全な説明図式、すなわち、モデルが構造と解釈から成り立ち、慣習的存在論がそれに伴うという図式が、額面通りの実践に関して最もよい説明となるのである。

第5章　対象指向型モデリング

たとえば抽象的な形で物事を直接表現するなど、理論的探究行為はいろいろあるが、それに対してモデリング行為が持つ長所の一つは、きわめて柔軟性が高いということである。モデルは、一つの対象を研究するために用いることができるし、一群の対象の研究にも、汎化された対象の研究にも、また存在しないことがわかっている対象の研究にも用いることができる。さらには、全く対象が存在しないモデルの研究さえ行うことができる。この章では、私が**対象指向型モデリング**と呼ぶ、モデリングの中で最もシンプルなケースについて考えよう。この種のモデリングを実施する場合には、モデル制作者は特定の対象システムを心に抱く必要があり、対象について予測したり説明したりすることが求められる。対象指向型モデリングは、最もシンプルな部類のモデリングというだけではなく、この後の章で論じるもっと複雑なケースの基礎となるものでもある。

対象指向型モデリングの一つの例として、すでにこれまで何度か論じてきた、アドリア海の漁獲量に関するヴォルテラの研究が挙げられる。ヴォルテラは、自分の研究方法について、次のように記している。

これと似た他の問題と同じように、計算が適用できるようにするには、まず、適切なイメージを与えてくれる仮説を立てるところから始めるのがよい。この仮説は現実と乖離していてもよい。それが表現する内容は、少なくともはじめのうちは非常に大まかだが……、そこで得られる結果が現実の統計量と一致するかどうかを、量的に、あるいは場合によっては質的に検証することが可能である。すなわち、最初の仮説が正しいかどうかの検証が可能であって、これは同時に、今後得られる結果に対して道をひらくものである。このことから、計算を適用しやすくするためには、自分たちが調べたい作用だけを切り離して、それだけが単独で生じると想定し、他の作用は無視することを通じて、現象を概略的に捉えることが効果的である。

(Volterra, 1926b, 5, G. Sillari 訳)

ヴォルテラはモデル作りの手順として、いま関心を持っているシステムの、因果的構造に関する仮定をまず立てよと記している。次に、組み立てたモデルを記述する方程式を書き出して、「計算を適用する」。彼が「調べたい作用」と呼ぶもの、つまりモデルのもたらす帰結が理解できたとき、そこではじめて、モデルと現実世界の対象が比較されることになる。これらは、対象指向型モデリングが持つ三つの顕著な要素、すなわち、モデルの作り上げ、モデル分析、そして現実世界のシステムを対象としたモデルの適用、という要素と非常によく一致する。これら三つの要素は概念的には区別されるものだが、実践的行為においては同時に生じることもあるし、くり返し生じることもある。対象指向型モデリングに十分当てはまる例であれば、これら三つの要素はすべて備わっている。ただし、この要素の一部が他の研究から借用されたり、暗黙のうちに含まれるだけだったりする場合もある。この章では、これら三つの要素について順に考えることにしよう。

1　モデルの作り上げ

対象指向型モデリングの第一の要素は、モデルそのものを作り上げる、ということである。私は、行為のこうした側面を表すのに「作り上げること（development）」という言葉を用いる。それがたいへん能動的な過程だからだ。理論家は、まず構造を構築するかあるいは借りてこなければならず、さらにその構造の表現能力を評価し、この構造についての解釈を行わねばならない。

モデルの構造を構築するには、いくつか違った方法がある。具象モデルの場合は、文字通り構築するという作業が伴い、それには相当な時間と工学的技能が要求される。数学的モデリングの場合は、モデルに対するモデル記述を行うことによって構築がなされる。その典型的な形は方程式やグラフである。数値計算モデリングの場合もこれに似ていて、自然言語、もしくは離散数学、擬似コード、プログラミング言語などを用いて手続きが特定される。

構築がゼロから行われるようなモデリングの例もある。たとえば、ヴォルテラがはじめてロトカ-ヴォルテラモデルの数学的構造を構築した際、生物学では、そのもとになるような先行モデルが全くなかった。しかし多くの場合、構造は他の構造をもとに作られ、ときには他の用途で使われるものを全く勝手に用いることもある。ロトカ-ヴォルテラモデルを用いるその後の研究者たちは、いずれも、数学的構造をヴォルテラとロトカから借用しているのである。(1)

理論家たちは、古くさい構造を自ら構築したり、他から借りたりすることはしない。彼らは、選択した対象に対して適切な表現能力を持つような構造を選ぼうとする。たとえばシェリングは、標準的な意思決定理論の数学を、自身の人種分離モデルに使うことはできなかっただろう。なぜならそうした数学では、空間的な位置や関係を表すことが不可能ではないにせよ、困難だからである。代わりに彼は、空間を表したり、行為者の互いの近接関係を表すのに適切な構造を選択した（表現能力についてのさらに詳しい議論は第3章4節を見よ）。

表現能力に関する判断は一定の形式で行うことができ、これはときに、モデルの予測正確性を検証するのに必要となる。そうした場合、この判断はモデルが十分に構築されてから行われるのがふつうである。しかしモデル構築の初期の段階であっても、その後の取り組みを有益なものとするために、たいていは、形式に則らずに表現能力の判断を行うことが求められる。

モデルの構造が構築されるか、もしくは借用され、さらにその表現能力の評価が確定すると、次に理論家が行うべきことは構造の解釈である。解釈が四つの部分から成り立っていたことを思い出してほしい。割り当て、モデル制作者によって意図された範囲、そして二種類の忠実度基準である（第3章3節）。割り当てと範囲は、モデル制作者が、モデルの一部と現実世界の現象の一部がどんな関係にあるかを評価する上で、その判断を確定させたり、支援したりする役割を果たす。忠実度基準は、モデルがどれだけ現実の現象を表現できるかを評価する基準である。

私はすでに、解釈の各部分が担う働きについて第3章で説明したので、ここではこれらの部分を成り立たせるのに何が必要か、という点に話を絞りたい。とりわけ、理論家が解釈するとは正確にはどういうことかを考える。解釈は書き留めなければいけないのか。はっきり言葉に表される必要があるのか。あるいは、モデリングを行う最中に変更してもよいものなのか。

あらゆる種類の解釈がそうであるように、理論家の解釈もその明確さが実にまちまちである。一つの極端なケースとして、モデルを型にはめて扱うということがある。その場合、モデルの構造のあらゆる部分に名前がつけられるかはっきり無視されるかのどちらかであり、モデルの意図された範囲は明確に線引きされて、忠実度基準は精緻に述べられる。こうした完全に明確な種類の解釈を、私たちは少なくとも二種類のケースで見ることができる。一つは、厳密な教科書（たとえばKittel & Kroemer, 1980）で目にするような既に成功しているモデルを、型にはめて事後的に扱うという場合である。もう一つは、ある特定のモデル、もしくはモデルの集まり（族）が、ある対象をめぐって多くの議論を引き起こしている場合だ。モデルの本質や範囲について意見の対立があると、理論家たちはそれをきっかけとして、モデルの本質およびモデルの評価基準について、非常にはっきりとした説明を与えようとする。

しかしこうしたケースは、通常の場合を考えると例外的である。たいていの場合、解釈を成り立たせる要素の一部が、言葉でも、あるいは形の上でも明確にされないため、それらにはさまざまな解釈の余地が残されることになる。けれども、そうして理論家がみな、モデルについて独自の解釈をする可能性があるとしたら、科学者共同体は果たして解釈を共有できるのだろうか。

私は、理論家の間で著しく解釈が違うという状況はありうるとは思うが、通常はそのような状況には陥らない。科学者共同体には、互いに共有される背景知識があるからだ。そのため、解釈にはかなりの制約が加わることになる。もしこの考え方が正しいとすれば、こんな推定が成り立つはずだ。共通の背景知識は、理論探究の初期の段階ではかなり明確なものだったが、探究が発展するにつれて、次第に暗黙の了解へと変わっていったのだと。私は、この点についてはっきりそう言い切れるほど体系だって研究をしたわけではないが、理論について書かれた論文を精査してみれば、解釈がこのようにしばしば暗黙裡の状態に置かれていることが、はっきり確認できる。ある分野の部外者にとって、意図された範囲や忠実度基準を含めて、多くの論文の意義を理解することは非常に困難である。

そうするとこれは、解釈が個々の科学者の意思によらず、完全に共同体の解釈意思次第だということを意味するのだろうか。この点についても、私は答えにかなりの幅があると思う。ある場合には、解釈が共同体で非常に広く受け入れられていて、その内容を明確に伝える必要は全くないだろう。そうした場合には、理論家は単にモデル記述を書き記すか、具象モデルを作るだけでよく、解釈は理論家自身およびそのモデルを見聞きする者にとって、自ずと想定されるものとなろう。またある場合には、広く受け入れられた標準的解釈があるとしても、理論家がその基準からはみ出していることを示したい、ということがあるだろう。その場合もちろん、よりいっそうの明確さが求められることになる。さらにこんな場合があろう。これが最もよくあるケースかもしれないが、解釈の一部が共同体レベルの信念によって構成され、また別の一部が理論家の暗黙の意思、もしくは明確な意思によって構成される、というケースである。

ここまで私は、モデル構造の解釈が一つである場合を取り上げ、それを成り立たせるさまざまな側面について述べてきた。この節で最後に議論したいのは、モデリングを通じて解釈がどれくらい変化する可能性があるかということだ。実は、対象指向型モデリングのちょっとした作業の間でさえ、解釈にきわめて実質的な変化が生じることがある。より劇的なケースとして、モデルが他の研究領域や問題探求の場から借りてこられたときに、同一の構造なのに、それに対して全く新しい解釈が与えられるということもある。

対象指向型モデリングが行われるほんのわずかな局面で、なぜ解釈に変化が生じるのだろうか。一つの理由としては、特に初期の試験的探求の段階で、理論家が自分たちのモデルについて、まだ「感触をつかむ」ところまで至っていないということが挙げられる。モデリングというのはモデルを構築したり分析したりすることであって、データからパターンを引き出すことではない。それゆえたとえば、モデルにどれくらいの忠実度が期待できるか、という判断が非常に難しい場合がある。したがって、探求の最初に非常に大きな期待を持っていて、きわめて高いレベルの忠実度を当てはめるつもりだったとしても、モデルをちょっと操作するうちに、どうやら対象と質的一致しか得られないらしいことがわかる、というふうになりかねない。

これと関連したもう一つの理由として、モデルの構造の中に、はじめのうちは評価対象になっていなかった特性があって、その一部がモデルにとって望ましいものだと考えられない、というようなことがある。単純な例を一つ挙げると、もしあるモデルを数学的に見たときに、極限では全く非現実的な平衡状態にあるが、短い時間の幅では「行儀のよい（ふるまいがよい）」ことがはっきりしている場合、理論家はこのモデルに対してある種の時間的制限を与えようとするかもしれない。逆の例もまた起こりうる。ある構造の中に、もともと非常に望ましい特性が含まれているのに、最初のうちはそれが無視され、後にその重要性が認識されるようになって、モデルの割り当ての中にそれが加えられる、ということが起こりうる。

構造の解釈が変化する例として最も劇的な例は、割り当て全体が変化するという場合だ。その非常によい例を、リチャード・グッドウィンの解釈に見ることができる。グッドウィンは経済学に適用するために、ロトカ-ヴォルテラモデルの数学的構造を再解釈した。グッドウィンは、二つの個体群の将来を記述する一組の微分方程式を立てるかわりに、二つのマクロな経済学的変数をもとにしてモデルを組み立てた。二つの変数とは、国民所得に占める労働者所得の割合uと、雇用率vである。

いくつかの前提を述べ、モデル記述の主な変数を指定した後で、グッドウィンは次のように記している。

ここから、……私たちのモデルについて、利用に適した〔次のような〕言明が手に入ったことになる。

$$\dot{v} = \left\{\left[\frac{1}{\sigma} - (\alpha+\beta)\right] - \frac{1}{\sigma}u\right\}v$$

$$\dot{u} = [-(\alpha+\gamma) + \rho v]u$$

この数式に、捕食者と被食者に関するヴォルテラのケースを見て取ることができる。〔……〕ここで見られる類似性が純粋に形式的だ、ということはある程度は言えても、全くそうだというわけではない。私はこれまでずっと、二つの個体群の共生に関してヴォルテラが問題にしてきたこと――ある部分では相補的な、ある部分では敵対的な関係――が、資本主義の抱える社会変動上の矛盾点を理解する上で、特に、マルクス主義的に捉えられる資本主義の矛盾点を理解する上で役立つと思ってきた。

(Goodwin, 1967, 55)

ロトカ-ヴォルテラモデルをこのように再解釈することによって、グッドウィンは、雇用と労働者への賃金分配(労働分配率)に関するモデルを作ることができた。このモデルは、失業率が高くなると賃金インフレーション(賃金の上昇)の可能性があることを予測する。あるパラメータの値に対して得られる基本的な結果は、雇用率の上昇と、国民生産に占める労働分配率とは、負の結びつきにあるということだ。雇用が増大すると、労働分配率は小さくなる。しかし、この労働分配率がある閾値よりも小さくなると、雇用率を引き下げる方向に作用しはじめ、その結果、再び労働分配率を上昇させる方向に転じる。ロトカ-ヴォルテラモデルのように、このモデルには一つの不安定な平衡点$(\hat{v}, \hat{u})$があり、この値はvとuの時間平均に一致する。

グッドウィン自身、彼のモデルに関する説明の中で、ロトカ-ヴォルテラモデルとの関係について記している。彼はこの関係を「全く形式的というわけではない」と述べているのだが、これはいったいどういう意味だろうか。この一節を分析する最もよい方法は、これが三つの独立した主張からなる、と捉えることだ。第一に、グッドウィンは二つのモデルが全く同じ数学的構造を共有しているので、二つが全くよく似た形式であると認識していた。第二に、両者は解釈が違うので、同一のモデルではない。ヴォルテラはPとV(uとv)にそれぞれ捕食者の個体群サイズ、被食者の個体群サイズを割り当てたが、グッドウィンはそれらに労働分配率、雇用率を割り当てた。最後に、十分な解釈を与えてやれば、両者には高次の類似性があるということだ。捕食者が被食者の個体群サイズを小さくする際の捕食関係と、高賃金が雇用率を引き下げる際の引き下げ方には類似性がある。マルクスに共感する経済学者として、グッドウィンは進んで、捕食関係との類似性を非常に真剣に受け止めようとした。

グッドウィンがロトカ-ヴォルテラの構造を用いたこの例では、同じ構造であっても解釈の異なる別のモデルになりうる、ということが非常にはっきりと示されている。同時にこれは、数学的構造が新たな別の領域ですっかり違う解釈を与えられた、という非常に稀で極端な例だ。これほど極端ではなくとも、解釈が変化するケースはたくさんある。おそらく、そうしたケースの方がより一般に見られるが、これらも興味深さでは引けを取らない。たとえば、ゲーム理論における中心的ないくつかのモデルは、最初に経済学で形成され、その後生物学でさらに発展的に継承された後、進化ゲーム理論と呼ばれるモデル体系として経済学に逆輸入された（Grüne-Yanoff, 2011）。これと違う方向としては、自然選択モデルが経済学に輸入されている（Rice & Smart, 2011）。こうした例を、さらにいくつも挙げることができる。多くの物理モデルは、もともと生態学に起源を持っている。化学モデルは物理学から構造を借りてきているし、またその構造が政治学や社会学で捉え直されている、といった具合だ。

この節では、モデリングの第一の側面であるモデル構築が、二つの要求を伴う過程であることを見た。一つめとして、構造は構築されるか、もしくは他から手に入れられなければならないということ。そしてもう一つは、モデルに対する解釈が一つに決まらねばならないということだ。解釈は非常にはっきりと述べられることもあれば、暗に含まれているということもある。こうした解釈は、時間の経過とともに変化することもあれば、同じ構造が異なるモデリング領域に適用されて変化することもある。

構造と解釈が一時的にせよ決定されると、モデルの創造は完結したことになる。そこでその構造は意味を持ち、現実の、あるいは可能な対象システムを指示する関係が成立する。では、対象指向型モデリングの第二の要素へと話を進めよう。これは、モデルを実際に使用することに関わる。

2 モデルの分析

対象指向型モデリングの第二の要素となるのは、モデルの分析である。これは対象指向型モデリングの核になる部分であり、モデル制作者たちがたいへん力を注ぐ部分でもある。モデル分析は、モデルの種類や科学者の関心、さらには要する時間、利用できる計算機の能力などの実際的要因に応じていろいろな形がある。しかし、対象指向型モデリングの分析は、それを構成する要素にいくつか一般的な特徴があるので、まずそうした特徴について論じることにしよう。そしてそのうちの重要な点について、ベイモデル、ロトカ－ヴォルテラモデル、シェリングモデルを考察しながら、さらに詳しく論じたいと思う。

（1） 十全分析

モデル分析について考える一つの方法は、この行為の目的について考えることだ。ある場合には、モデル制作者はモデルの**十全な分析**という目的を持つだろう。この目的を達成することは、理論家が以下のことを知り、それが表現できることを意味する。

(1)モデルの静的、動的な特性
(2)モデルで許容される状態
(3)モデルで許容される状態間の遷移
(4)状態遷移を開始するもの

(5)状態と遷移の相互依存関係

この項目のリストをモデルの**全体的状態**と呼ぶことにしよう。

たとえば、ロトカ-ヴォルテラモデルのような動的モデルでは、十全分析とは次のものを与えることを意味する。二つの生物種が共存可能である場合のすべての個体群存在量、それらの状態間遷移、安定した平衡点、不安定な平衡点、偏りのない状態で安定した振動の振幅、などである。この分析を行うときには、パラメータの値を変えてモデルの挙動を調べることが多い。

サンフランシスコ・ベイモデルのような具象モデルの十全分析も、中身としてはこれと非常によく似ている。この場合、十全分析に必ず伴うのは、装置が特定の条件に置かれたときにモデルがどんな挙動をするか、という判断だ。たとえば、特定の場所における速度や潮の高さ、時間的な塩濃度の変化など、直接計測可能な状態を確かめることが、十全分析の一部になる。また、システムに対してレイノルズ数、ウェーバー数、コーシー数のような無次元数の値が決まるが、こうしたより抽象的な特性を確かめることも、十全分析の一部である。

十全分析の目的はシステムの全体的状態を知ることにあるが、これはいったいどうやって決まるのだろうか。最も単純な場合として、たとえば私たちが、一階の線形微分方程式で記述されるモデルを扱っているとすると、私たちは数学を用いて解析的にシステムの全体的状態を知ることになる。非常にシンプルな例として、生態学における指数増殖モデルを考えてみよう。このモデルは次のような微分方程式で記述される。

$$\frac{dN}{dt} = rN \qquad (5・1)$$

ここでNは個体群サイズを表し、rはその個体群の生長率を表すとする。

この方程式は、ある時刻tにおける個体群サイズ$N(t)$に対して解くことができる。変数分離して解くと、

$$N(t)=N_0e^{rt} \quad (5\cdot2)$$

が得られる。N_0は最初の個体群サイズである。

式5・2は、十全分析を述べる簡潔な方法である。それは、個体群サイズN_iが、時間の関数として指数関数的に生長することを述べる。指数曲線の形は生長率rに依存し、この率がプラスであれば指数関数的に増加するし、マイナスであれば死滅に至り、ゼロの場合は無変化である。モデルは、個体群サイズの時間変化については、これ以外のことは一切何も示さない。このように、モデルの動的特性について簡潔な形で十全な分析を行うことは、モデルに対して**解析解**を得ることが何を意味するのかを示している。

もっと複雑なモデル記述で表されるさらに複雑なモデルになると、こんなシンプルな分析はとてもさせてもらえない。たとえば、ロトカ-ヴォルテラモデルは一対の微分方程式で記述されるので、その完全な挙動を表す解析解を導くことはできない。しかし、その構造を数学的に解析することによって多くのことを知ることができる。

まず、ロトカ-ヴォルテラモデルが自明でない平衡点を持つか、ということから調べることができる。これを行うには、方程式の値をどちらもゼロとして、VとPについて解いてやればよい。そうすると、次の値を持つ平衡点が存在することがわかる。

$$\hat{V}=\frac{m}{ab} \quad (5\cdot3)$$

$$\hat{P}=\frac{r}{a} \quad (5\cdot4)$$

この平衡点は不安定だが、それぞれの種の平均的な存在量に一致する。

さらに別の問いとして、振動の安定性に関わる問いがある。振動は際限なく続くのだろうか。それとも、何らかの平衡状態にある個体群サイズに落ち着くのだろうか。これは、モデルに対して、コミュニティ行列を作ることで解析することができる。[1] これをするには、（不安定な）平衡点から出発して、次のような形のコミュニティ行列を書き出す必要がある。

$$A=\begin{pmatrix} 0 & -\alpha m/\beta \\ \beta r/\alpha & 0 \end{pmatrix} \qquad (5\cdot5)$$

この行列の固有値を求めると、次のような共役複素数が得られる［なお、ワイスバーグは本文でこの固有値を $\lambda=\pm i(\alpha\beta)^{1/2}$ と記しているが、正しくは次の値になる］。

$$\lambda=\pm i(rm)^{1/2} \qquad (5\cdot6)$$

この固有値は0という実部を持つので、振動は偏りのない状態で安定である。このことが意味するのは、振動が際限なく続くということであり、もし何らかの攪乱が生じた場合には、元の振幅に戻る傾向性はないが、［別の振幅のサイクルが生じるので］不安定にもならない、ということだ（May, 2001, 42）。

ロトカ-ヴォルテラモデルについてのこうした解析は、一つの方程式では表現することができないが、それでもこれは十全な分析である。私たちは数学を用いて、モデルのすべての領域における挙動を知ることができる。もっと複雑な数理モデルになると、代数解析ができないことがある。そうした場合に理論家たちは、**数値解析**という言葉で括られる手段に訴える。この手段はいずれも代数を用いず、ある種の数値近似の方法を用いてモデルを分析する。ハンフリーズはこの種の分析を次のように説明する。

方程式が解析解を持たない、と主張するときに私たちが意味することは、原始関数となるものが、既知の閉じた形や無限級数の形では表現できないということである。解析解の重要な特徴は、それが元の方程式に代入されたときに、変数の値が何であれ、その解となるように書き表せるということだ。これに対して数値解析の場合は、多数の、しかし有限な特定の変数の値においてのみ、解が与えられる。解析的数学から数値計算数学へと転換を図ると……、ただちに次のような結果がもたらされる。それは、科学理論においてこれまで望ましいと考えられてきた二つのことがら、すなわち、際立った一般性を持つということと、潜在的な形で正確な解を与えるということの両方が、しばしば失われてしまうということである。

(Humphreys, 2007, 65)

このような解析は、領域全体にわたるモデルの挙動について、全体的なイメージを与えてくれることがある。また、数値解析は**シミュレーション**を伴う場合があり、このとき、モデルの挙動について特定の初期条件の一揃いを用いた数値計算が行われるが（Winsberg, 2010）、得られる結果はその初期条件に対する結果のみである。こうしたケースでモデルの十全な分析を行うには、多くのシミュレーションを実施し、領域全体にわたるモデルの挙動を調べる必要がある。

いま、あなたが十全な分析を規範として掲げ、モデルの挙動について全体的な特性を理解したいと思ったとしよう。このとき、モデルを一組の初期値について見るだけでは、十全分析を行うのにとても十分だとは言えない可能性があり、これだけのことをするのも難しいかもしれない。こうした場合、理論家は、モデル全体の挙動について推論するために、特定の領域での挙動をサンプリングするという実験方法をとる（Humphreys, 2007；Winsberg, 2010）。たとえば、記述に十個の独立変数が含まれるモデルを想像してみよう。このとき、解析解あるいは数値解が得られる可能性はないものとする。こうしたケースで、モデルの挙動の十全な記述を得る唯一の方法は、十個の変数についてすべての可能な値を試し、モデルの挙動を計算するという方法だろう。これはたいてい、とてつもなく時間が掛かるか、あるいはそもそも不可能かである。こんなことをする代わりに、理論家は既知の確率分布から変数の値を選び、その値に対してモデルの挙動を計算するという方法を採ることができる。詳しく計算されていない領域でモデルの挙動を推測するには、ある統計的なテクニックが用いられる。この種のテクニックは、モナコにある有名なカジノにちなんで、しばしばモンテカルロ法［乱数を用いたシミュレーションを数多く行い、解析的には解けない問題について近似的に解を得る方法］と呼ばれる。

モンテカルロ法に関して興味深いことの一つは、それが、物理的モデルの十全な特性を調べるときにしなければならないことに、ほとんどそっくりだということである。たとえばベイモデルのようなものの静的、動的特性の全体を本当に理解したいと思えば、モデルを他の物理的システムと同じように扱わざるをえない。つまり、まず計測を行い、直接測れない値については推定するということだ。こうした類似点、また他にも似たところがあるために、中には、多くのシミュレーションがそれ自体さまざまな種類の実験である、と主張する学者もいる（Guala, 2002；Morrison, 2009；W. S. Parker, 2009；Winsberg, 2010；これに反対する見方としては、Giere, 2009を見よ）。

モデルがさらに複雑になってくると、単一の初期条件の一揃いに対してさえ直接的な計算ができない場合がある。たとえば、さまざまな気象状態を引き起こす物理的な過程についてはよく知られているし、こうした過程に対するきわめて正確なモデルを立てることも可能である。しかし、こうした過程が組み合わされ、地球の大気のような大きなシステムに適用されると、問題が複雑になりすぎて直接的な計算で解析することができなくなる。

このようなケースでは、ウィンズバーグが「離散化されたモデル方程式」と呼ぶものを、さらに作り出さなければならない。このモデルは元のモデルを理想化して表現したもので、通常、次のような特徴を持つ。第一に、元のモデルで連続関数であったものを離散的な類似物で表現する。これにはたいてい数値近似のテクニックが用いられるが、大規模シミュレーションの場合は、理論家はモデルの**グリッド**（**格子**）を問題にする。グリッドとは、モデルにとって基本となる空間の単位に相当する。モデルの**解像度**とは、グリッドの大きさを指す。たとえば、最も解像度が高い、ＮＯＡＡ（米国海洋大気庁）全球予報システム（ＧＦＳ）による気象モデルは、水平方向のグリッドがおよそ経度と緯度〇・五度に相当し、垂直方向のグリッドは、大気が薄くなるにつれて要素サイズが大きくなるような形で、六四層に分かれている（詳細は、www.emc.ncep.noaa.gov を見よ）。

理想化の第二の構成要素は、離散化と密接に関係し、**パラメータ化**（**パラメタリゼーション**）と呼ばれる。これは、生じる現象のスケールがグリッドの大きさよりも小さかったり速かったりする場合に、計算モデルで用いられる表現方法を指す。モデルはこれらの結果をグリッド内で平均化しなければならないので、グリッドの解像度に応じてこの平均を表現しなければならない。このような値をシミュレーション研究ではパラメータと呼ぶ。その値が、モデルでは捉えられない過程を表すからである。最後に第三の特徴として、もう一つ、近似化の方法が考案されるということがあるが、これは、単純化された後でもまだ複雑であるような関数を、適当な時間の枠組みで計算できるようにするものだ。こうした方法は、事物に関して物理的にもっともらしい仮定に基づいて考案される。たとえば、実際は線形ではないものを、線形で表現できるプロセスをもとに考えたり、無視しても問題ない相互作用を無視したり、モデルの意図された範囲から分析対象として完全に外せる要素を外したり、といったことをする。

このように、モデルの十全な分析には、非常に広い範囲のテクニックが用いられる。目的が十全分析であっても、この目的は必ずしも達成できるとは限らない。しかし分析の目的として、これ以外にも立てることが可能な目的がある。次の節では、そうした他の目的について述べよう。

（2）目的志向型の分析

ときに、モデルは特定の疑問を調べるために構築され、分析される。このようなケースでは、分析の中心は、その特定の調査に関係したモデルの特徴にある。上で述べた分析テクニックの多くが、このケースでも用いられるが、調べられる範囲は狭くなる。

私たちの見てきたいくつかの例で、このことを確認しよう。まず、ヴォルテラが自分のモデルの集まり（族）について行った分析を見てみよう。方程式２・３と２・４は、例化されていないモデル記述である。パラメータ r、m、a、b に対して異なる値を与えると、その都度異なったモデルが選択されることになる。しかし、ヴォルテラにとって最も関心のある結果というのは、（パラメータがさまざまに異なる値で例化された）モデルの集まり全体にあてはまる結果であった。したがって、彼は分析の多くを代数的に行うことができた。

ヴォルテラの目的からすると、モデルに求められる最も重要な特性は、アドリア海の異常なデータを最終的に説明してくれるような特性であった。**ヴォルテラ原則**に従えば、他の事情が同じ場合には、全体的な殺生物の状態は被食者個体群の相対的な存在量を増やす。ヴォルテラがどのようにこの結論を導出できたかは、すでに第２章２節で説明した。要点としては、平衡状態の値を見つけることが大事であった。この値は二つの生物種に対する時間平均でもあり、次のような割合として表現された。

$$\rho = \frac{rb}{m} \qquad (5 \cdot 7)$$

全体的な殺生物状態は被食者の生長率（r）を低下させ、捕食者の死亡率（m）を上げるので、ρ（殺生物時）< ρ（通常時）となる。

目的志向型分析のもう一つの例は、リバー計画に対する陸軍工兵司令部の調査だ。彼らがどうやってベイモデルをその対象に対応させたかは、すでにある程度詳しく述べたが（第2章1節）、彼らはリバー計画が甚大な被害をもたらすことを、いったいどのように示したのか。厳密に言えば、彼らは新しいモデルを作ることによってそれを示したのだ。そのモデルは、リバー計画を表す構造をベイモデルそのものに付け加えて作られた。工兵司令部はテストの目的を、「堤体がその下流域において、湾の水流や塩濃度のあり方にどんな影響を与えるかを判断する」ことだと記している。

そしてさらに記述はこう続く。

……最初に必要だったのは、現在の状態をモデルに与えた際、モデル全体にどのような水流、塩分の特徴が見られるかを確認するための、「基礎」テストの確立であった。このように、モデルに堤体が設置されていないテストは「基礎」テストと言われる。というのは、その結果が、堤体の影響を判断する上での比較の基礎になるからである。モデル内に堤体を設置して行うテストは、「計画」テストと呼ばれる。

（Army Corps of Engineers, 1963b, 67）

基礎テストの条件を満たすのでさえ、モデルのスイッチを入れるだけでよいというような単純な作業ではなかった。ベイシステムは、北東から真水が流れ込み、西からは塩水が流れ込む。モデルのテストで重要なことの一つは、堤体を追加することによって、塩濃度の勾配がどう変わるのかを調べることである。したがってはじめのうち、塩水と真水の流れが適切なバランスになるまでは、モデル北東部と塩水は遮断されなければならなかった。モデルの中で、サンパブロ海峡に渡された塩水ゲートは、最小限の回数の潮汐サイクルで安定した水流と塩濃度のパターンを実現するための便宜的手段として用いられた。このゲートがなければ、モデルを操作する前に、海水塩濃度の水がモデルの上限にまで達してしまう。一九五六年の満ち干に合わせた基礎テストをモデルで実施するに当たっては、まずモデルの塩水ゲート上流部分を、ほぼ最低潮位になるように真水で満たし、下流部分は（海水塩度三三ｐｐｔ［海洋学ではpptは一兆分率ではなく、質量に対する千分率を表す］）塩水で満たし、ゲート上流部分と同じ水位になるようにした。（67–68）

塩水と真水がモデルの適切な場所に準備されると、ゲートが取り除かれて、潮汐発生器が始動した。塩濃度の測定は、それが適切な状態に近づくまで繰り返し行われた。モデルが適切な塩濃度の状態に近くなると、工兵たちはモデルに真水を流入させる準備をした。

……サスーン湾に毎秒一万六千立方フィート［約四五三立方メートル］の真水が流入するというシミュレーションが開始された。その水はモデルの水流の表層部分に加えられた。その後モデルは調整期間の間、もととなる一九五六年九月二一日〜二二日にかけての実際の状態と同じような、安定した水流と塩濃度が得られるまで、さらに何度か潮汐サイクルが実施された。（68）

リバー計画は、この基礎テストで得られた計測結果と、その後で行われた計画テストの結果を比較して調査された。工兵たちは基礎テストについて、次のように記している。(2)

安定したパターンが得られるようになると、ベイシステム全体を通して完全な水流、塩濃度の計測が行われた。潮位の測定は棒ゲージで行われたが、測定は、もとの丸々二回分の潮汐サイクル（実際の湾で、二四の測点で観測された四九・六時間）における半時間ごとに相当する間隔で行われた。……もとのフィールド調査では、一九五六年九月二一日から二二日にかけて潮位が測定された。

……水流の速度と向きは、もとの丸二回分の潮汐サイクルにおける一時間ごとに相当する間隔で、水面、中深度、水底におけるデータを得た〔……〕。モデル内での速度の計測は、小型のプライス式流速計を用いて行われたが、流れの向きと、水がよどむ正確な時間を決定するのには染料が用いられた。電気伝導率測定セルを使った塩濃度の測定に加えて、もとの観測が行われた際の、一回の潮汐サイクルにおける一・五〜二時間ごとに相当する間隔で、モデルからサンプル水が抽出された〔……〕。サンプルの塩濃度は、硝酸銀溶液の滴定で化学的に決定された。

(Army Corps of Engineers, 1963b, 68–69)

基礎テストが完了すると工兵司令部は、これら塩濃度と潮汐に関する計測結果を、リバー計画をモデルに組み込んだ際の計測結果と比較できるようになった。この組み込みには金属薄片と合板が用いられている。最初の頃の研究では、潮位、潮の位相、速度が、基礎テストの場合とリバー計画テストの場合とで比較された。

リバー計画の堤体は、高高潮[3]（最高水位）と低低潮[4]（最低水位）の上昇にはほんのわずか影響を与えただけで、結果としてそれぞれの測点における潮位の幅には、わずかな変化があっただけだった……〔その結果として、潮の満ち干が〕ポイントボニータを除いて、二五分から一時間五五分早く生じることになった〔……〕。

堤体は、測点Eのゴールデンゲートを含む海に近い堤部分で、上げ潮引き潮の流速を、いずれも毎秒〇から〇・一フィート〔約〇・三メートル〕という遅い速度にまで減少させた。

リバー計画の堤体は潮の流れの位相を変化させたが、湾内での流速は毎秒〇・一フィートかそれ以下まで下がってしまったので、位相変化には重大性はない。

(123–126)

上に引用した結果はすでに、リバー計画の実施で引き起こされたであろう大きな被害を暗示しつつある。水位と流速の変化は、見掛けから判断されるよりもずっと重大である。というのも、干潮と満潮の間に出入りする水の量、すなわち湾の潮汐プリズムと呼ばれる水量の規模が重要となるからである。大潮の時期における湾の潮汐プリズムは、2×10^9立方メートル、すなわち五二八〇億ガロンの水量があり、この量の水が六・一時間ごとに湾から流れ出る（Barnard, 2011）。これによって、高潮時に毎秒二四〇〇万ガロン［約九〇八五〇立方メートル］もの水による、非常に大きな洗い流し効果が生まれる。そしてこのように大量の水が流れることによって、汚染物質が希釈され分散されるのである。工兵司令部はこの事情について、次のように記している。

河口付近の水がそこに排出された汚水を取り込む能力は、乱流拡散と潮の運動によってその汚染物質を領域の広い部分に拡散し、汚染物質を最大限に希釈する、という能力と大いに関係している。系から海へと汚染物質を搬出する速度もまた、同様に重要である。（Army Corps of Engineers, 1963b, 186）

この点を考慮すると、事態は厳しそうに思われる。

［リバー計画の］堤体が流速に与える影響を調べることで、まだ潮汐作用にさらされている湾の一画が持っている拡散および洗い流しという特徴に対して、堤体がどんな影響を与えるかが理解されるだろう。一九五六年九月二一日から二二日の潮汐の状況で行ったテストでは、ゴールデンゲートを含め、モデル内で堤体付近の上げ潮引き潮の最大流速がもともと毎秒二・〇〜四・八フィート［約六一〜一四六センチメートル］の範囲だったのが、堤体によって毎秒〇・〇〜〇・一フィート［約三センチメートル］というきわめて低い速度範囲へと変化した。そして、海の浅瀬上および入構水路における最大流速は、もとの毎秒一・八〜二・九フィート［約五五〜八八センチメートル］の範囲から、毎秒〇・二〜一・〇フィート［約六・一〜三〇センチメートル］の範囲へと変化した。（264）

こうした分析から、リバー計画の堤体が引き起こす変化によって、湾が汚染物質を洗い流す能力に対して、甚大な影響が及ぶ可能性のあることがわかる。

モデルがいつでも使える状態にあったので、工兵司令部は洗い流しに関する彼らの懸念について、実際にテストしてみた。彼らは、実際の下水の落口で汚染物質の溜まり場として知られてもいる場所に対応させる形で、モデル内の特定の箇所に染料を注ぐという実験計画を立てた。分析過程を全部書くと長くなるので、彼らが染料を流した〝I〟と呼ぶ単一のポイントに話を絞ることにしよう。このポイントは、ノースポイントの向かい側、サンフランシスコの旅客埠頭ターミナルがある場所に設置されていた（264）。

堤体がない状態では、〝I〟ポイントで流された染料は、一回目の潮汐サイクルの高高潮の憩潮時［満ち干の変わり目で潮流が静止した状態になる時間］までに、ベイシステムの大部分に広がった。それは、サウスベイにあるサンフランシスコ国際空港を超え、砂州の境界に近い海にまで至り、湾の中央部全体、さらにはサンパブロ湾全体の三分の二にまで広がった。……堤体が設置されると、二回目から三回目のサイクルに差し掛かるまで、ほんのわずかな染料すらゴールデンゲートブリッジの海側へ移動することはなく、二〇回目のサイクルまでに染料が進んだ距離は、砂州の境界に至る距離のわずか半分でしかなかった。このテストを実施している間、染料を流した地点から半径数マイルの範囲内に、きわめて高濃度の染料が残り続けた。

……ノースポイントから染料を流した場合には、テストの間中、きわめて高濃度の染料が湾中央の南部分に留まり続け、リバー計画の北側堤体からわずかに下流の地点で流した際には、湾の北部に染料が留まり続けた。リバー計画は潮の流れと、それに関係した乱流とを実質的に消滅させてしまい、結果として、堤体付近の海に近い湾が持つ拡散と洗い流しシステムを、速度の速いものから遅いものへと変化させてしまったのだ。

これまでは、潮汐プリズムが毎日変化することによって大規模な洗い流し作用が生じてきたわけだが、工兵司令部は、この作用がリバー計画の堤体によって著しく制限されることになると警告した。そうしたことで、家庭や工場からの排液が蓄積されることになる。リバー計画が退けられた後にモデル研究を指揮した一人、ジョン・カーン大佐は、状況を次のように説明する。

湾の北側部分は、カリフォルニア北部にある主要な川（山脈やセントラルバレーを流れるサクラメント川やサンワーキン川）からの流入によって、汚染物質が洗い流されている。湾（サンフランシスコ湾）の南部分は非常に浅く、そこを流域とするいくつかの河川からはほとんど流入がない。洗い流しが生じるとしたら、潮の変化によるしかない。湾南部に入ってくる下水などの汚染物質は、長期にわたってそこに留まり続けるのだ。（私信）

さらに工兵司令部は、ベイエリアに真水が供給できるとするリバー計画の主張にも疑問を投げかける。

〔リバー計画に基づく貯水池で可能だとされる貯水容量〕は、サクラメント-サンワーキン流域で水の移動に対する流去水〔吸収されずに流れる水〕の量をいかに効果的にコントロールしても、完全に否定される。ベイシステムにそれらの支流から流入する水の量は年平均で約五五万エーカーフィート〔約〇・六八立方キロメートル〕だが、これは蒸発や蒸発散、魚梯、水門操作などで失われる水の量にはとても見合わない量である。失われる量は、現在の状況では年間三一〇万一千エーカーフィート〔約三・八三立方キロメートル〕と推定され、二〇一五年までには四七三万二千エーカーフィート〔約五・八四立方キロメートル〕に達すると考えられているからである。もし仮にデルタ（サクラメント-サンワーキン流域）への流入量をうまくコントロールし、流域への供給量を絞り込んで、湾に流れ込む支流がさきほどの損失量をカバーできるようにしたとしても、すなわち、現在の状況で二六〇万エーカーフィート［約三・二一立方キロメートル］、さらに二〇一五年までに四二〇万エーカーフィート［約五・一八立方キロメートル］の水が湾の支流に回るように他の部分への流入が抑えられたとしても、リバー計画で作られる貯水池は、数年もすれば平均海面以下に縮小してしまうだろう。（Army Corps of Engineers, 1963a, 184）

工兵司令部はこのように自分たちのモデルを使い、リバー計画が湾の自然な洗い流しの作用を阻止すること、貯水できるとする水量より無駄になる水量の方が多くなること、最終的に湾に対して大規模かつ予測不能な事態を招きかねないことを示した。もちろんこれは、計画が生態系に与える影響について何かを述べようとするものではない。この点は、工兵司令部の研究ではわずかに考慮されているにすぎない。私たちのここでの目的から特に重要なのは、これが目的志向型分析の非常に明確な例になっているということだ。この例では、研究に関わる特定の疑問に答えるために、モデルの特定の側面が分析されている。

ベイモデルのような具象モデルについての研究は、明らかに、膨大な量の実地作業がなければ成立しない。とりわけこの理由から、理論家たちは、自分たちが発見したいと思っている特定の情報がある場合には、しばしば数値計算モデルで研究することを選択する。たとえば都市計画者が、人種的に統合された地域を安定的に持続させるような、そんな空間的家屋配置がシェリング的なモデルにあるかどうか知りたいとしよう。そのような場合、都市計画者は異なった近隣配置からスタートする実験計画を立て、分離が生じない状態を求めてそれらを系統的に調べることだろう。

この調査を解析的に行うことは、まず不可能である。手動で複数の初期条件の一揃いを特定して、一つ一つ結果を確認するというのも、きわめて難しいことだし非常に時間がかかる。では、理論家はこうした分析をどうしたら行えるのだろうか。それには三つの重要な要素が関わる。まず、理論家は対象のふるまいを特定する必要がある。あるケースでは、これをするのに**目的関数**あるいは**適応度関数**［ある集合から入力値を系統的に選び出し、実関数の最大化あるいは最小化を調べるという最適化問題において、その対象となる関数］が用いられ、理論家はその最大化を目指す。いまのケースで言うと、それに関係した基準となるのは、モデルがとる特定の状態、すなわち、ある決められた大きさを超える同一人種の集まりはないという状態である。このことに関する分析をコンピュータ上で行うにはさらに、ある近隣のサイズにおいて、各行為者が自分と似た隣人を何人持てるかを特定する必要がある。

調査の第二の要素は、調べようとする変数とパラメータを特定するということだ。どんな初期条件のもとでモデルが調べられるのか。集団のサイズは変わるのか、もし変わるとしたらどのような範囲か。効用関数は変化するのか。分布のどの範囲が調べられ、その範囲はどうやって特定されるのか。調査の目的は、そこで求められているふるまいが、これらの組み合わせの下で実際に得られるかどうかを知ることである。

最後に、こうした変数やパラメータの空間を探る方法が選択されねばならない。最もシンプルな、それでいて最も計算負荷の高い方法は、変数の値とパラメータの値をすべて「スイープする（掃く、くまなく調べる）」ことである。これはあらゆる組み合わせを試すことであり、モデルに確率的要素が含まれているときには、その組み合わせを繰り返し試すことを意味する。関心のあるふるまいを探るには、ほかにもたくさんのテクニックがある。単純なものとしては、ある確率分布からサンプリングして、ランダム探索を行うという方法がある。たとえば目的関数を用いる場合のように、もしふるまいが量的に特定できるときには、山登り法を用いることができる。これは、関心のあるふるまいに近いふるまいを手がかりとして用いて、変数のどんな組み合わせであればそのふるまいが生じる可能性があるかを探る方法である。もっと手の込んだ方法としては、遺伝的アルゴリズムや粒子群最適化などを用いる方法がある。これらの方法はいずれも、モデルの特定のシミュレーションに関する情報を用いて次に使うパラメータのセットを選び出し、目指す解が存在するという仮定の下でこの解に近づいていく、という手順を含んでいる。

この章は、単に一つのモデルで一つの対象を問題にする対象指向型モデリングに関する章なので、ここまで論じてきた分析方法は、単一モデルを参照するものであった。しかし、単一モデルが最終的にある一つの対象とぴったり合うような対象指向型モデリングにおいてさえ、単一モデルが研究されることは稀である。理由の一つに、上で論じたような代数解析は、理論家にモデルの集まり（族）に関する情報を与えるということがある。私が挙げた指数関数増殖モデルでは、パラメータ r の一つ一つの例化が別のモデルを生み出した。したがって、どの代数解析も指数関数増殖モデルの集まり全体に当てはまる。

しかしまた、例化されていない一つのモデル記述から生まれるモデルの集まり（族）を超えて、さらに進むべき理由がある。ときに、**摂動**という方法を手がかりとして、モデルの特定部分が他の部分にどう依存しているかを理解することができる。[2] ある状況においては、モデルに近似的な代数的解を与えるために、一定の形式の摂動論をそのモデルに適用することができる（Bender & Orszag, 1999 ; Nayfeh, 2000）。このテクニックは、モデルのよりシンプルな型——モデルのモデルと言ってもよい——を作ることで進んでいく。この、よりシンプルなモデルに対する、あるいはよりシンプルなモデルの集まりに対するモデル記述が書き出され、厳密に解が与えられる。その後、いくつかの単純化を取り除いて、新たなモデルに対する解が導かれる。この新たなモデルは依然として近似的なものだが、よりいっそうもとのモデルに近い。この過程が繰り返されて、その結果、理論家は関心のあるもとのモデルに次第に近づくことができる。

もう少し砕けた言い方をすれば、モデルは、要素を足したり引いたりすることで摂動を加えることができ、私たちはこうした変化から生じた新たなモデルを調べることができる。この種の行為を行う理由はいくつかあるが、対象指向型モデリングに関係する理由は、このような分析によって、モデルのある部分が他の部分にどう左右されているかを確認しやすくなる、というものだ。たとえば、捕食とヴォルテラ原則に関する現代の研究の一部では、互いに密接に関係しつつ別物であるようなモデルにおいても、この原則が成立し続けるのかどうかということが調べられてきた。そこで明らかになったことは、密度に依存した増加、捕食者の飽食、空間的構造、被食者が求める隠れ場所など、付加的な因果的要素が加わると、ロトカ-ヴォルテラモデルの多くの特性が変化するが、ヴォルテラ原則はどのモデルにも見出されるということである（Weisberg & Reisman, 2008；また、Levins, 1962；Puccia & Levins, 1985；Justus, 2006も見よ）。

さて、改めて客観的に眺めてみると、対象指向型モデリングの分析に関する側面が複雑なものだとわかるだろう。目的が、モデルの十全な理解であろうと、単にある特性について知ることであろうと、分析は活発なプロセスである。モデルは物理的、数学的、あるいは数値計算的な方法のいずれかで操作される必要がある。必要とされる正確な操作はモデルの種類で決まるが、理論家は、モデルの一部分がモデルの挙動をどう生じさせているか、そしてモデルの変化がその挙動の変化にどうつながるのか、ということを示すテストを行う。取り組んでいるモデルが特定の対象に向けて調整される場合でさえ、対象指向型モデリングのこの側面は、対象とは独立に実行されるのである。

3　モデルと対象の比較

分析の段階を終えたら、そこでストップするモデリングの例もあるが（第7章2節）、多くの場合、理論家はモデルを対象システムの代用物として構築し、分析する。対象指向型モデリングで対象となるのは、現実にある単一のシステムだ。それゆえ対象指向型モデリングでは、続く第三の段階として、理論家がモデルと現実世界の現象を対応づけるという試みが必要になる。

この節の狙いとして、また、モデル-世界間関係に関わる議論として、対象システムならびに対象とモデルの関係を詳しく論じたいと思う。今から論じることは、モデル-世界間関係をめぐるほとんどの論文と、中身の異なる議論である。というのも、私が主として論じるのは、実験、データ、確証についてではないからだ。モデルの確証に関する理論を構築するには、その前にモデル-世界間関係について、なおのこと明確な理解が必要である。そこで、この節および第8章では、データ分析や確証についてではなく、モデル-世界間関係について論じることにする。

(1) 現象と対象システム

モデルは現実の現象と直接比較されるのではなく、**対象システム**と比較される。対象システムとは、こうした現実の現象から抽出されたものである。科学者が世界のある現象について研究したいと思うときには、まず、関心のある時間空間領域がどこかを確認する。その科学者の関心は、過去百年間にわたるタスマニアデビルの繁殖習性かもしれないし、一年を通したミシシッピ川の水位かもしれない。あるいはフィラデルフィアにおける人種分離かもしれない。関心のある**現象**とは、この時間空間領域に含まれる中身である。

現象には非常に多くの特性があり、静的特性、動的特性のどちらもそこに含まれている。こうした特性全体の集合を、現象の**全体的状態**と呼んでおこう。ほとんどどんな例においても、モデル制作者は現象の全体的状態を研究したいと思っているわけではなく、こうした特性の中で科学的に重要な部分に関心があるのだ。こうした制限され

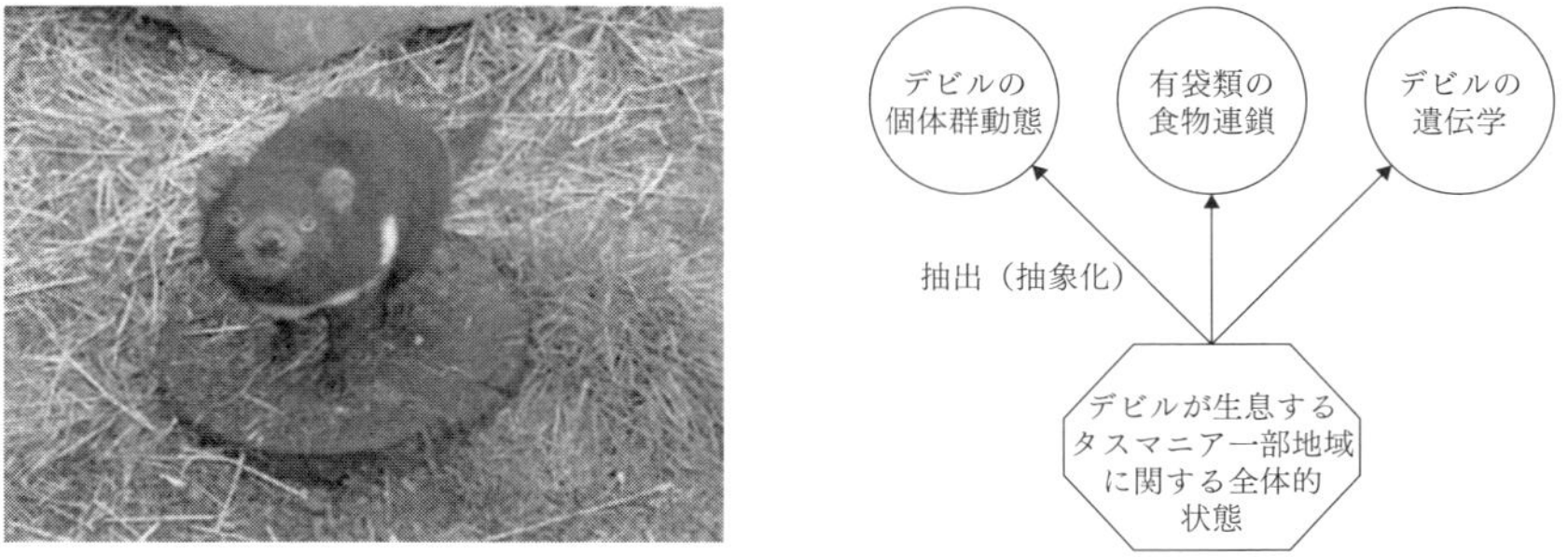

図 5.1　左：捕獲されたタスマニアデビル（著者による撮影）。右：単一の現象から抽出して，いかに多くの異なる対象が生み出されるかを表したもの

た特性の集まりが、対象システムとなる。言い換えると、科学者が焦点を選択するとき、あるいは**意図された範囲**（第3章3節を見よ）を選択するとき、彼らはある特性の集合に注目し、他は度外視するのである。これにより、システムの全体的状態の部分集合として、対象システムができあがる。

たとえば、生物学者が、まだ生き残っているタスマニアデビルの個体群について研究したいと思っているとしよう。タスマニアデビルがまだ生息しているタスマニア一部地域の全体的状態が、いま関心のある現象を構成している。生物学者は自身の意図する範囲を限定し、その結果、いくつか異なるシステムが抽出されることになる。たとえば、その科学者はデビルの個体群動態にだけ関心があるかもしれない。他に、侵入種に関心がある可能性もある。その場合、タスマニアの食物連鎖における肉食の有袋動物を構成要素とする対象が抽出されることになろう。あるいは、生物学者はタスマニアデビルの顔面腫瘍に関心を持ち、これがなぜ免疫系によって認識されないのか、ということを調べたいと思うかもしれない。これには、デビルの集団遺伝学に関わることがらが、対象として求められるだろう。この例が示すように、単一の現象からさまざまな対象システムが生み出される可能性がある。現象と対象システムとの関係は、一対（夥）多である（図5・1を見よ）。

現象と対象システムの関係が一対多であることから、また別の拡散可能性が出てくる。同じ現象から生み出される異なった対象が非常にたくさんあるので、結果、何でもありになってしまわないだろうか。理論家が行う抽出の種類を制御する基準があるのだろうか。

この疑問に対しては、それほど単刀直入に答えられない。まず一方で、現象と対象との一対多という関係は、理論研究にとって望ましい特徴だということがある。対象の選択は、研究主題の選択とまさに一続きである。第一次世界大戦後のアドリア海について研究している二人の科学者が、非常に異なった関心を持つことがあろう。一人は捕食者-被食者の関係に、もう一人は海面温度が浮遊植物の大増殖に与える影響に関心があるかもしれない。トピックとして前者を選ぶか後者を選ぶかによって、同じ現象から異なる対象システムが産出されることになる。この選択は自由であるが、こうした違いがあるからと言って、無秩序になったり恣意的になったりすることはないように思われる。

とは言え、対象の産出を合理的なものにするには、何らかの制約がさらに必要である。抽出には何段階かの程度があり、理論家が捕食や浮遊植物大増殖に焦点を絞った後に、多くの対象システムが産出される可能性がある。いま、理論家が捕食に興味があるとしよう。このとき対象は、捕食者および被食者の個体群レベルでの特性だけを含むべきだろうか。たとえば空間的位置のような、個体レベルの特性を含むべきだろうか。飽食や消化に関する生理学的情報を含めるべきだろうか。海水の透明度や温度など、関係する可能性のある非生物的要素を含めるべきだろうか。

対象の構築にどの特定の特徴を含めるべきかは、科学的探究のテーマそのものである。科学の分野としてまだ成熟していない場合はおよそ、どのような特徴の集まりに注目すれば有益な研究対象が定まるか、ということを正確に決めるのは非常に難しい。これには試行錯誤が必要であり、その結果ようやく、最も有益な研究につながる対象が生成されるだろう。場合によっては、こうした特徴の選択に関する議論が収拾せず、結局、研究者共同体が互いに見解の一致しない別の分野へと細分化される、ということも起こりうる。

たとえば、生態学のモデリングはだいたい、異なる理論的陣営へと分かれて行われる。個体群生態学は個体群サイズの動態を研究し、主として研究されるのは競争、増殖、相利共生である。群集生態学では個体群の関係、および、これらの個体群がいかに生物的資源や非生物的資源を自分たちの環境で利用しているかに注目する。たとえばアドリア海についてなど、同じ現象について研究しているときですら、こうした下位分野どうしは、対象における違った特性を含めてそれぞれ違った仕方で抽出を行う（Elliott-Graves, 2012）。

このように、科学者が違えば、現象から対象を構築する方法にもかなりの違いがあると考えられる。しかし、対象にどんな特徴を含めるかについては、確かにいくつかの一般的な原則があるように思われる。一つの原則は、主たる関心である特性と、それに因果的につながるすべての要素を含めよ、という原則だ。もちろん、これが結局どの要素なのかということは一つの研究上のトピックである。しかし理論家は、その完全な範囲がわかっていない場合であっても、対象に言及することができる。これとは違うものとして、理論家が影響の限度を特定する、という原則の可能性が考えられる。たとえば、地球が太陽の周りを回る現象を研究するとき、理論家は、設定された閾値に基づき、地球の運動の影響を受けるとされる天体だけが含まれるよう、対象空間を制限する可能性がある。したがって対象は太陽と地球だけしか含まないこともあるだろうし、月と近くの惑星をこれに付け加えることもあろう。

理論家はこうした目的に関して、あらかじめ何かを特定しておくこともできるが（第6章2節）、対象の選択は、しばしばモデリングの最中に微調整されるものである。その手続きは、およそ次のようなものだろう。まず、対象が選ばれる。次いで、モデルが対象と比較される。その比較結果に基づいて、対象が微調整されるかモデルが修正され、場合によってはその両方が行われる。モデリングの行為自体が、現象から対象をどう産出すればよいかを科学者に教えてくれるのである。

(2) モデルと対象の適合性を確かめる

いったん対象が手に入れば、理論家はモデルと対象との適合不適合を確認することができる。第8章ではモデルと世界の関係について、一般的な特徴を専ら論じる。そこでは、モデルが対象と特別な類似関係にあるという考えを擁護するつもりである。しかし、そこで行うモデル-対象間関係の個々の説明とは独立に、モデル構築の第三段階として、多くの側面を述べることができる。この章の残りの部分でそれを述べたいと思う。この節では、モデルと世界の関係を単純に**適合性**の問題として述べたい。モデルは対象に適合するときに、うまく対象に当てはめることができる。

上に述べたように、モデルが世界に適合するかどうかは、現象の全体的状態によって決まるのではなく、抽出された対象システムにより決まる。さらに、モデルと世界の適合性は、モデルと世界のすべての側面に対して必ずしも等しい比重を置くわけではないし、モデルの各特性と対象の各特性の間に確立すべき適合性の程度が、一律だというわけでもない。どの特性が適合するか、そしてどの程度適合する必要があるかは、モデル制作者の忠実度基準によって特定される(第3章3節と第8章5節を見よ)。

たとえば、ロトカ-ヴォルテラモデルが、カナダオオヤマネコとノウサギの個体群動態を説明するのにどれくらい使えるかを、モデル制作者が評価したいとしよう。この個体群動態は、何年にもわたって注意深く調査されてきた捕食者-被食者システムである(Elton & Nicholson, 1942; Moran, 1953; May, 1972; Gilpin, 1973)。非常にシンプルな適合性評価は、ロトカ-ヴォルテラ方程式の独立変数とパラメータを調整して、この方程式によって産出されるモデルの集まり(族)の中から、最も適合するモデルを見つけ出すという方法である。最適合モデルがデータをもとにプロットされ、適合度が評価されることになる。その様子が、図5・2に示されている。

図5・2に示されたグラフからわかるように、ロトカ-ヴォルテラモデルは明らかに、データに完全には適合していない。その上、適合性の分析およびフィールド観察に基づけば、振動するノウサギの個体群がオオヤマネコの振動の主たる原因ではなく、またその逆でもないと考える理由がある。したがって、対象の表現に対してモデルの出力を適合させるときに、こんなシンプルな適合でさえ、決してそうわかりきったことではないのだ（Stenseth, Falck, Bjørnstad, & Krebs, 1997)。

この例はまた、モデルと対象の適合の種類に関して、もう一つの区別を示している。この区別はときに、**較正**（**キャリブレーション**）という名で通っている。対象指向型モデリングは実際、二つの異なる種類のモデル行為を含んでいる。その一方の種類において、モデルの目的はモデルと対象の質的適合を得ることである。その考え方は、モデルを使って関心のある現象が多かれ少なかれ再現できているかどうかを確認する、というものだ。これは、モデルの**未較正的**使用である。

シェリングの人種分離モデルに関する一つの考え方は、これを、実際の都市における分離の未較正モデルとして捉える、というものだ。このモデルで中心となる変動の原動力、すなわち、自分と同じような隣人が十分いないので別の場所に行くという原理が、フィラデルフィアのような都市で生じてい

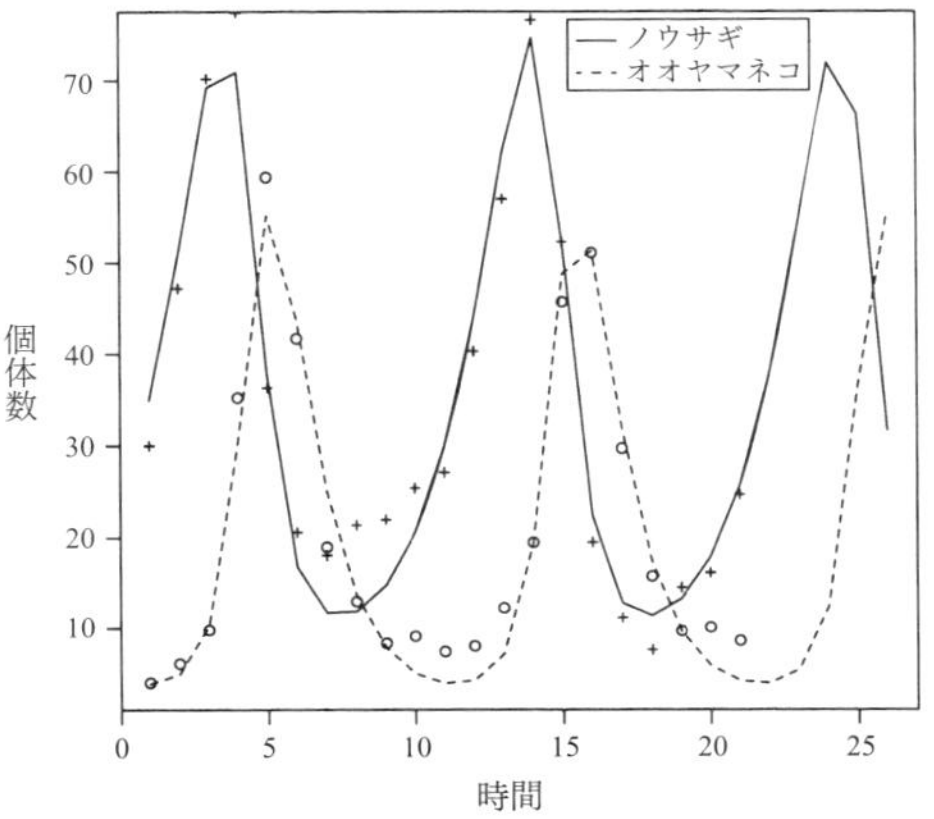

図 5.2　カナダオオヤマネコの個体群サイズに関する観察事例をロトカ-ヴォルテラモデルに合わせたもの

る人種分離について、その直接的な説明を与えているとしてみよう。もしこれが事実そうであるなら、その都市に対するモデルの質的、未較正的な適合以上のものを期待することはないだろう。このモデルには、集団の大きさや広がり、位置、時間経過など、より細かなことがらを正確に再現するだけの、十分詳細な情報が全く含まれていない。モデルが示していることは、特定の効用関数と人々の分布が人種の分離を生じさせる、ということだ。

こうしたモデルの未較正的使用を較正されていると見ることもできるが、それができるのは、非常に抽象的な対象に対してだけである。これを妨げるものは何もないが、抽象化のレベルは実際、非常に高くなくてはならない。もし対象が「フィラデルフィアでは人種分離がある」ということであって、人種分離の詳細に関することでないなら、モデルと対象の正確な適合がほとんど確実に得られるだろう。しかし、これが科学者にとって非常に興味のある対象であるということは、ほとんどありそうにない。

較正的モデリングにおいては、その目的は対象に関する高い忠実度のモデルを作るということだ。対象によっては、このようなケースは相当複雑なモデルを必要とする場合がある。しかしまた、相当多くの較正作業が必要になる場合もある。サンフランシスコ・ベイモデルについて考えてみよう。モデルが構築された後でさえ、工兵司令部がモデルを対象に合わせて較正するのに一八ヶ月を要した。対象となったのは、一九五六年九月二一〜二二日の三六時間にわたる平均潮汐サイクルである。較正には、満ち干を正確に作り出すために底部分に銅条部品を配置する、といったモデルの調整が含まれていた。これにはフィードバック作業が欠かせない。モデルを調整し、その後モデルを分析し、そしてさらに、モデルが特定の忠実度基準に達するまでモデルの調整が行われる。

この節で確認できたことは、現実世界の現象に対してモデルを適合させるには、二つの異なる段階があるということだ。まず、理論家は現象について抽出の手続きを進め、現象のどの側面を研究したいのかを決めなければならない。これにより対象が生み出される。対象が手に入ると、理論家は望む忠実度のレベルで、較正モデルあるいは未較正モデルを対象に適合させることができる。適合、忠実度、そして対象の相互作用については、第8章でより詳しく論じる。

（3） 対象の表現

この節を閉じる前に、ここでの説明が抱えているかもしれない問題を考察しておきたい。対象システムとは、端的に現象から抽出したものであり、システムの全体的状態の部分集合である。そして、こうした状態を構成する特性は具象的特性である。ある種類の具象的モデリングにおいては、対象はモデルと直接比較することができる。しかし、数理モデルや数値計算モデルの場合には、どのように具象的対象と比較することができるのだろうか。いったいどんな類似性をそれらは持てるのだろうか。

私は、この反論的疑問は簡単に解決できると思う。数理モデル、数値計算モデルは、ある場合の具象モデルと同じように、対象の数学的表現と比較され[5]、対象そのものと比較されるのではない。対象の各状態は、何らかの数学的空間にマッピングされる。シンプルで動的なモデルにおけるマッピングは、次のように行われる。まず、対象に関して決定可能な主たる特性（たとえば、種の存在量、圧力、時間、温度など）が状態空間の各次元にマッピングされる。そして次に、特定の状態がこの空間内の点にマッピングされる。そうすると、一つの解釈された数学的対象が他の数学的対象と比較できることになるので、数学的特性と具象的特性の比較に関する問題は避けられる[6]。

もしこの手続きをどこかで聞いた気がするとしたらそれは、私がすでに話をした、数学的構造から数理モデルを作るという話とほとんど変わりがないからである。対象の数学的表現は、数理モデルと同じ種類の構造である。違いは、数理モデルの構造の方は理論家が自由に選択するものであるのに対して、対象の数学的表現の方は、現実世界の問題部分のあり方を表現するのに、非常に制約された形でそれが行われるということだ。

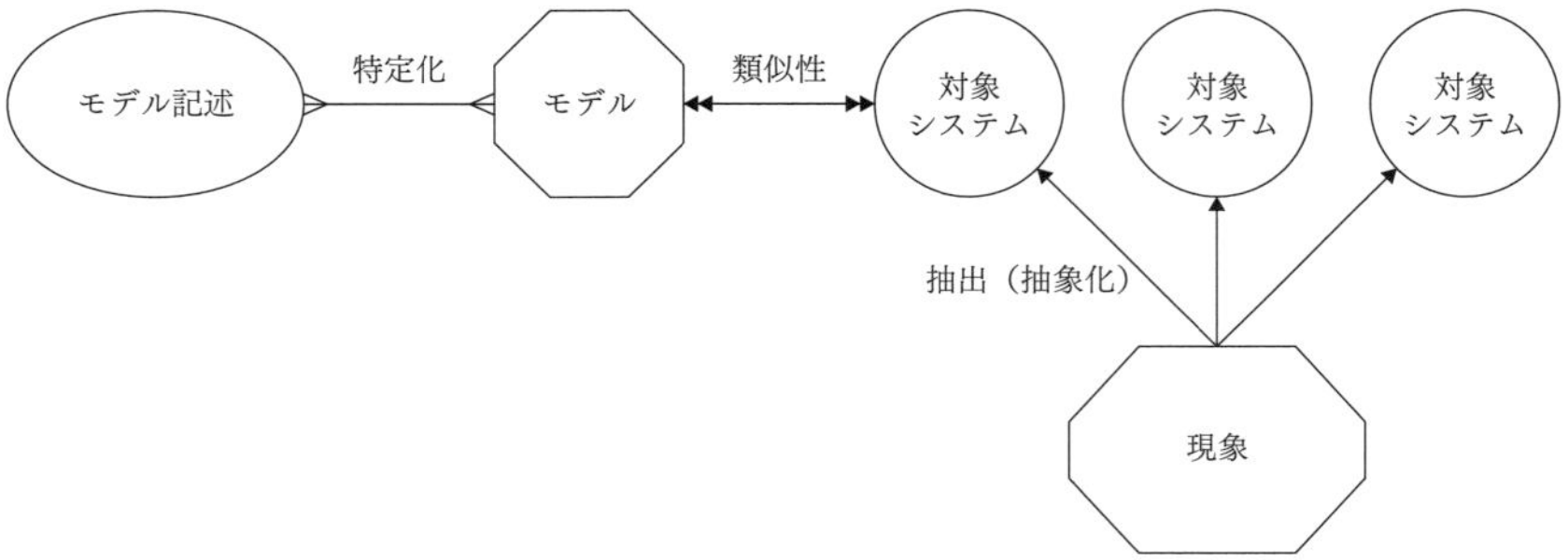

図 5.3　具象モデルにおける，現象，対象，モデルの間の関係

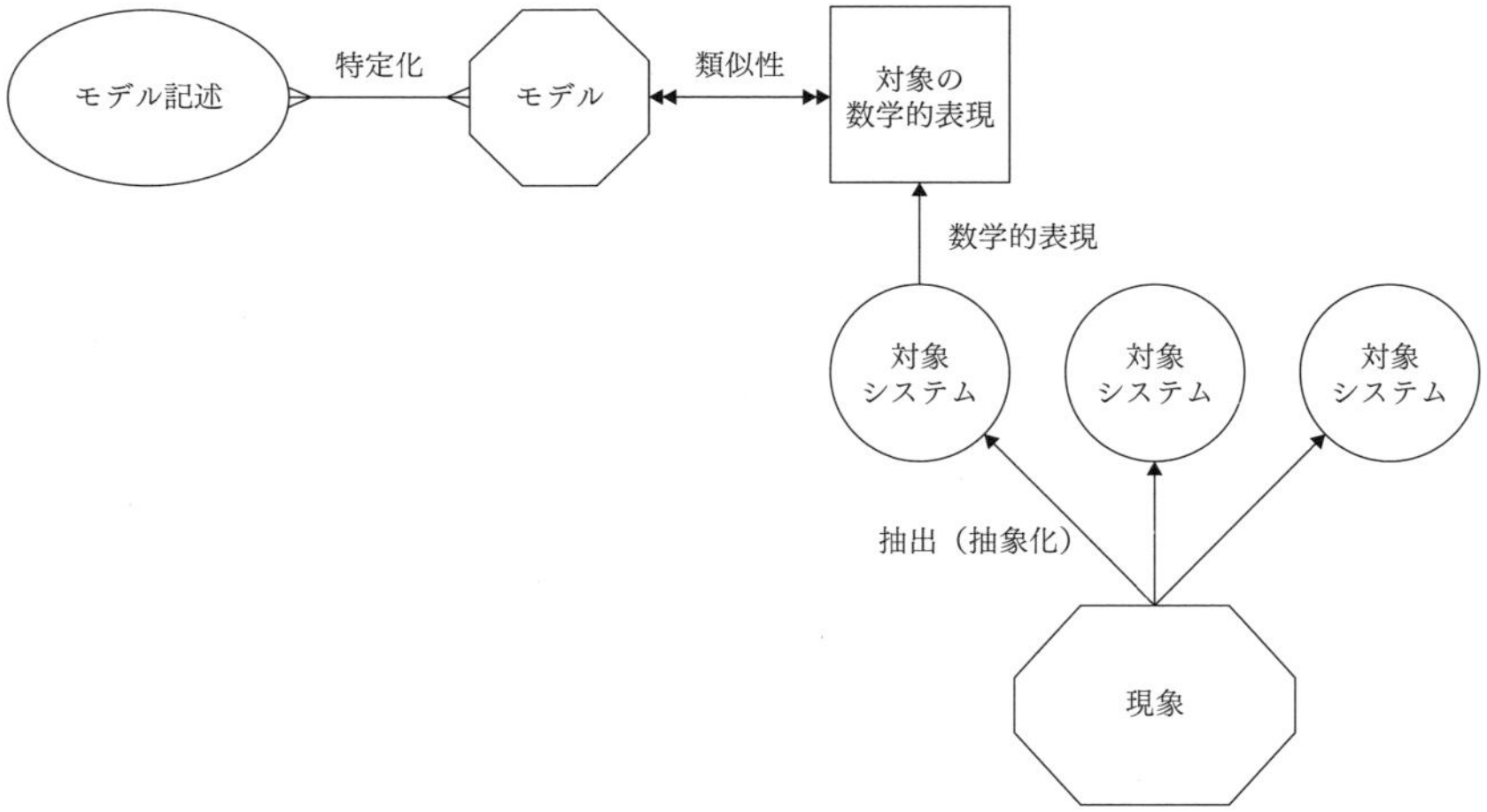

図 5.4　数理モデルにおける，現象，対象，対象の数学的表現，モデルの間の関係

対象とその数学的表現は、経験的な、集められたデータと同じではない。対象は現実世界の特性の集合であり、対象の数学的表現はこうした特性の表現である。測定と観察は、背景理論、統計学、数値計算とともに、対象とその数学的表現の本質に関する推論を行うのに用いられる。このような推論のステップは、決して自明なものではない。しかし、それらがどう機能するかということの詳細は、実験や確証の議論の中で扱われるもので、ここでの私の主要な焦点ではない。もちろん、実際に理論家ができることは、対象の本質について現在得られる最もよい描像と、自分たちのモデルとを比較することでしかない。適合度に関する評価はあくまで、現在得られている最良の知識に関して行われるものである。

この章では、対象指向型モデリングに三つの側面があることを述べた。モデルを作り上げ、分析し、対象に適合させる、という三つである。理論家がこの三つの課題を達成したとき、あるいは他の誰かからそれらを受け取ったとき、モデルベースの科学が行える状態に達したことになる。理論家は、モデルを研究することによって、現実世界の対象に関する知識を得ることができる。モデルと対象の関係について、こうした捉え方を図で表すとすれば、具象モデルに関しては図５・３のようになり、また数理モデルと数値計算モデルに関しては図５・４のようになる。

この章のはじめに述べたとおり、対象指向型モデリングはモデリングの中で最もシンプルな種類のものであり、単一のモデルと単一の対象に関わるものである。次の二つの章では、より複雑な種類のモデリングについて探究する。そうした複雑さは、しばしば**理想化**によって、つまりモデルで表現される対象のさまざまな側面を意図的に歪めることによってもたらされるので、次の章ではこの概念を取り上げることにする。

第6章　理　想　化

対象指向型モデリングは、単一モデルを使い、単一の対象についての現実的な描像を与えようとするものである。この章と次の章では、もっと複雑な型のモデリングについて議論しよう。まずこの章では、理想化について論じる。理想化を行う際には、モデルは完全に現実的だとは言えない。あるいは、単一の対象に関して、部分的なモデルが複数作られて分析される場合もある。

科学哲学者は、徐々に理想化の重要性に気づくようになってきた。科学的な表現にわざと歪みを導入することがいかに重要か、ということである。こうした認識はモデル論、モデリング論分野に特に顕著に見られ、その分野の先駆的論文の中にかなりの割合で見受けられる（Nowak, 1972；Cartwright, 1983；McMullin, 1985；Wimsatt, 1987；Giere, 1988)。

きわめて単純な見方をすれば、理想化とは、現実世界の現象を完全かつ真に表現することからの逸脱行為である。理想化することで、私たちは対象が持っていない特性をいかにもそれが持っているように表現し、対象を歪める、もしくはそれについてわざと誤った形で述べる（Jones, 2005)。言い換えると、モデルが対象の重要な側面を表現できていないとき、モデルはその対象に関して理想化されているのである。

理想化に関する研究では、こうした種類の歪曲が結局何を意味するのか、ということについて、いくつも異なる説明がなされてきた。このようにさまざまな説明があるというのは、対象を歪めて表現する方法は一つではない、という事実を反映していると思う。そこで私は理想化について、説明を一つに絞り込んでさらに詳しく論じるということをせず、これまで行われてきたさまざまな議論をいわば証拠と見立てて、理想化には三つの異なる形があるということを述べたいと思う。

1 三つの種類の理想化

理想化は、単に理論-世界間関係の特性として見られるだけでなく、モデルの歪曲に関わる行為として見られるべきだ。これは、理想化に関する現代の研究で得られた最も大事な見識の一つである。したがって、理想化について研究するには、そうした歪曲的な理想化において特徴的な行為は何か、またその行為はいかに正当化されるか、といったことを知る必要がある。このような行為、正当化は、三つの種類の理想化にグループ分けできる。**ガリレイ的理想化**、**ミニマリストの理想化**、そして**多重モデルによる理想化**である。

(1) ガリレイ的理想化

ガリレイ的理想化というのは、モデルが数学や数値計算で扱えるようにするために、単純化を目的としてモデルに歪みを導入する行為である。まずは、対象に関する、まだ理想化されていない表現がどのようなものかを考えることから、この行為は始まる。そして、理想化されていない表現を単純化し、歪めることによって対象のモデルを作るのである。ガリレイ的理想化を最も徹底して定式化したのは、マクマランだ。マクマランがこの種の理想化のポイントとしたのは、問題を単純化し、より扱いやすい形にすることによって、「理想化のもととなる現実世界を把握する［こと］」(McMullin, 1985, 248) である。

この方法は、ガリレイが、これを理論的探究にも実験的探求にも用いたということから、その名にちなんで名づけられた。本書ではモデリングを問題にし、理論的探究を問題にするが、ガリレイが実験的理想化について鮮明に述べたことが、ガリレイ的理想化の基本を把握するのに役立つので、それを見ることにしよう。抵抗のない媒体がどこにもない中で、重力加速度をどう決定すればよいのか。ガリレイはこれについて、ある種の実験の理想化を提唱する。

> 私たちは、抵抗がない媒体の中で、重さがたいへん異なる運動体に何が生じるかを調べようとしているわけです。これは、もしこれら運動体の速さに違いがあるとしたときに、それがもっぱら重さの違いで生じるようにするためです。……私たちのまわりにそんな空間はありませんから、(その代わりに) 密度が最も低く、抵抗が最も小さい媒体で何が生じるかを観察し、それを密度がより高く、抵抗がより大きい媒体で生じることと比較してみましょう。
>
> (McMullin, 1985, 267 における引用)[1]

抵抗のない媒体というものがまわりになくても、まずはじめは、思い描かれた状況に似た実験的設定を用いることでそれなりに前に進める、ということをガリレイは示唆する。この実験的システムについて理解した後に、科学者は、導入された歪みの影響を系統的に取り除いていくのである。これと同様の手続きを、理論化の過程でも実施することができる。問題がより扱いやすくなるように歪みを導入し、その後、歪みの要因が系統的に取り除かれるのだ。

ガリレイ的理想化は、プラグマティックに正当化される。私たちは理論から知識を得ることを目的として、理論を単純化し、数値計算がもっと行いやすいようにする。理論家が理想化という作業を行ってこなければ、計算不可能なモデルがいつもついて回り、理論家の置かれた状況は決してよくはなかっただろう。この正当化はプラグマティックなもので、また計算可能性と結びついているので、数値計算能力や数学的テクニックが向上すれば、ガリレイ的理想化を行う者の脱理想化が進む。つまり歪みを取り除いて詳細部分を理論に戻すことができる。このような向上によって、「単純化に用いられた仮定がモデルから削除され――いわば、『脱理想化』され――、モデルはもっと特定化されたものになる。そしてそのモデルが、さらに継続される研究プログラムの基礎となるのである」(261)。したがって、ガリレイ的理想化の正当化とその理論的根拠は、単にプラグマティックなだけでなく、個別科学の今の状態に大いに左右されるものでもある。

ガリレイ的理想化は、数値計算が複雑なシステムを扱うような研究伝統の中で、重要な意味を持つ。たとえば計算化学では、関心のある分子の波動関数を近似的に計算し、分子の特性を推測する。初期の頃は、最もシンプルなものを除きシステムに関する計算処理が全くできなかった。コンピュータが計算化学に取り入れられたときには、計算で導かれる波動関数はまだ粗い近似でしかなかったが、より複雑で、化学的により興味深いシステムが扱えるようになった。

二一世紀に入って数値計算能力がさらに向上してくると、きわめて正確な(ただし、まだ近似的だが)中間サイズの分子の波動関数が計算できるようになった。このような伝統の下で、理論家たちはよりいっそう複雑な分子システムについて、よりいっそう優れた近似を行おうとしている。こうした技術はまだ近似的なものだが、研究が継続されている中で計算化学の研究者たちは、「すべての近似的方法が目指す極限、すなわちシュレーディンガー方程式の正確な解[を計算する]」(Foresman & Frisch, 1996, 95)という目標に次第に近づいてきている。

この例は、ガリレイ的理想化の中心的特徴を非常に端的に表している。すなわち、この理想化行為は多分にプラグマティックであって、理論家は数値計算ができるようにという理由で理想化を行う。その行為はまた、不変なものではない。ガリレイ的理想化は、将来脱理想化がなされること、また、よりいっそう正確な表現ができることを期待して行われるものである。

(2) ミニマリストの理想化

ミニマリストの理想化とは、現象を生じさせる主要な因果的要素だけを含んだモデルを構築し、それを研究する行為のことを言う。こうしたモデルは、しばしば**最小《ミニマル》モデル**と呼ばれる。もう少し明確に言うと、最小モデルは、現象の発生および現象の基本的特徴に差異を生む、そのような要素だけを含んでいる。

物理学における最小モデルの古典的な例は、一次元のイジングモデルだ。このモデルは原子や分子、あるいは他の粒子を一列に並んだ点として表現し、これらの点に、二つある状態のうちの一つの状態をとることを許す。もともと、エルンスト・イジングがこのモデルを作り上げたのは、金属の強磁性の特性を調べることが目的であった。その後、相転移や臨界現象など、興味ある他の多くの現象を研究するためにモデルはさらに開発が進み、拡張された。

このモデルは強力であり、物質の定性的特性と、ある定量的な特性を決定することができる。しかしこれはきわめてシンプルで、モデル化された物質が実際に持っている詳細部分をほとんど含んでいない。モデルが捉えていると思われるものは、現象の生じ方に実際に差異をもたらす相互作用や構造である。別の言い方をすれば、それは対象を生じさせるような、核となる因果的要素を捉えているのである。

最近の、哲学分野における理想化の議論では、ミニマリストの理想化が最も徹底して研究が行われてきた。そうした事情もあって、この立場の明確化をめぐっては哲学者の間にいくぶん見解の相違がある。一つの見解に、マイケル・ストレヴァンスの、科学的説明に関する**カイロス的**見解（Strevens, 2004, 2008）がある。[2] この見解では説明を因果的に捉える。すなわち、現象を説明することは、なぜその現象が生じたかについて、因果的な筋立てを与えることにほかならない。ストレヴァンスの解釈が他と違うのは、説明として与えられる因果的筋立てが、現象の発生に差異を生む要因だけに絞られているという点だ。

「差異を生む」というのはかなり直観的な概念だが、ストレヴァンスはこれを、**因果的含意**と呼ばれるもので明確に定義する。この含意は因果モデルにおける論理的含意のことを言う。まず、因果的構造がモデルにおいて命題として表現される。このモデルの中にある論理的含意が、対象における因果的含意を表す。因果的要素が現象に差異を生む、ということの必要十分条件は、もしその要素が因果モデルから取り除かれると、モデルがその現象の発生を含意しなくなる、ということである。差異を生む要因だけでできた因果モデルのことを、対象となる現象の**基準的**説明と呼ぶ。

ストレヴァンスにとっての理想化は、因果的要素のうち、偽ではあるが差異を生まないものを基準的説明に導入することである。たとえばボイルの法則を説明する際、理論家はしばしば、気体分子が互いに衝突しないという仮定を導入する。圧力の低い気体でも分子は実際衝突するので、この仮定は偽である。しかし圧力の低い気体は、まるで衝突がないかのようなふるまいをする。これは、分子の衝突が現象に差異を生まず、基準的説明に含まれていないことを意味する。理論家は衝突なしの仮定をあからさまに導入することで、衝突が実際には無関係であり、差異を生まないことを主張しているのだ。このような付加的で無関係な要因があっても、モデルは中心となる因果的要素を正確に捉えているので、依然として最小モデルである。

ミニマリストの理想化に関する他の見解として、基準的説明の産出にだけ、最小限主義（ミニマリズム）を結びつけるというものがある。ロバート・バターマンの漸近的説明という考え方が、こうした見解の一つの例だ。漸近的方法は、物理学者が何らかの物理的大きさの極限における、モデルシステムの挙動を研究するために用いられる。この方法を用いることで、理論家は、ある影響が取り除かれたときにシステムがどのようにふるまうかを調べることができ、それにより、「システムの普遍的で反復可能な特徴に関する、高度に理想化された最小モデル」の構築が可能となる（Batterman, 2002, 36；また Batterman, 2001 も見よ）。このような最小モデルは、圧力、温度、臨界現象などの重要な領域にまたがって見られる普遍的パターン、あるいは共通のふるまいの説明に用いられるので、物理学において特別な役割を果たしている。[3] 最小モデルにさらに詳しい内容をつけ加えたとしても、こうしたパターンの説明がよりよいものになるわけではない。つけ加えられた詳細は、非常に限定された出来事について、より徹底した特徴づけを行うことでしかない。

ステファン・ハートマンはこれと同じ方向で議論しつつ、有効な自由度のみを扱う（シンプルな）物理学のモデルを使って複雑なシステムを特徴づける、というケースを取り上げている。[4] これにより、「研究中の物理過程が持っているメカニズムについて、部分的に理解すること」ができる。このことを通じて理論家は、こうしたシステムの「きわめて複雑なダイナミクスに関して何らかの洞察が得られる」ので、この一連の方法は、一つの認識的役割を果たしていると言える（Hartmann, 1998, 118）。

ナンシー・カートライトの抽象化に関する見解も、私がミニマリストの理想化と呼ぶものの一つの例である。彼女の見方によれば、抽象化とは心的な操作であり、私たちは「ある単一の特性、またはある一群の特性に的を絞るために、そのときの関心と関係のないすべてのことがらを、『まるでそれらが分離しているかのように』──想像の中で──取り除く」のである（Cartwright, 1989, 187）。もし理論家が、現実の現象について、このように抽象化された形で数理モデルを作るとすれば、その理論家は最小モデルを手にしたことになる。こうしたモデルによって、現象の核心部分にある最も重要な因果的力が解明できるのだ。

ミニマリストの理想化とガリレイ的理想化の間に違いはあるが、ミニマリストの理想化を実践する者は、原則的には、ガリレイ的理想化を実践する者と同一のモデルを作り出すことができる。たとえば、共有結合の振動の特性をモデル化したいとしよう。これを行う一つの標準的なやり方は、調和振動子モデルを使うというやり方だ。このモデルでは、振動する結合を、復元力に基づく固有振動数を持ったバネのようなものとして扱う。これは共有結合の振動特性を非常にシンプルに表現したものであり、分光学の分野で一般に用いられている。ガリレイ的理想化の実践者なら、このモデルの使用を正当化するのに、「エネルギーを計算する上で、分子全体における多次元のポテンシャルエネルギー面を計算する必要がないので、プラグマティックな意味で有用だ」と言うだろう。しかしミニマリスト的実践者であれば、このモデルは共有結合の振動に関して本当に重要なところを捉えている、としてその使用を正当化することだろう。彼らの議論では、全ポテンシャルエネルギー面に関してさらに詳細事項をつけ加えても、それは本質的ではない。

この例からわかるように、ガリレイ的理想化とミニマリストの理想化の最も重要な違いは、その正当化の仕方である。それらが同じ表現を生み出す場合であっても、理想化への理論的根拠によってそれらを区別することができる。さらに、ガリレイ的理想化は科学が発展するにつれてその行為は弱まるが、このことはミニマリストの理想化には当てはまらない。たとえ二つの理想化が、ある特定の時期に同じモデルを作り出すことがあるとしても、科学の発展と数値計算能力の向上がこの両者を分かつのである。

ミニマリストの理想化に対する見解が一つではなかったように、その正当化についての見解も一つではない。しかし、上に述べた有力な見解がみな一致して主張することは、ミニマリスト的理想化の正当化が、最小モデルの認識的役割に関してなされるべきだということ、つまり、科学的説明に役立つという理由で正当化されるべきだ、ということである。ハートマンによれば、最小モデルは文字通り、私たち自身の世界よりもシンプルな世界で、現象がどのようにふるまうかを教えてくれるものである。それにより私たちは、現実世界の現象を説明するのに必要な情報を得ることができる。バターマンにとって最小モデルは、システムの根本的な構造特性によって、全く異質な現象の間にいかに共通のパターンが生み出されるのかを、明確に示してくれるものである。ストレヴァンスとカートライトはもっと因果的なものの見方をし、最小モデルの役割とは、注目する現象を生じさせている因果的要素が何かを私たちに示すことだと説明する。

これらのケースすべてにおいて、ミニマリストの理想化は科学的説明と結びついている。最小モデルは説明に関わる因果的要素を、直接的に分離するか（カートライト、ストレヴァンス）、漸近的に分離するか（バターマン）、あるいは反事実的推論によって分離する（ハートマン）。いずれのケースも、説明の鍵となるのは、説明の上で特権的意味を持つ一組の特別な因果的要素である。ミニマリストの理想化は、こうした原因を分離するものであり、説明にとってきわめて重要な働きをなす。このことは、ミニマリストの理想化がガリレイ的理想化とは違い、全くプラグマティックではないということを意味し、また科学が発展してもそれが衰えると考えるべきではない、ということを意味する。

（3）多重モデルによる理想化

多重モデルによる理想化（以下、ＭＭＩ）は、互いに関係するが相容れないような複数のモデルを作るという行為である。それぞれのモデルが、現象を生じさせる本質や因果的構造について、異なった主張をなす。ＭＭＩは、その正当化の理由を、脱理想化して完全な表現に戻る可能性に求めるわけではない。この点ではミニマリストの理想化に似ている。しかし、単一の、最もよいモデルが生み出されることを期待するわけではないので、この点でガリレイ的理想化ともミニマリストの理想化とも異なる。

ＭＭＩによくお目にかかるのは、きわめて複雑な現象を扱う科学である。たとえば生態学では、理論家が捕食のような現象について多重モデルを構築する際、それぞれのモデルは異なる理想化の仮定や近似、単純化を含んでいる。化学者は化学結合のモデルとして、分子軌道モデルと共有結合モデルの両方を使い続けているが、この両者は、互いに異なった両立しない仮定を含んでいる。ＭＭＩを用いためざましい例に、アメリカ国立気象局（ＮＷＳ）の気象モデルがある。ＮＷＳは全球的な循環パターンに関していくつかの異なるモデルを使用しており、それぞれのモデルが、気象に関する基本的な物理過程について異なる理想化の仮定を含んでいる。単一の全球的気象モデルを作ろうとする試みもこれまでなされてきた。しかし、ＮＷＳは忠実性の高い予測を行う方法として、かなりコストはかかるものの、三つのモデルを使うのが最もよい方法であるとの判断を下している。

ＭＭＩに関しては、他の理想化ほど研究が進んでいないので、その正当化についてもそれほどはっきりした意見の一致があるわけではない。しかし、ＭＭＩに関する一つの重要な正当化根拠に、ある種のトレードオフの存在を挙げることができる。これと密接に関係する主張が、生物学者リチャード・レヴィンズや彼と組んでいる哲学者の主張である。彼らの正当化の出発点となるのは、理論家が持つ目的には、たとえば正確さ（誤りのなさ）、精緻さ、一般性、単純性などさまざまなものがある、という認識である（Levins, 1966；Weisberg, 2006；Matthewson & Weisberg, 2009）。

レヴィンズはさらに、ある状況においては、このように要求されることがらが互いにトレードオフ可能であると主張する。すなわち、どのような単一モデルでもこうした特性のすべてを最も高い程度で表すことはできない、ということだ。もし理論家が高い程度の一般性、正確さ、精緻さ、単純性を達成したいと望むのであれば、多重モデルを構築する必要があろう。レヴィンズは、こうしたことがらに関する彼の議論を次のようにまとめている。

モデルの多重性に頼らざるをえないのは、自然が複雑で異種のものから成り、私たちの精神が一度にわずかな変数しか扱うことができないので、そこから、互いに相反した要求が生じてしまうためである。すなわち、一般性、実在性、精緻さという相容れないことがらを求めたり、理解するのと同時に制御したいという必要性があったり、あるいは、生きた自然の豊かさや多様性に対して、一般理論の持つ純然たる単純性や力に重きを置く美的基準を持ち出す、ということさえあったりするからである。こうした対立は解消できない。したがって、場合によっては対立する学派で用いられる方法も含めて、いま採られているのとは別の方法がより大きな混合的手段の一部となる。しかし対立はあくまで方法に関するものであって、自然に関するものではない。というのは、個々のモデルは実在の理解には欠かせないが、それは実在そのものと混同されるべきものではないからである。　(Levins, 1966, 27)

私たちの認識の限界、世界の複雑さ、そして論理、数学、および表現の本質に由来する制約が重なり合っているため、私たちの科学的な要求をすべて同時に満たすということはとてもできない。したがって、レヴィンズによれば、科学者の共同体は学派を超えて、複数の力で私たちの科学的要求を満たすことができるような多重モデルを構築すべきなのである。

ＭＭＩに対する正当化は、これ以外にもいくつかある。特に重要なのは、高度に理想化されたモデルを一緒に用いることで、私たちがより真実に近い理論を導けるという、ウィムサットの報告である (Wimsatt, 1987)。同様に、集団生物学者のジョーン・ラフガーデンとロバート・メイは、シンプルなモデルをひとかたまりにすることで、理論的枠組みの一般性が高まり、より深い説明にたどり着くことができると論じる (Roughgarden, 1979; May, 2001, 2004)。

このような目的意識のいくつかに照らせば、ＭＭＩとミニマリストの理想化の間に強い類似関係のあることがわかる。あるレベルの現象に対して、主要な因果的要素をすべて含む単一の最小モデルが作れない場合がある。しかしそうした場合であっても、少数のモデルの集合は作れる可能性がある。そのモデルのそれぞれが異なる要素を浮き彫りにし、それらが一緒になって、主たる因果的要素のすべてを説明するのである。ＭＭＩのこのような目的の持ち方は、実際に行うこと自体には違いがあるとしても、ミニマリストの理想化における目的意識と類似の関係にある。

しかし、ＭＭＩを行うに当たっては、ミニマリストの目的意識とは異なる別の目的意識が付け加わる。たとえば、モデル制作者がＭＭＩを行うときには、アメリカ国立気象局における気象予報官のように、あくまでも予測能力を最大化するという目的でそれを行うことがあるだろう。また別のＭＭＩの例としては、主要な因果的要素をすべて把握するということを犠牲にしてでも、最大限の一般性を持つモデル群を作るという目的を持つ場合があろう。またさらに別の例として、合成化学者やエンジニアがＭＭＩに対して持つ目的意識がある。新しい構造を作り出すのに最大限有効な、理想化されたモデル群を見出すという目的意識である。このようにＭＭＩには多くの目的意識がありうる。そのうちのあるものはプラグマティックであり、このとき科学者は予測と構造の構築を主要な焦点とするが、説明に関わるものでプラグマティックでないような目的意識もある。

科学が進展したときにも理想化が持続されるかどうかについては、これまたＭＭＩの与える答えは単純ではなく、いろいろな組み合わせがある。ある領域では、ＭＭＩは科学の発展に伴って弱まる可能性がある。たとえば、アメリカ国立気象局はそのうち、最適な予測をする単一のモデルを見出すかもしれない。しかし、ある特定の領域で、理論的に重要な要求項目の間にトレードオフがあるとするなら、将来の科学的進展とともにＭＭＩが衰退すると考えるべきではない。このようなトレードオフは論理的、数学的帰結であって、ＭＭＩに対して恒久的な正当化を与えるものである。

ここまでの議論からすれば、理想化に関する研究は、それぞれ全く異なる行為の寄せ集めについて記述したものであって、理想化についてこれ以上分析することは全く期待できないのではないか、と思われるかもしれない。こうしたことは心配に値しないわけではない。三つの理想化における方法、目的、正当化が確かに全く違うからである。三つの種類の理想化について、完全に統一された説明を与えるのは無理だが、理想化という行為一般について理解するための統一的な枠組みづくりに向かって、多少とも話を進めることはできる。この枠組みの焦点は、理想化の行為やその産物よりも理想化に付随する目的にある。私はこれらの目的を、理想化の**表現的理想**と呼ぶことにする。そして、それらが理論家の解釈の一部として表されるということを、これから述べようと思う。

2　表現的理想と忠実度基準

表現的理想は、理論的モデルの構築、分析、評価を左右するような目的となるものである。その目的はモデルにどんな要素が含まれるかを統制し、理論家がモデル評価に用いる基準を設定し、また理論的探究の方向づけを行う。表現的理想は、包含規則と忠実性規則という二つの部分から成ると考えられる。別の言い方をすれば、表現的理想は、理論家の意図する範囲と忠実度基準に対する制約を規定するのである（第3章3節を見よ）。包含規則は、関心のある現象や対象システムの特性のうち、どの種類の特性をモデルに含める必要があるかを理論家に指示し、忠実性規則は、モデルの各部分について判断するための正確さと精緻さに関わる指示を与える。

非常にシンプルだが重要な表現的理想に、「完全性」と呼ばれるものがある。この呼び方は、科学的方法についての古典的な説明と関連したものである。これはあらゆる種類の理想化を論じるときに、その重要な背景をなすものなので、まず先にこれについて論じることにしよう。

(1) 完全性

「完全性」の考え方に従えば、現象に関してなされる最もよい理論的記述が、完全な表現である。ここでの「完全性」の意味には、二つの要素が関係づけられる。包含規則と忠実性規則だ。包含規則は、対象となる現象の各特性がモデルに含まれなければならないことを述べる。さらにこの規則は、現象の外部にあって、その特性を生じさせるものについても、すべてモデルに含めなければならないとする。さらにもう一つ、対象となる現象の中にある構造的、因果的関係も、モデルの構造に反映されなければならない。一方、「完全性」の忠実性規則が意味するのは、対象システムのあらゆる側面ならびにその外部要因を、任意に高い正確さと精緻さで表現するモデルが理論家にとっての最良モデルだ、ということである。

ここまでの「完全性」の記述は正確だが、誤解を招く可能性がある。ごくわずかな例外を除き、「完全性」の包含規則と忠実性規則は、達成が不可能な目的を設定する。その人がきわめて自己欺瞞的であるか、扱う対象システムがきわめてシンプルで抽象的な場合を除けば、完全な表現が実際に可能だと考える理論家は誰もいないだろう。しかし、完全な表現を達成することができないなら、「完全性」がどうして科学的探究において指導的な役割を果たすことができるのだろうか。

その要求は達成できないけれども、「完全性」は二つの方法で探究を導くことができる。まず、「完全性」は準最適なものも含めて、すべての表現を評価するための尺度を設定する。もし理論家が同じ現象をめぐるいくつかの表現をランクづけしたいと思い、「完全性」を採用したとするなら、理論家はランクづけの単刀直入な手段に訴えていることになる。表現が完全性に近いほどその成績はよくなる。私はこれを、表現的理想が持つ評価的機能と呼ぶことにする。この働きによって準最適な表現を評価する基準が得られるからである。

「完全性」が探究を導く二つ目の、そしてより重要な方法は、その統制的機能を通して導くという方法である。統制的機能は、カントの言う**統整的理念**に近い（Kant, 1998, A642/B670）。それらは、認識的な面で実際に達成可能なことがらを示すのではなく、むしろ目指すべきことがらを示す。その機能は、理論家が何を目指して努力すべきか、またどの方向で研究プログラムを進めるのが適切かを示してくれる手引きとなる。理論家が「完全性」を採用する場合に、理論家は自分のモデルに対してつねに、いっそうの詳細さ、いっそうの複雑さ、いっそうの正確さを付け加えるよう努めるべきだ、ということがわかっているのだ。このことが理論家を、完全性の理想へと近づけるのである。もっともたいていの場合、この目的は決して完全に実現することはないのだが。

「完全性」は、表現の中にすべてを含めよと指示する点で、他とは全く違った表現的理想である。他の理想はすべて、近似や歪みなど、ある側面を組み込もうとする。「完全性」以外の理想について考えると、先の三つの種類の理想化を特徴づける枠組みが、大筋でどうなるかが次第にわかってくる。異なる種類の理想化は、異なる表現的理想と関係づけられるのである。この分析を進める前に、さらに付け加えるべきいくつかの表現的理想について考えてみよう。

(2) 単純性

「完全性」に次いで簡潔でわかりやすい理想は、「単純性」である。この理想における包含規則は、忠実性規則とは両立性を保ちつつも、理論家に対し、モデルに含めることがらをできるだけ少なくすることを勧める。「単純性」の忠実性規則は、対象システムのふるまいとモデルの特性および変化のパターンが、質的に一致するということを要求する。

「単純性」は、主に次の二つの背景に関わる科学者に用いられる。一つは教育的な背景である。学生たちはしばしば、科学者がそこに重大な歪曲の問題があると思う場合でさえ、データに意味を与えるモデルのうち最もシンプルなモデルを提示される。この一つの例が、G・N・ルイスの電子対化学結合モデルの使用である（G. N. Lewis, 1916）。このモデルでは、化学結合は二つの原子間で電子対が共有されたものとして捉えられる。ルイスのモデルは量子力学以前に作られたもので、今では量子力学が化学結合に関して最も優れた理解をもたらしてくれるが、それでもルイスモデルは、多くの分子の構造を予測する上で（特に小さな分子の予測に対して）、驚くほど役立つ便法なのである。それゆえ初学者の学生には、化学結合と化学反応に関する直観を養う手段として、このモデルが提示されるのだ。しかし実際に研究を行う科学者たちの中では、このモデルが分子の電子的構造について正確な説明を与えているとは誰も考えない。

「単純性」が用いられる二番目の科学的な背景場面は、理論家が一般的なアイデアをテストするためにモデルを構築する、という場面である。「あるアイデアのための最小モデルは、ある仮説の内容を明確にしようとする。……［そのモデル］は実際にテストされるということは意図されていない。それは、摩擦のない滑車や摩擦のない傾斜面を表すように作られたモデルが、間違っているかどうかをテストされることがないのと同様である」(Roughgarden, 1997, x)。この第二の使用は、科学的行為における特定の種類のモデリングにとっての、目的意識と正当化の理由を表している。科学者はしばしば、どんな種類の最小モデルなら興味ある特性を生み出すか、ということを確かめるためのプロジェクトを手掛ける。彼らは、はじめのうちは特定の対象システムが実際にどう動いているかを知る必要はない。変化の原理がシンプルなモデルで理解できるようになると、そのときに理論家は、シンプルなモデルが現実のシステムのふるまいに妥当な説明を与えているかどうかを評価するため、より複雑なモデルおよび経験的データを調べるのである。

(3) 一意因果性

「一意因果性」と呼ぶべき表現的理想がある。この理想は理論家に対し、興味ある現象を生じさせる主要な、あるいは第一の因果的要素だけをモデルに含めるようにと指示する。因果論研究の言葉を用いれば、この理想が理論家に指示するのは、差異を生む要因だけが含まれるようにせよということである。理論家は、いま実際に研究されているシステムよりずっとシンプルなシステムのモデルを構築する。つまり、より高次の因果的要素を排除したモデルを作る。ここで言う高次の因果的要素とは、現象の発生には差異をもたらさないが、厳密な正確性で見たときに、その現象の生じ方を左右する要因のことを指す。

この表現的理想は「単純性」と密接な関係にあるが、「単純性」とは違って「一意因果性」は許容される単純性のレベルを制限する。もし私たちが、観察されることがらと質的面で矛盾しない予測ができるような、最大限単純なモデルを作ろうとするときには、その中に含めるべき因果的要素の種類や数については何の制約もない。たとえば「単純性」に従う場合であれば、あらゆる量子力学的効果を無視してルイスのモデルを使用することが認められるだろう。しかし、「一意因果性」によれば、このようなモデルの使用は容認できない。なぜならこの場合、分子構造を実際に左右する量子力学的な相互作用をモデルに含めることが、理論家に求められるからである。

「一意因果性」忠実性規則は、理論家がいつ適切なモデルを構築したと言えるのか、ということの判断にかなりの違いをもたらしうる。その包含規則（第一次の因果的要素に制限されるということ）は、それほど個の特定に関わらないからである。加えて、対象となる現象自体を特定するときの細かさの程度が、どんな種類のモデルを作れるかということに違いをもたらす。いま、性比の維持に関する「一意因果性」モデルを作りたいとしよう。ヒトの男女比が一・〇五対一であることを説明するには、単に性比がおよそ一対一であることに関心がある場合よりも、もっと複雑なモデルが必要になるだろう。たとえ忠実度基準を固定したとしても、これら二つの場合では最良モデルが異なると思われる。前者の場合には、内的な因果的要素、外的な因果的要素について、さらに特定することが求められるからである。

「一意因果性」を用いて作られたモデルは、二つの場面で特に有用だ。それらのモデルは「単純性」を理想として作られたモデルと同様に、定式化の出発点として使うことができるし、より複雑なモデルの分析に使うこともできる。「一意因果性」モデルが作られるのは、一般に、システムの振る舞い方が相当包括的に理解されている場合である。というのも、ある現象を引き起こす主たる因果的要素を理解するには、システムに関して非常に多くのことを知る必要があるからだ。これを起点としてさらにモデリングを進める場合は、たいてい、量的な正確さを突き詰めることがその目的であり、もっと深い根本的な理解を得るためにそうするわけではない。

「一意因果性」が特に重要となる第二の背景場面は、科学的説明に関わる場面である。科学的説明に関する最近の哲学的見解の中には、主要な因果的要素が科学的説明において中心的な役割を果たしている、と指摘するものがいくつかある。また、説明に関する認知心理学の最近の研究においても、中心的な因果的要素を選び出すことが、人々の説明的よさの判断に対して非常に重要な役割を果たす、ということが強調されている。そのような方法論的な議論の中で、何人かの他分野の科学者が、こうした因果的要素の結びつきについてコメントを行っている。たとえば、化学者のロナルド・ホフマンはこう強調する。「もし理解するということが求められているなら、必ずしも最良のモデルが、あるいはすべての観測量を詳細にわたって予測するようなモデルが有用だというわけではなく、よりシンプルなモデルの方が有用だろう。このようなモデルは、重要な原因と道筋を浮き彫りにする可能性を持っている」(Hoffmann, Minkin, & Carpenter, 1996)。このような見解がみな示唆することは、「一意因果性」で作られたモデルが、理論家の説明的行為の核心をなしているように思われる、ということである。

(4) 出力最大性

さて、ここまでの表面的には「単純性」のように見える理想の話から、今度は表面的に「完全性」に見える理想の話へと目を転じることにしよう。この理想を「出力最大性」と呼ぶことにする。この理想が理論家に指示するのは、モデルの出力の正確さと精緻さを最大限にせよ、ということであって、それをいかに達成するかということについては何も言わない。

この理想の達成に向けて採ることのできる一つの方法は、対象に影響を与えるあらゆる特性、あらゆる因果的要素をもった、きわめて正確なモデルを作るということだ。これは「完全性」の理想による方法と同じであるが、「出力最大性」の目的は出力の正確さと精緻さを最大限にするということにあって、完全な表現にあるのではない。二つめの方法は、モデル選択の手続きを踏む、というもので、「出力最大性」と結びつく方法としてはもっと広く用いられている方法である。モデル選択とは、大きなデータセットに対して最もよく適合する関数、パラメータの数、パラメータの値を選択する統計学的な方法のことを言う。こうしたテクニックによって選択されたモデルは、さらにデータが得られるのに合わせて次々と最適化される。「出力最大性」の理想に向けて許容される三つ目の方法として、ブラックボックス・モデルの使用がある。このモデルは、予測に関して驚くべき力を持つけれども、その理由が全くわからないというモデルである。そのような理由については、モデル選択のテクニックで見つかることもあるし、運よく偶然に見つかることもある。

何よりも予測能力を重視するような理想を選ぶというのは、一見、科学的ではないように思われるかもしれない。ほとんどの科学者は、自分たちの探求が目指しているのは、ただ予測に優れているということではなく、それ以上のものだと思っている。科学者は、システムが将来どうふるまうかを知りたいと思っているが、同時に、なぜ実際そのようにふるまうかという理由を知りたいのだ。「出力最大性」は、作られたモデルが対象システムの未来の状態を予測するのに役立つ、ということは保証してくれるが、システムのふるまいを説明するのに役立つ保証は全く与えてくれない。

にもかかわらず、「出力最大性」によって生み出される表現は、科学的探求において一定の意味を持っている。説明と予測は、両方とも明らかに科学の重要な目的であるが、その二つの目的がどちらも同じモデルによって満たされる必要はない。理論家は、表現に関する混合的な戦略を採ることができる。つまり、異なる科学的目的を達成するのに、異なる種類のモデルを使うという戦略だ。ある状況においては、他のどんなことを考慮するより予測能力を高めることが合理的だ、ということもありえよう。ホフマンは、上に引用したシンプルモデルに関する考察に続けて、次のように述べている。「もし、予測可能性が何を置いても求められるのであれば——市場の実態として、また未来の人間の判断として、これが求められるかもしれない——、その場合、単純性は無関係なものになるだろう」(Hoffmann, Minkin, & Carpenter, 1996)。

(5) **P-一般性**

一般性は、多くの種類のモデリングで必要とされるものである。この必要項目は、実は二つの異なる部分で成り立っている。**A-一般性**と**P-一般性**である。A-一般性とは、理論家が採用した忠実度基準の下で、ある特定のモデルがあてはまる**現実の**対象の数である。一方、P-一般性は、現実の対象に限らず、特定のモデルで捉えられる**可能な**対象の数を表す(Matthewson & Weisberg, 2009)。表現的理想である「P-一般性」は、これを考慮して理論的モデルの構築と評価を進めることを求める。

A－一般性の方が重要な一般性のように思われるかもしれないが、理論家たちはしばしば、いくつかの理由からP－一般性の方に興味を持つ。P－一般性を持つモデルは、現実的対象と非現実的対象の比較を可能にするような、最も広い適用範囲を持つ理論的枠組みの一部と見なすことができる。P－一般性はまた、しばしば説明力に関連すると考えられている。こうした考え方は、説明に関する哲学的研究においても、また理論家のコメントの中にも見ることができる。その非常に優れた例が、よく引用されるアーサー・エディントンの次の言葉である。「現実よりも広い領域を持つ自然科学に思いを凝らすことによって、現実に関してはるかによい理解を得ることができるというのは、ほとんど言わずもがなである」(Eddington, 1927)。

「P－一般性」は、より微妙な統制的役割も担うことができる。理論家は、特定の対象について理解しようとするかわりに、現実のシステムから抽象された根本的な関係や相互作用について理解したいと思うことがある。たとえば生態学者は、特定の種の相互作用から大きく離れて、捕食や競争について研究したいと思うことがある。このような場合、理論家はしばしば「P－一般性」の理想に従い、多くの現実的対象および可能な対象に適用できるようなモデルを作るのである。こうした探求的行為は、現代の理論的実践において非常に重要な部分になっている。もっとも、それがどのように機能しているのかは、まだ哲学的に十分な説明ができていないのだが、次のことは確かにわかる。それは、非常に深い、洞察に満ちたP－一般性を達成することと、過度にシンプルなモデルによる、忠実度の低い情報的価値のないP－一般性を達成することの違いは、微妙なバランスの差によるということだ。

ここまで、理論的探究を導く目的である表現的理想を、いくつか見てきた。この節のはじめに述べたように、表現的理想は理想化行為の核であり、それらを体系的に説明することによって、私たちは最終的に理想化についてのより統一的な理解を得ることができる。この目的を果たすべく、三つの種類の理想化に話を戻すことにしよう。そして、どの表現的理想がその三つに結びつくかを考えよう。

3　理想化と表現的理想

ガリレイ的理想化が、モデルを単純化して計算可能にするために、モデルに歪みを導入する行為であったことを思い出そう。この理想はプラグマティックに正当化され、モデルが計算しやすくなるように導入されるが、究極の目的は脱理想化であり、歪みを取り除いてモデルの詳細部分を回復することであった。したがって、ガリレイ的理想化によるモデルは近似的なのだが、さらに改善されて、最終的にはより精緻かつ正確な、完全モデルに到達することがその目的に含まれている。ガリレイ的理想化の究極の目的は、完全な表現である。したがって、その表現的理想は「完全性」である。

ミニマリストの理想化を実践する者は、最も忠実な、あるいは最も正確なモデルを作るということには関心がなかった。彼らにとって関心があるのはむしろ、最小モデルを見つけ出すことであり、対象となる現象を生じさせる主要な要素を発見することである。したがって、ミニマリスト的実践者は表現的理想として「一意因果性」を採用する。この理想が最良のモデルとするのは、理論家が選択する適切な忠実度に見合うレベルで、現象発生に寄与する主要な因果的要素が含まれるモデルであった。ミニマリスト的実践者は、ときに「単純性」を採るように見えるかもしれないが、この見方はたいてい間違っている。というのも、理論家がミニマリストの理想化を実践する場合には、対象となる現象がどのように生じるか、また、なぜそのように生じるかを真に理解することが目的だからである。この目的に必要なのは、真に差異をもたらす因果的要素を見つけることであり、単に現象を質的レベルで再現できるモデルを作り出すことではない。

ガリレイ的理想化の表現的理想のように、ミニマリストの理想化における理想も、特定の対象あるいは対象となる一群の現象に対して、単一モデルの構築を求める。ミニマリストの理想化を行うときの典型的な目的は、説明モデルを作り出すということである。こうしたモデルによく見られるのは、多くの対象的現象を一つの集合に統一し、またそれと同時に、真に差異を生む因果的要素を特定するという形だ。これは、関心のある現象の集合に対して、単一のモデルを見つけ出すことを意味する。ただしこのとき、それぞれの対象の独自性に関わる詳細なことがらは、かなりの部分が抜け落ちてしまうことになる。

最後に、ＭＭＩ（多重モデルによる理想化）についてはこうだ。ＭＭＩと他の二つの理想化との最も大きな違いは、その特徴を単独で表せるような表現的理想がないということである。ほぼいずれの表現的理想も、――「一意因果性」しかり、また稀なケースでは「完全性」も――この形の理想化において何らかの役割を果たす。ＭＭＩが用いられる理由は、理論的な要求の間にトレードオフがあるためだった。これは、少なくとも単一モデルにおいては、すべての要求が同時に最大化できないことを意味する。かくして、ＭＭＩが持つ最も重要な側面は、理論家に対し、複数の表現的理想に従って異なる要求を追求するような、一連のモデルを作るよう指示することにある。

たとえば、捕食について理解したいと思っている生態学研究について考えてみよう。捕食についての生態学研究をざっと眺めてみても、捕食に関する最良の単一モデルを探し求めている、といった形跡はほとんど見当たらない。むしろモデルとして求められているのは一連の多様なモデルであり、それぞれ場合ごとに、より精緻で正確なモデルであったり、より定性的なモデルであったり、空間に均一に分布する集団に向いたモデルであったり、さらには複雑な空間的構造が扱えるモデルであったりする。こうした状況は、理論生態学において当たり前のことなのだ。ジョン・メイナード゠スミスはこう説いた。「生態学における一般的なアイデアを見つけ出すには、……異なる種類の数学的記述（これはモデルと呼んで差し支えない）が必要なのだ」（Maynard Smith, 1974, 1）。

ＭＭＩを追求している現代の生態学者にとって、生態学的世界を十分に理解するには、複数の、互いに重なり合う、そして場合によっては互いに矛盾するモデルがなくてはならないものなのである。このような多元主義は、どう正当化できるのだろうか。一つ考えられる道は、反実在論の立場を採ることだ。これにより、あるケースにおいて経験的十全性を最大化するには、多重モデルの使用が必要だ、と論じることができる。反実在論はモデルが経験的に十全（妥当）であればそれでよいので、複数の、異なる仕方で理想化されたモデルを使っても何ら問題はない。反実在論以外の回答としては、レヴィンズとウィムサットの回答がある。彼らはMMIを、実在に対する区分化された近似の過程であると考えている（Wimsatt, 2007）。レヴィンズはこう述べる。「私たちの真理は、それぞれ独立した虚偽が重なり合った部分（虚偽の共通部分）だと言える」（この見方に関するさらに詳しい議論は、第9章を見よ）。

4　理想化と対象指向型モデリング

前節では、モデルが現実から外れるさまざまな形について、また、科学者がそうしたモデルを構築するときに持つ、いくつかの目的意識について論じた。ここで対象指向型モデリングに目を向け、これに対して理想化がどのような役割を演じるかを考えてみたい。

対象指向型モデリングが、最もシンプルな種類のモデリングであったこと、つまり、単一の対象について何かを知るために単一のモデルを用いる形であったことを思い出してほしい。第5章で私は、理論が違えば基準も違う、とだけ言って、モデルと対象の適合度を評価する基準については曖昧なままであった。ここに来て、その主張を多少具体的にすることができる。モデルを対象とぴったり完全に符合させる、ということは場合によってはできるかもしれないが、複雑な対象に関しては、少なくとも何らかの単純化やあからさまな歪みを導入するということがしばしば必要となる。

したがって、ガリレイ的理想化とミニマリストの理想化という二種類の理想化が、対象指向型モデリングと潜在的に関わることになる。もし理論家が、現在のところモデルにどんなに制約があろうとも、完全に対象を表現しきるまでモデルに詳細部分をつけ加え続けるつもりならば、理論家はガリレイ的理想化を実践していることになる。他方、もし理論家が、対象の主要な因果的特徴を捉えたモデルを作ろうとし、モデルをさらに続けて洗練させるつもりがないならば、その理論家はミニマリストの理想化を実践していることになる。

すでに述べたように、単にモデルだけを見て、そのモデルがガリレイ的理想化によるものなのか、ミニマリストの理想化によるものなのかを判断することはできない。そうしたモデルを生み出すのに使われた表現的理想が何かを知る必要がある。さらに、理論形成の過程で、ある一時点の作業だけをスナップショット的に切り出して見るとすれば、その場合もまたどちらの理想化が行われているのか判断できないだろう。たとえば、ヴォルテラが捕食に関して非常にシンプルなモデルを用いたという事実は、二つの話と両立可能である。一つの可能性として、彼は主要な集団的相互作用を特定しようとしていた、ということが考えられる。このとき、これより複雑なモデルを作っても却って話を攪乱させるだけである（ミニマリストの理想化）。もう一つ考えられることとして、そして実際こちらの方が彼の著述内容に一致するのだが、ヴォルテラはモデルをより現実的なものにしようとする複雑な工程に取り組んでいて、いまのシンプルなモデルを、その一連の継続的工程の単なる第一ステップと見ていた可能性もある（ガリレイ的理想化）。

多重モデルによる理想化は、対象指向型モデリングとは結びつかない。なぜならこの理想化においては、シンプルな「一モデル対一対象」に基づく行為を超え出ることが求められるからである。多重モデルによる理想化では、複雑な単一の対象を抱えることがあっても、この対象について複数のモデルが作られることになる。このような方策が採られるわけは、モデリングに関連して一定のトレードオフが生じるということ、さらに、対象がきわめて複雑であるということによる。対象の複雑さによってモデルが多重化するのは、モデルごとに異なる理想化の仮定が置かれることがあるからだ。また、トレードオフの方は、互いにトレードオフの関係にあるさまざまな要求項目のうち、どの項目を重視するかによって、選ばれるモデルが異なるというのが多重化の理由である（多重モデルを使った複雑なものの把握について、拡張的な議論は Wimsatt, 2007 を見よ）。

私たちはこの章で三つの知識を得た。第一に、非常にはっきりしたこととして、モデルは必ずしも対象とぴたりと符合するわけではないということ。これをもう少しモデル志向の言葉で言えば、モデルは必ずしも対象ときわめて高い類似性を持つわけではない、ということである。第二に、理想化は目的志向的だということ。理想化されたモデルは、理論家が目的を持って歪みを導入することで、対象との類似性を欠くことになる。最後に、理想化がどれくらい維持されるかは、理論家の目的、または表現的理想によるということ。理論家がモデルをできるかぎり対象と似たものにしようとするときは、科学の進展に合わせて理想化は弱まっていく。一方、目的が対象の主要な因果的特徴を捉えることであったり、あるいは、何をおいても一般性または単純性を高めたいということであったり、予測正確性を最大にしたいということであれば、理想化は恒久的なものになりうる。

第7章　特定の対象なしのモデリング

対象指向型モデリング、つまり特定の対象を研究するために単一のモデルを構築するという行為は、モデリングの行為全体を代表するものではない。実際、典型的な理論的研究は、個別の観察や個別の現象についてではなく、現象の集合に関する理解を目的として、モデルの集合を探求する、ということを行う。このような研究は、いくつか異なる形態をとりうる。一つの種類の研究は、寄生や有性生殖のような、一般的な現象の研究を目的としてモデルをつくる、ということをする。二番目の種類は、存在しない現象を研究するためにモデルをつくる。三番目の種類は、いかなる対象も持たないモデルを研究し、モデリングにおける分析の段階で作業を止めるというものだ。この章では、このような三種類のモデリングについて論じる。この三種類をまとめて、**特定の対象なしのモデリング**と呼んでおこう。三種類のそれぞれについては、**汎化モデリング**、**仮説的モデリング**、**対象なしモデリング**と呼ぶことにしよう。私はこのあとしばしば、「汎化モデル」「仮説的モデル」「対象なしモデル」という言い方をするが、このような言い回しは「汎化モデリング行為によって生成されたモデル」といった長ったらしい表現の省略形だと見てほしい。

この章では、私が示した対象指向型モデリングの説明をこのようなケースに対応させるとしたら、どんな修正が必要になるか、ということを議論の焦点にしたい。どう修正するかは、モデル制作者の対象が持つ本質に関係する。またモデルが、対象の一部ではないような現実世界の他の現象にどう結びつくか、ということにも関係する。三種類のいずれのモデリングに対しても、次のことを問うことにする。

(1)これらのモデルの主たる対象は何か。
(2)こうした対象について、いかにしてモデルは何事かを示せるのか。
(3)モデルはその対象の範囲を超えて、世界について何を示せるのか。

1 汎化モデリング

第一の種類の非対象指向型モデリングは、ある現象の特定の例を対象とするのではなく、現象を一般化（汎化）したものを対象として選ぶときに行うモデリングである。これが当てはまるのは、たとえば、進化一般の性質や化学結合一般の性質を研究しようとするときである。この種のモデリングのことを、**汎化された対象のモデリング**（**汎化モデリング**）と呼ぼう。

汎化された対象のモデリングは、複雑な現象を扱う科学で理論的な研究をする際に、その多くが目的とするものである。次の例を考えてみよう。これは、生態学モデルの作り方と分析の仕方を教えることを意図した、上級学生向けハンドブックからとったものだ。

……有性生殖は今日の生物学者を困惑させている。生殖は確かに無性生殖によっても可能である。すなわち、交配せずとも単細胞の有糸分裂によって、そして多細胞生物の分裂や砕片分離によって生殖は可能である。ではなぜ、無性生殖の方がある意味で簡単に思えるような場合に、有性生殖が行われるのだろうか。そう、実はこの種の疑問がきっかけとなって、無性生殖より有性生殖の方がある意味で優れている理由は何なのか、その手がかりを与えてくれるモデルを作ってみようということになるわけだ。

(Roughgarden, 1997, x)

ラフガーデンはこの議論の結論として、ここで私たちが採ることのできる唯一の選択肢は、モデルを作って分析することだと述べている。

このようなモデルは、一体どんな感じだろうか。ラフガーデンが言うには、この点について一致した意見はない。実際、最近のある調べによると、性の進化に関して異なった考え方は二〇もあるということだ(Hurst & Peck, 1996)。しかし、広く普及している考え方もある。これは、もともとJ・B・S・ホールデンが唱えたもので、有性生殖が関係する遺伝子の組換えによって、表現型の空間をより広く探査することが可能になる、という考え方だ(Haldane, 1932)。これは自然選択にとっては、おおむね好ましいことである。というのも、表現型の多様性が増すと、個体群は環境の変化によりよく対応することができるからである。環境が変化し、それに伴って選択の方向が変わると、表現型が多様な集団ほど、この変化に対応するための潜在的な資源をより多く持っていることになる。

この考え方に基づいてモデルを作ろうとしたのは、J・F・クロウだ(Crow, 1992)。この試みは、その後の研究に重要な意味を持つ。クロウのモデルは、まず有性生殖がすでに存在するという仮定から出発する。そして、同じ環境に生息する有性生殖の集団と無性生殖の集団の間に競争がある、という仮説的状況について詳しく調べようとする。集団は最初に、ある遺伝子型の分布が与えられていて、強い選択圧の下にあるとする。クロウはこのモデルを使い、強い選択圧によって、無性生殖の集団で遺伝子型の分散が小さくなることを示した(これには適合度の分散の変化が指標として用いられている)。有性生殖の集団では、分散はおおよそ保持された。これは、有性生殖の集団において表現型がより多様である、ということに相当する。

環境が変化するときに何が生じるのか。クロウはこう記している。

何世代かの選択がなされた後、全体的な選択の方向が逆転したとしよう。前の環境で適合能力が低かった個体が、今度は高い適合度を持つことになる。無性生殖の集団における分散はどんどん小さくなる。分布の形が端を切り詰めた非常に偏った形になっているためだ。有性生殖では、この逆のことが生じる。分散がさらに小さくなることはない。それどころか、すぐ後に生じる影響としては、集団が配偶子の均衡する方向へと選択されることになって、分散がむしろ大きくなるのである。(Crow, 1992, 172)

このことは、有性生殖の方がこうした(明らかに極端な)環境変化に対して、より優れた対応能力が備わっていたことを意味する。少なくともこのモデルを見る限りでは、ホールデン仮説が正しいと言える。

さて、私たちが今見たこの例は、一般化された対象システムに関するモデルの例になっている。そこでこの例をもとに、先に挙げた鍵になる三つの問い、「モデルの対象は何か」「こうした対象について、いかにしてモデルは何事かを示せるのか」「モデルが対象について示すことがらが、いかにして世界の他の現象に関係するのか」について考えてみたいと思う。

まず、汎化モデルの対象について考えよう。このような対象は、まさにその本質からして、どんな特定の対象よりも抽象的である。有性生殖の汎化モデルは、カンガルーの性や菌類の性に関するモデルではなく、性そのものについて扱うことを想定したモデルである。そのようなわけで、クロウのモデルでは、有性生殖の起点部分には特定の種に関する具体的情報は何も含まれていない。しかし、世界のどこにも「性一般」のようなものは存在しない。あるのはカンガルーの性であり、タスマニアデビルの性であり、ヒトの性であって、性一般などありはしない。性一般とは、このような特定の種が持つ性を抽象したものである。では、汎化モデルの対象の本質はどう理解されるのだろうか。

汎化モデルの対象に関する一つのシンプルな見方は、こうした対象を、いくつかの具体的対象によって共有される特徴と見る、というものだ。たとえば、有性生殖モデルの対象を、端的に、すべての有性生殖種が共有する性質の集まりと見るのである。こうした対象は、各対象が持つすべての状態のうち、互いに交差している部分を見つけ出すことで生成される。言い換えると、理論家は、有性生殖のすべての例に共通の特徴をモデルの特徴とするのである。この見方を**共通部分**説と呼ぼう。

瑣末ではない、意味のある一組の特徴が、実際にすべての興味ある対象によって共有されている場合には、共通部分説は正しい。しかしある場合には、一般化された現象の属性は、実際にはそれより具体的な対象によって共有されない。具体的な特定の対象は、そうした特徴をいくつか持つかもしれないが、そのすべてを持つわけではない。別の可能性として、そうした特徴が、厳密な意味で特定の対象によって共有されるのではなく、それに似た特徴が特定の対象間で見られる、ということが考えられる。たとえば、多くの異なる種を横断して調べることによって知りうる特徴などがそうだろう。この場合には、理論家はさらに抽象化を進めて、特定の対象間で例化されるような、より高次の特性を見つけ出さなければならない。

どちらの場合も、モデルの抽象化レベルの設定により、モデルと対象の結びつき方に二つの可能性がある。よりシンプルな結びつき方は、モデルがその対象と同じ抽象化のレベルにある、という場合である。たとえば、クロウは目的とする対象について記述する中で、次のように述べている。

ここで論じているモデルは、無性化した（ただし他の部分は変化していない）多くの突然変異体が現れた有性生殖の集団に、厳密に当てはまるだろう。このモデルはまた、有性生殖の系統と無性生殖の系統が安定した環境でしばらく存在しているような集団に対しても、適切なモデルとなるだろう。(Crow, 1992, 172)

ここから明らかなことは、クロウがモデルの対象を、モデルと同じ抽象化のレベルにあると見なしていたということだ。彼は、モデルの表す変動が、これらのシステムによって実際に共有されることを意図していた。したがって、このシンプルなケースにおけるモデルと対象の関係は、対象指向型モデリングにおける関係とよく似ている。より一般的に言うと、シンプルなケースが汎化モデリングに当てはまるのは、次の基準を満たすときである。

(1)モデリングに関わる一組の特定の対象が、モデルと関係のある特徴を実際に共有している。このとき、対象の各組の特徴が交差する部分（共通部分）が一般化された対象となるが、それが単に共有されるだけでなく、十分な情報的価値を持っている。
(2)このような特徴だけがモデル化されるように、モデルを適切な抽象化のレベルで構築することができる。

クロウのモデルは集団遺伝学的モデルなので、これらの基準を満たしている。こうしたモデルは特定の種の習性や、さらに有糸分裂に関する分子のメカニズムについても詳細を必要としない。同じことが、多くの伝統的な数学的モデリングにも当てはまる。

しかし、数値計算の汎化モデル、そして具象的な汎化モデルについては、その多くが第二の基準を満たさない。こうしたモデルは、共有される特徴だけがモデル化されるような、そんな抽象化のレベルでモデル構築ができないのだ。それらはたいていいつも、もっと具体的であり、特定の対象間で共有されるものに収まらない特徴の種類を含んでいる。

たとえば、クロウの有性生殖モデルに類似した、個体ベースの数値計算モデルを想像してみよう。このようなモデルは、集団における遺伝子型の適合度に関する分布は表現せず、生殖を行う特定の生物個体に対応した特定の遺伝子型を表現することになる。そのため理論家は、モデルにおける各生物個体の生活環や空間的分布、交配に関する相互作用、適合度などについて仮定を立てなければならない。モデルはもはや、抽象的な対象によって共有されるタイプの特性だけを含む、ということはない。このモデルは具体性に関して、より特定生物個体の対象に近づくことになる。もし理論家が、モデル生物から具象モデルを作るとすれば、これと同じ状況がさらにいっそう極端な形で生じることになる。

モデルが抽象化された対象よりも具体的な特徴を持つ場合には、理論家はそれほど簡単には、モデルを抽象化された対象と結びつけることができない。そうするかわりに理論家は、私が**解釈的設定**と呼ぶ作業に取りかからなければならない。この作業は、理論家が自らのモデル解釈に特別な制約を課す、ということを意味する。とりわけ、モデルの割り当て、および意図された範囲に関する制約である。もしモデルの特徴のうちのあるものが、抽象化された対象の一部になりえないのであれば、理論家は、こうした特徴をモデルの範囲外に留まるものと見なさなければならない。これはたとえば、小数部分や無限大を無視するといった、範囲に関して課される他の制限とよく似ている。

クロウのモデルに類似した個体ベースのモデルでは、環境中に存在する特定の資源が変動するように表すことで、環境の変動を表現する必要がある。このモデルを有性生殖一般という抽象的な対象と比較するには、解釈的設定を通してその範囲を制限する必要があるのだ。このとき実際には、モデルは変動に関する具体的な細部を与えているように見えるのだが、それでも理論家は、モデルが単に、ある資源の変動だけを示しているかのようにモデルを扱うことになる。このように、解釈的設定を通して範囲を制限することで、一方では特定の数値計算上のルーチンや、物理的特性に関する動きをモデルが生み出すための構造的特徴は維持しつつも、解釈されたモデルを対象と同じ抽象化のレベルで扱うことができるのである。

ここまで、汎化モデルが抽象化された対象を持つこと、そしてこうした対象へのモデルの結びつき方が対象指向型モデリングに似ていることを確認してきた。対象指向型モデリングと汎化モデリングの大きな違いは、対象の抽象化レベルの違いであり、モデルと対象の関係そのものの違いではない。しかし、汎化モデルが研究で用いられるのは、つねに、世界の一般的な情報を得るためである。こうしたモデルは二つの互いに関連する機能を持つ。汎化モデルは、**一体どうして**という問いに説明を与えることができ、また、ミニマリストの理想化においても一役買うのである。

（1）一体どうして、という問いへの説明

汎化モデルは、次のような疑問に答える手段となる。たとえば、無性生殖の方がコストがかからないのに、一体どうして有性生殖なのか。離散的な対立遺伝子が、一体どうして連続的に見える特徴を示すことができるのか。分子の一方の端にあるカルボニル基が、一体どうして他方の端にある水素原子の電子的環境に影響を与えることができるのか。こうした疑問に答えようとして、理論科学では多くの努力がなされている。そうした試みは、説明目的のより大きなプロジェクトの一部として行われるか、あるいは実験手順を示すために行われる。その答えの善し悪しは、特定のシステムにおける実際の機能が説明できているかどうかには拠らない。むしろ、機能する可能性についてきちんと説明できているかどうかが問題なのだ。

たとえば、トマス・シェリングの人種分離モデルを例に考えてみよう。このモデルが示す主な結果は、自分に似

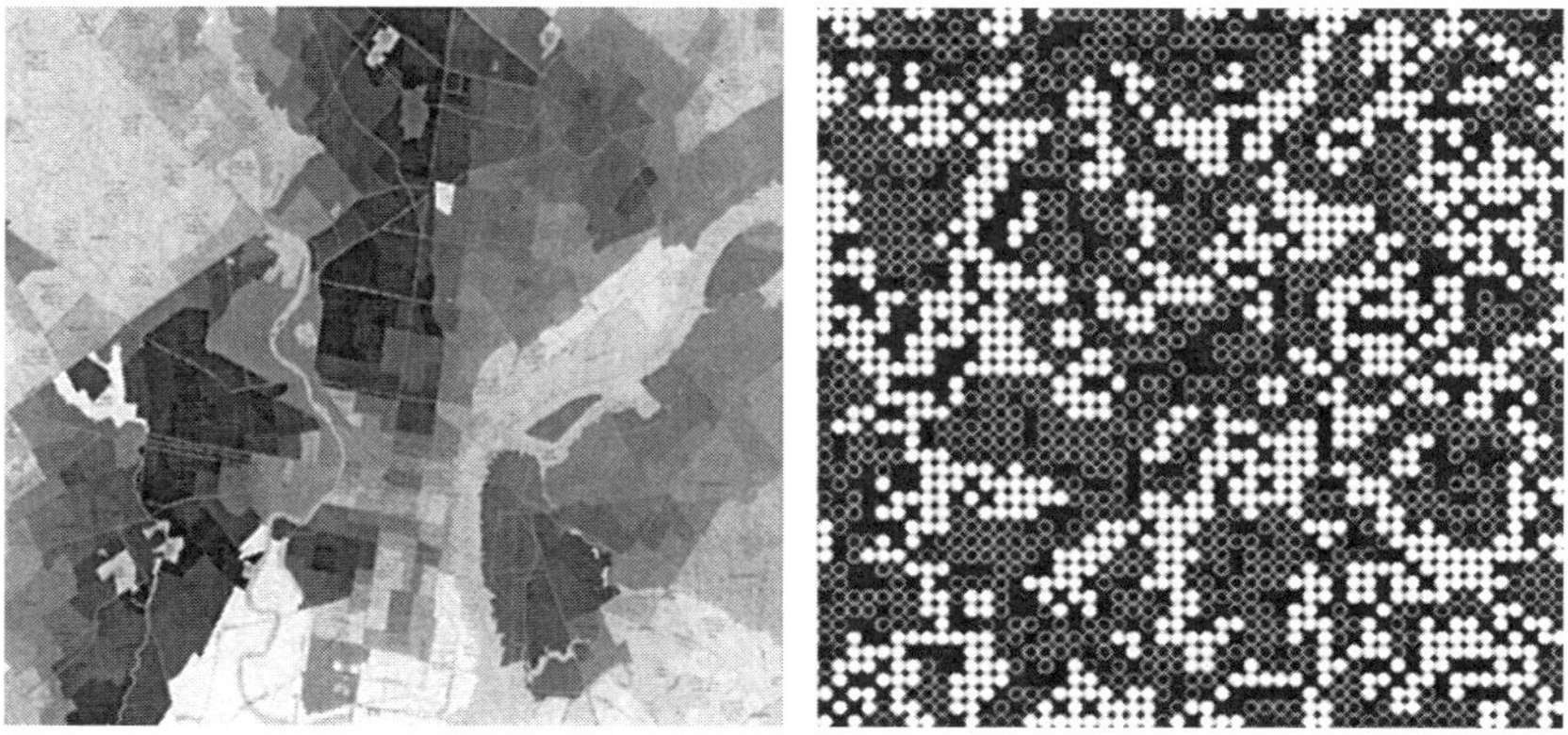

図 7.1　左：2010 年の人口調査によるフィラデルフィアにおける人種分離のパターン。濃い領域がアフリカ系アメリカ人の割合が高いことを表している。右：51 × 51 マス，二種類の行為者（グレーと白）を使ってシェリングモデルを典型的な形で用いた出力例。すべての行為者に，同じ色の隣人を少なくとも 30 % 持つことを望む選好を与えている

た隣人を求めようとする小さな選好が働くことによって、最終的に人種の分離が生じうるということだった。モデルに対し、たとえば効用関数、更新規則、近隣の大きさ、空間的配置を変化させるなど、さまざまな変化を与えて調べてみても、この人種分離の結果は揺るがない。行為者が近隣で少数派になることを選好する場合であっても、分離は発生しうる。

シェリングモデルの一つの使い道として、実際の都市での分離パターンを説明しようとするときに使うことができる。たとえば図7・1を見てほしい。これは、フィラデルフィアの人口調査標準地域におけるアフリカ系アメリカ人の人口密度と、シェリングモデルで得られた一つの結果を並べたものである。どちらも七五％の露出指数を持っている。すなわち、隣人の七五％が同じ人種だということである。こうしたシェリングモデルの使い方は、対象指向型モデリングの一つの例となる。

しかし、シェリング自身のモデルの使い方は違っていた。シェリングが言うには、自分の関心は「一つ一つが集まって分離に導くことができるような個々の動機、および差異に関

する個々の認知」を調べることにあった（Shelling, 1978, 138）。言い換えると、分離を求める集団的選好がないのに、一体どうして都市において分離が生じうるのか、という問いに答えようとしたのである。答えはこうだ。すべての個人が隣人も自分と同様であってほしいという小さな選好を持ち、その選好を満たそうとすれば、分離は生じうる。これと同様にして、集団遺伝学者たちは、選択によらずに一体どうして一つの対立遺伝子が集団の中で固定されうるのか、という疑問を持った。彼らは、他の機構がいろいろ考えられる中で、遺伝子浮動だけが対立遺伝子の固定を導きうることを示した（Ewens, 1963；Kimura & Ohta, 1969）。これらは、一体どうしてという疑問に答える汎化モデリングの例である。

汎化モデリングはまた、長い伝統のある「一体どうして」の説明に対して反例を与えることもある。そうした場合に理論家は、かつて受け入れていた一体どうしての説明が誤っていたことを示そうとするか、あるいは、かつて現象を説明すると思っていたメカニズムが、到底その現象を説明できないことを示そうとする。たとえばメイが行った、モデル生態系における複雑さと安定性に関する研究は、広く受け入れられてきた学問的知識に反し、生態系の複雑さが増しても必ずしも安定性にはつながらないことを示した。むしろ、より多くの種を持つ生態系は、ある条件下では不安定になることがあるのだ（May, 2001）。メイがこのような結論に到達できた理由は、特定の対象に関するモデルを研究したからではなく、個体群動態に関する非常に抽象的なモデルを研究したからである。

（2）最小モデルと第一次の因果的構造

理論家が汎化モデルから知識を得る二番目の方法は、ラフガーデンが**アイデアのための最小モデル**と呼ぶものを調べることによってである。こうしたモデルは、いくつかの因果的要素を組み合わせ、その要素がどんな種類の挙動を生み出すかを調べようとするものである。理論家はまず、ある現象の生じ方に関するアイデアを得るところから出発する。そして、最も重要なメカニズムの特徴を捉えたモデルを作り、このモデルの挙動について研究する。ここでの目的は、一体どうしての説明そのものではなく、モデルを使った因果的メカニズムの探究である。

例として、クレイグ・レイノルズの、鳥の群れに関するボイド（鳥もどき、人工生命）モデル（Reynolds, 1987）について考えてみよう。このモデルは、鳥の群れが、主制御役なしにどうしてうまくまとまるのかを研究するために作られた。最終的に示したいことは、こうした群れの動きが、それぞれの鳥がシンプルな一組の規則に従うことによって生じるということだ。

ボイドのようなモデルは個体ベースのモデルである。すなわち、生物は個体として別々に表現され、自分自身の変数を持ち、自分でさまざまな手順を踏む。群れをなす個体は三つの基本的な規則に従って行動する。

分離：あまりに近づきすぎることを避けるため、最も近いところを飛ぶ鳥から離れる

整列：隣を飛ぶ鳥の平均的な進み方になるように自分の飛び方を合わせる

結合：隣を飛ぶ鳥たちが［多く］集まっている方向［群れの重心方向］へ飛ぶ

モデル中のボイドのメカニズムを実際に動かすために、理論家はこれらの規則の実装版を作り出さねばならない。こうした実装では、仮想空間の境界と幾何学、隣り合う関係、距離の概念が明確に定義されることになる。三つの規則のそれぞれに対して、角度や距離を特定するためにパラメータが必要になる。たいていの型のボイドモデルが、見事に調和した群れ行動を示す。

ボイドモデルはもともと、コンピュータアニメーションの制作者が、よりリアルな鳥の集団を作り出す方法として開発した。それ以来このモデルは、コンピュータアニメーションにおいて、魚やペンギン、コウモリなどの行動を含め、さまざまな種類の調和行動を模擬的に再現するために用いられてきた（Reynolds, 1987）。その上ボイドモ

デルは、創発的な現象一般を研究するためのひな形にもなってきた。これらのモデルは、少ないシンプルな規則がいかに複雑な適応システムを生み出すか、ということの典型例と考えられている（Miller & Page, 2007）。

アイデアのための最小モデルは、結果として、対象の最小モデルになる場合がある（第6章1節(2)を見よ）。これは、このようなモデルが、現実的現象の第一次の（最も根本的な）因果的構造になるように経験的に決められる場合に起こる。たとえば、レイノルズはもともと自分のモデルを、コンピュータアニメーション作家が鳥の動きをよりよく描き出すための一つの手段だと考えていたが、理論家の中には、ボイドのような規則を、現実の鳥の飛行を表すことのできる主要な因果的メカニズムとして提唱する者が出てきた（Heppner & Grenander, 1990）。この群れ行動を表すもっと複雑なモデルを作ろうと思えば作れるが、ボイドのようなモデルは、「一意因果性」を表現的理想とするモデリングを実際に行った結果もたらされるものだ、というわけである。つまりこのモデルは、鳥の群れに対して実際に差異をもたらすような、すべての因果的要素を表現したモデルだということである。したがって、汎化モデリングのもう一つの役割とは、対象にとっての潜在的な最小モデルを作り出すことにある。

話をまとめよう。汎化モデリングには、非常に抽象的な対象をよく理解するためにモデルを使用する、という行為が含まれる。そしてときには、こうした対象の範囲を超えたことも行われる。モデルと対象が同じレベルの抽象化を共有しているときには、このようなモデルは対象と直接比較することができる。モデルが対象よりも抽象度が低いときには、理論家は解釈的設定を用いなければならず、モデルの構造が持つ表現能力によって示されているよりも抽象的な形で、構造を解釈することになる。汎化モデルは、抽象化された対象を研究するだけでなく、一体どうしてという疑問に答えるためにも用いられ、また、対象の最小モデルとしても用いられる（第6章1節(3)を見よ）。そして汎化モデルは、モデリング行為がいかに世界の特定の現象と切り離すことができ、そして科学者がときに「純粋理論」と呼ぶものの一部になるか、ということを明瞭に示している。しかし、次に挙げる種類のモデリングは、私たちを世界からいっそう遠くに引き離す。

2　仮説的モデリング

R・A・フィッシャーは、新ダーウィン主義的な進化の総合説と集団遺伝学とを世にもたらした一人であり、最も重要な生物学的モデルの制作者でもある。彼の最も重要な理論生物学研究の序において、フィッシャーは理論研究に対する自分の方法の一部を、次のように説明している。

> 有性生殖に関心がある実際的な見地の生物学者は、三つの性、あるいはそれ以上の性を持つ生物が経験する詳細なことがらを理解しよう、などという気はまず起こさないだろう。しかし、なぜ性が実際つねに二つなのかを理解したいと思うなら、これ以外に何をすべきなのだろうか。
>
> (Fisher, 1930, ix)

気持ちが少し強く出すぎているが、フィッシャーの言いたい大事なことは、生物学においていっそう深い理解を得るには、現実の対象システムと非現実的な対象システムの、両方の特性を知る必要があるということだ。私は、存在しない対象をモデリングする行為のことを、**仮説的モデリング**と呼ぶことにする。この章の終わりには、フィッシャーの三つの性に関する例に戻りたいと思う。後ほどこれが、フィッシャーが考えたよりも複雑であることがわかる。

仮説的モデリングに関する最初の問い、すなわち「何がこれらのモデルの対象か」という問いは、簡単に回答することができる。仮説に従って、その対象は全く存在しない。もう少しニュアンスを持たせて言えば、仮説的モデルの対象は、可能的存在である。仮説的モデルが、こうした可能的存在についての情報をいかにしてもたらせるか、ということを説明するには、可能的存在の形而上学に関するやたらと長い議論が必要になる。それはこの本の範囲を超えている。しかし、仮説的モデルが、その対象であるところの、存在しないものについて語るよりも重要なことがらがある。それはこのモデルが、現実世界の現象について語ることがらだ。本節の焦点はそこにある。

非存在の二つの場合に対応する形で、仮説的モデルが現実世界の現象について語ることがらにも二種類のものがある。二つの非存在とは、たまたま存在しないものと、自然法則によって存在しないことが必然的なものの二つである。前者に関して理論家が作るモデルは、偶然的な事実に関わるものとして存在していない、そのような意味で非存在の対象のモデルである。後者に対しては、対象の存在は物理的に不可能である。(1) この節の残りは、これら二つの種類に分けて話を進める。

(1) 偶然的な非存在――xDNA

たまたま存在しないシステムの特性を研究するのに、数理モデル、数値計算モデル、物理モデル(具象モデル)のすべてを用いることができる。例として最初に、分子規模で具象モデルであるxDNAについて考えよう。

二〇〇三年、エリック・クールらは、ヌクレオシドのアデニンとチミンを伸張したそれらの類似体について記述した(Liu et al., 2003)。合成された各塩基は自然に生じる塩基よりも二・四オングストローム長かった。これは、ベンゼン環が挿入されて、二環式のアデニンのプリン環が三環構造になり、チミンの単環式のピリミジンが二環式構造へと変化したためである。その結果得られた分子はベンゾアデニン(xA)、ベンゾチミン(xT)と呼ばれる。デオキシリボース環と結びつくと、これらはヌクレオチドのデオキシベンゾアデノシン(dxA)とデオキシベンゾチミジン(dxT)を生成する。これらはそれぞれ、共役DNA塩基のデオキシアデノシン(dA)とデオキシ

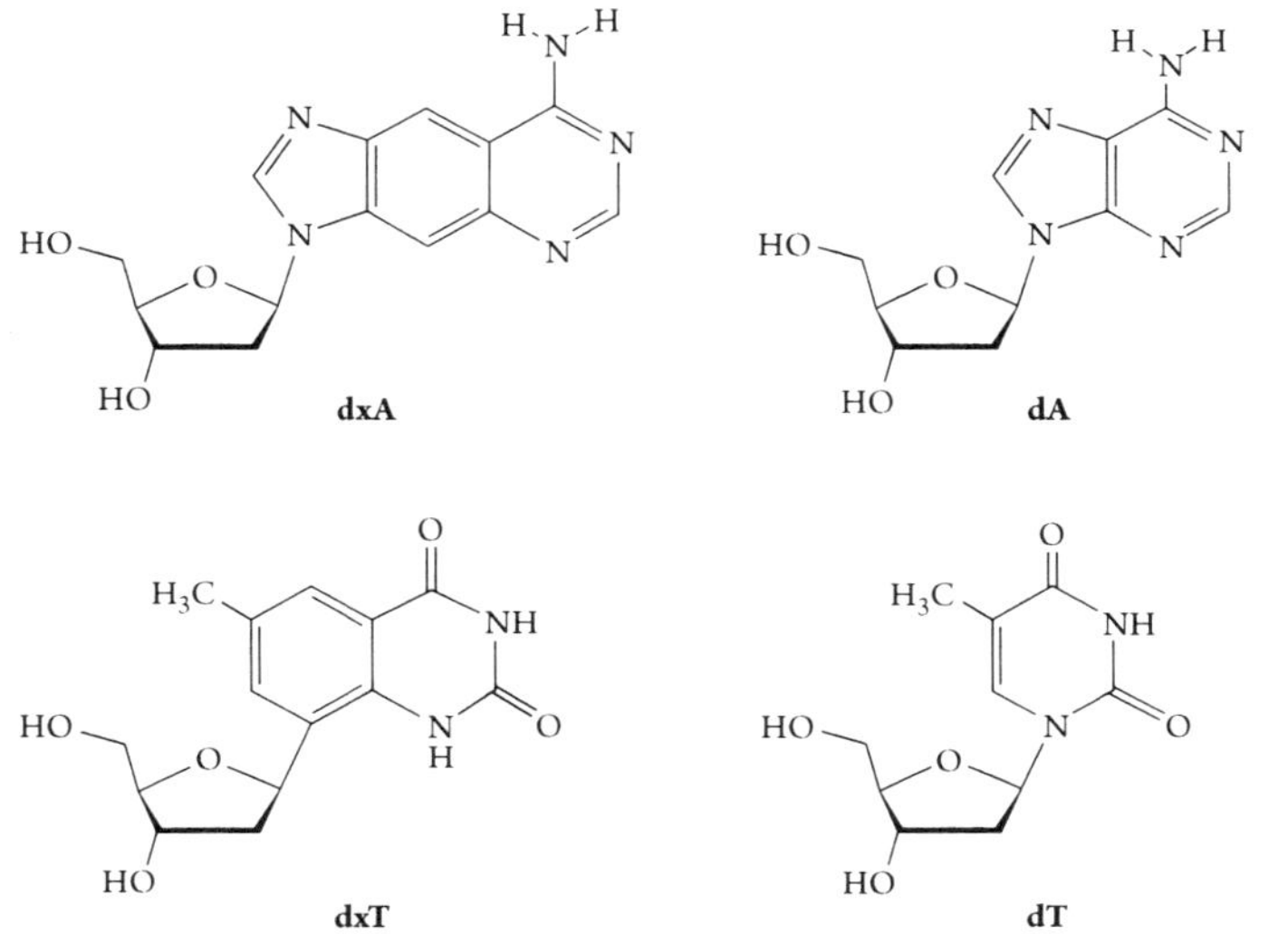

図 7.2　サイズが拡大されたヌクレオシドであるベンゾアデニンとベンゾチミン。Haibo Liu, Jianmin Gao, Stephen R. Lynch, Y. David Saito, Lystranne Maynard, and Eric T. Kool, "A four-base paired genetic helix with expanded size," *Science*, 302/5646（31 October 2003）: 868–871

チミジン（ｄＴ）の類似体である。これらの分子は図７・２に示されている。

アデニンとチミンの類似物を用意した後、クールはこれらの類似体が、ちょうどＤＮＡ塩基対がそれぞれ結びつくような仕方で、その対になる相手として機能するだろうと判断した。つまり、ｘＡがＴと対になり、ｘＴがＡと対になれると判断したのである。この対形成が可能であると確かめられると、クールらは、ｘＡとＴだけを含んだ一〇塩基対の配列を合成した。この配列は、ワトソン＝クリックの二重らせんを形成する相補的ならせん構造で組み合わされたので、クールはこれをｘＤＮＡと呼んだ。(2)

この特別なｘＤＮＡ鎖、およびこれに続けて合成された他の分子鎖は、通常のＤＮＡと非常によく似た三次元構造をしていた。ｘＤＮＡは右巻の二重らせん構造だが、自然に生じるＤＮＡの場合と同様に、三重らせんになることもありうる［ある種の菌類は、自然に存在する状態で三本鎖のＤＮＡを持つことが知られている］。配置（位相）はそのままに、二重らせんの幅が広くなっていて、

DNAが一〇・七オングストロームであるのに対してxDNAは一二・九オングストロームである。この幅広の鎖は、らせん一回転ごとにさらに余分に塩基対を収めることができる。DNAと同じく、xDNAは熱力学的に安定で、溶液の中で自発的に形成される。実際xDNAは、鎖の長い軸に沿って増強された塩基が積み上がっているために、DNAよりも五・八キロカロリー／モル分だけ安定している（三七℃における標準生成自由エネルギー）。そしてもう一つ、伸張塩基は高度にπ共役しているので、dxAとdxTは明るい光を発する蛍光性を有する。xDNAはかなり実用的なモデルである。たとえば、これには蛍光性があるので、自然に生じるDNA配列のプローブ（検出法）として用いることができる。しかし、クールは最も興味深い結論を議論の最後までとっておいた。彼はこう書いている。

我々は、遺伝子塩基対の分子構成組織が、この地球上の生物学において進化したDNAらせんのサイズに限定されないとの結論に至った。自然な遺伝システムと比較して、このサイズ拡張型システムが持つ重大な違いは、遺伝暗号化の潜在能力が増大している点である。我々の伸張塩基と自然にある四つの塩基を、すべての相補的組み合わせで対にすると、遺伝暗号能力を持つ八つの塩基対が生成されると考えられる。

(Liu et al., 2003, 871)

この物理的モデルに基づいて、クールは、私たちのよく知るDNAの塩基対システムが、遺伝システムとして単に一つの可能性にすぎないことを結論した。つまりDNAが至る所に存在するというのは、偶然そうなったということだ。

この点についてさらに踏み込んで考えるために、やや擬人的だが、こんな問いを立ててもよい。自然はDNAを遺伝の基礎として「選んだ」のだろうか。あるいはこうだ。DNAは歴史的に偶然の産物なのだろうか。xDNA

モデルでは、確かにこの疑問は解決できない。しかし、それが確実に示唆していることは、xＤＮＡに基づいても十分に機能する遺伝システムが構築できるということである。したがっておそらくは、私たちの遺伝システムにおいて、なぜxＤＮＡではなくＤＮＡが用いられているのか、ということへの進化論的説明は、偶然凍結説的な説明になる(3)［偶然凍結説とは、現在生物が用いている遺伝暗号は進化の途上で偶然に決まり、それが現在に至るまで凍結されているという、クリックが唱えた説］。

自然の中でＤＮＡの骨格にリン酸塩が選択されたことについて、ほとんどの化学者はある信念を持っている。それと上で述べた話を比較対照してみよう。多くの影響を与えた論文の中でフランク・ウェストハイマーは、リン酸塩が、ＤＮＡ、ＲＮＡ、ＡＴＰ、中間的な代謝産物、コエンザイムなどにおいて生化学的役割を果たすのに比類なく適している、と論じている。ＤＮＡに話を絞ってこう問うことができるだろう。自然の中でＤＮＡ骨格にリン酸塩が用いられているのは、塩基対システムと同様に偶然的なことなのだろうかと。ウェストハイマーは、リン酸塩が同時にエステル結合を形成し、ＤＮＡ鎖を安定させつつも容易に開裂させることができるので、既知のものでリン酸塩に代わる可能性があるものはないと述べている。それと同時に、リン酸塩は帯電が可能であって、そのおかげで骨格は水溶液の中で無際限に存続することができる。この易変性と帯電性の組み合わせは、他のどの分子にも見いだせない。こうしたことからウェストハイマーは、いわば化学における自然選択の結果として、リン酸塩が選ばれたのだと論じている（Westheimer, 1987. ウェストハイマーの主張に関して、また最近の実証研究からの異議についてさらに論じたものとしては、Parke, 2013 を見よ）。

リン酸塩による骨格とＤＮＡヌクレオシドとの対照性が、xＤＮＡによって際立たせられる。クールの分子モデルはxＤＮＡの非存在が偶然的な事実であることを示している。地球上の生化学はxＤＮＡに基づいて展開される可能性があったが、それがリン酸塩の骨格なしにＤＮＡのようなシステムを使用できた可能性は、まずなさそうに思われる。このことは、自然に存在しない現象をモデル化することで学べる、重要な教えである。このような対象的現象は、実際に存在していてもおかしくない現象なのだ。

xDNAのような物理モデルは、たまたま存在しないシステムに関してのみ、忠実度の高いモデルになりうる。もし、法則的な理由で存在しない対象の特性を研究したいなら、非常に低い忠実度基準を選ぶか、そうでなければ数学的モデリングの領域に入り込まなければならない。次に挙げる二つの例を見れば、理論家はいったいどのようにして、必然的に存在しないような対象をモデル化できるのか、また、こうしたモデルから現実世界について何を学ぶことができるのかがわかる。

(2) 不可能な対象——無限の個体群生長と永久運動

数値計算モデリングと数学的モデリングによって、現実の世界に物理的に現れることのないシステムの研究が可能になる。非常にシンプルな例として、指数関数増殖モデルで表される個体群について考えてみよう。こうしたモデルの一つが、以下のような例化されたモデル記述によって記述される。

$$\frac{dN}{dt}=0.01r \qquad (7 \cdot 1)$$

個体群サイズや個体群密度として、はじめにNにどんな値をとったとしても、この個体群は指数関数的に生長する。最終的には空間や資源には限界があるので、現実世界に存在する個体群でこうした生長を維持できるものは一つもない。しかし、ジョン・メイナード-スミスは、理論生態学に関する古典的な研究の中で、こうしたモデルについて丸々一章を充てて論じている（Maynard Smith, 1974）。対象システムが、私たちの世界に全く存在できないような場合に、このようなモデルから一体どんな知識を得ることができるのだろうか。

現実の個体群が長期間にわたって指数関数的に生長することはありえないが、モデルは、短期の個体群生長に対する適度な近似になる可能性がある。さらに重要なことは、このモデルを研究することで、少なくとも広い範囲で適度な忠実度で考える場合には、現実世界の対象に関していくつかのことがらが学べるということである。まず、このモデルを研究する一つの興味深い理由は、より高い忠実度で個体群動態を記述するもっと複雑なモデルがあるときに、それに対してこのモデルが下位モデルになるケースがある、ということだ。たとえば、指数関数的な個体群生長は、ロトカ-ヴォルテラの捕食者-被食者モデルを記述する捕食方程式の初項である。この指数関数的モデルそれ自体を理解することによって、それが埋め込まれたロトカ-ヴォルテラモデルや他のモデルに対し、それがどんな貢献をしているかがよりわかりやすくなるだろう。

このモデルを研究する別の理由は、それが、より現実的なモデルであるロジスティック生長モデルの極限的所作を表すからである。このようなモデルは、次のような一般的な形の方程式で記述される。

$$\frac{\mathrm{d}N}{\mathrm{d}t} = rN\left(1 - \frac{N}{K}\right) \qquad (7・2)$$

この方程式で記述されるモデルでは、環境中に維持できる最大数の生物——**環境収容力**と呼ばれ、Kで表される——が存在する。Kが無限大に近づくとき、この方程式は指数関数的生長の方程式になる。したがって、指数関数的生長モデルの対象はありえないのだが、それは、環境収容力がどんどん大きくなったときの極限的なふるまいを示すことができる。特にこのケースに限って言えば、極限的な場合として指数関数モデルを詳しく分析しなくても、ロジスティックモデルは容易に理解することができる。しかし、いつでもそのようなわけにはいかない。多くの場合、不可能な対象に関するモデルを理解することは、それを特殊ケースとして含むもっと複雑なモデルを理解する上で必要な準備となる。

現実世界での対象がありえないモデルはまた、科学的説明においてもある役割を果たしうる。多くの哲学者は、一般性を科学的説明に必要不可欠なものだと考えてきた（たとえば、Hempel, 1965；Friedman, 1974；Kitcher, 1981；Strevens, 2004）。したがって、なぜ特性Pを備えた個体群が特性Qも持つのかということを説明したい場合に、一般性を求めるこうした説に従うと、この個体群の事実についての非常に強力な説明があるとすれば、それは現実にある個体群を超え、現実にはない個体群にも適用されることになるだろう。このように理論家がありえない対象のモデルを研究するのは、現実のシステムについて学ぶためであり、またそれを説明するためであって、単に不可能な対象そのものに焦点を絞っているわけではない。

非存在の対象に関するモデリングについて、私が挙げる最後の例は、私たちを可能性の領域からさらに遠くへ引き離し、その結果、現実世界の対象に関するモデルのひな形にはなりえず、それらのふるまいを近似的に説明することもできないようなものだ。こうしたモデルの最も典型的な例は、自然法則に反するモデルである。

永久機関は無際限に仕事が行える機械である。ほとんどの熱力学の教科書では、永久機関は熱力学の第二法則に反することになるので、そんな機械を現実に作り出すことは不可能だと説明されている。しかし、ある潜在的な形の永久機関ならそのモデルを構築することができ、なぜこうした機械が不可能かを深く理解するためにそれを利用することができる。こうしたモデルはまた、こんな機械が作れるようになるには、どの自然法則を変えねばならないかということも教えてくれるだろう。これに関する最も鮮烈な例は、**ラチェット機構**［爪車を一方向にだけ回転させる装置］、または**ファインマンラチェット**［物理学者のファインマンが考案した思考実験のための装置。ブラウンラチェット］と呼ばれるもので、図7・3のような装置である（このモデルに関するファインマンの元の記述、描写については、Feynman, Leighton, & Sands, 1989を見よ）。

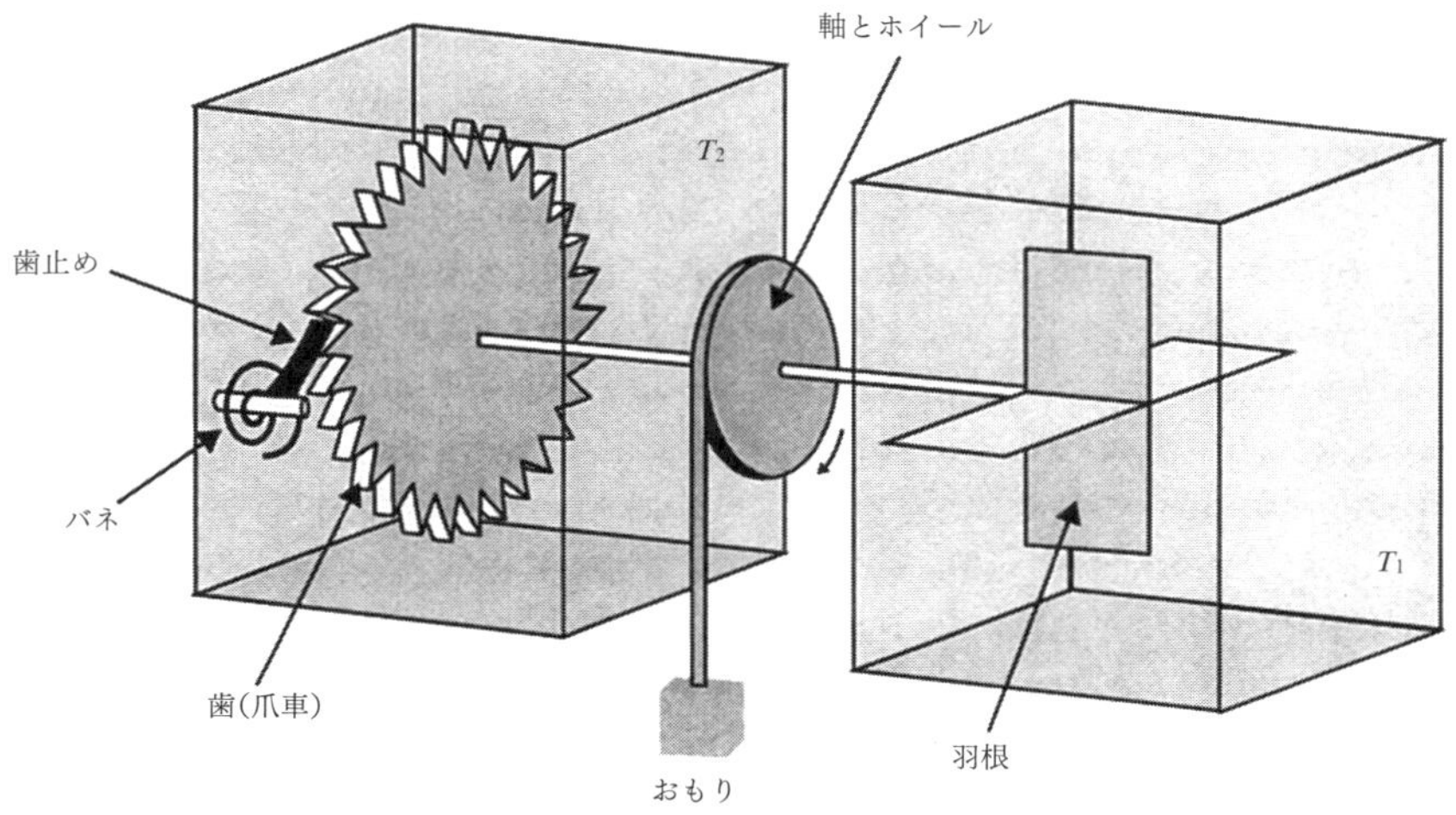

図 7.3　ファインマンラチェット（illustrated by Zhanchun Tu）

ラチェット機構は、部品が同じ温度であるが、決して熱源から仕事を取り出すことができないようなモデルである。モデルの機械は次のように記述される。二つの箱が一本の軸でつながれている。羽根が軸の一方の端に取りつけられており、箱1がそのまわりを取り囲んでいる。箱1の温度はT_1である。軸のもう一方の端に爪車が取りつけられていて、爪車は温度T_2の箱2に格納されている。この爪車は一方向に角度をつけられた爪（のこぎり歯）を持ち、箱の側面に取りつけられた突起物（歯止め）を摑むようにできている。爪車は軸を一方向にだけ回転させることができる。最後に、二つの箱の間の部分で、軸の中央部分にホイールが取りつけられていて、おもりをつけた紐がそれに巻きつけられている。ホイールが回転しておもりが持ち上げられるときはいつでも、この機械は仕事をする。

ラチェット機構には、決定的に重要な部分がある。歯止めが有効であるためには、減衰機構を持たなければならないということだ。もしその運動が完全に弾性的であれば、爪車が一方向に回転するように持ち上げられるたびに、爪車の上で跳ね続けることになり［歯止めが歯と衝突するときに、その前に衝突したときと同じ運動エネルギーで弾かれるので、結局歯止めは振動し続けて爪車を支えることができなくなる」、エネルギーは散逸しない。こうなると、爪車はおよそ自由に回転できてしまい、有効な働きができなくなる。それゆえ、歯止めは減衰し、箱2の系に熱を放出すると仮定されることになる。

このようなラチェット機構は、永久機関の優れたモデルのように思われる。機構は次のような形で作動する。箱1が温度T_1の気体で満たされているとき、羽根には気体分子が衝突する。通常であれば、気体分子は羽根の一方の面と他方の面に均等にぶつかると考えられるので、この衝突による正味の効果はない。しかし、羽根が軸につながれており、その軸は爪車につながっているので、一方向の衝突、つまりラチェット機構によって「許された」方向の衝突だけは効果のある衝突ということになる。

軸は一方向にだけ回転するので、軸に取りつけられたホイールは一方向にのみ回転する。さらに軸の一方向への回転は、分子の衝突のみを原因とした自然に生じる運動なので、私たちはただ後ろに下がって機械がいつまでも作動するのを見守るだけでよい。これで私たちは、箱1の気体からいつまでも仕事を——この場合は、中央のホイールに紐で取りつけたおもりを持ち上げるという仕事を——引き出せる機械を手にしたように思われる。したがって、私たちはある永久機関のモデルを、あるいは少なくともそのモデル記述を手に入れたような気になるだろう。

しかし、永久機関などというものは存在しないのだ！　なので、できることなら、なぜこの機械が現実世界で機能しないのかをこのモデルから学びたい。そのためには、私たちの世界で成り立ついくつかの非常に基本的な物理原則を、このモデルに適用してやればよい。

こうした原則を適用するために、永久機関の作動を抽象的に考えてみることにしよう。この機械は箱1からエネルギーを得て、それをホイールに伝え、ホイール部分でエネルギーはおもりを引き上げる仕事に使われる。箱1から取り除かれるエネルギーは熱エネルギーであるに違いない。というのも、分子の衝突を羽根、軸、ホイールによって仕事に換えることによって機械は作動するからだ。この系で熱エネルギーの行方を追うためには、温度を測定しなければならない。そこで問うべきは、箱1の温度は何度かということだ。あるいはもっと重要な問いは、箱1と箱2の相対的温度は何度かということである。

この問いに対して三つの可能性がある。箱1と箱2が同じ温度であるか、箱1が箱2よりも高い温度であるか、箱1が箱2よりも低い温度であるかのいずれかが成り立つ。まずは、箱が二つとも同じ温度である状況を考えよう。箱1からの熱は標準的な方法で仕事に換えられる。箱2では爪車が回転するたびに、減衰機構によって、歯止めと爪車の歯の衝突で生じるエネルギーが吸収される。吸収されたエネルギーは熱に換えられ、箱2の温度は上昇しはじめる。箱の中の温度が上がると分子と爪車の衝突は増し、そしてより重要なこととして、歯止めとの衝突が増す。分子が歯止めに対して正確な角度で勢いよくぶつかると、歯止めが持ち上がり、そのため爪車は逆に回転して、機械のする仕事を逆転させてしまう。したがって$T_1 = T_2$の場合は、ラチェット機構は永久機関としてうまく機能することができない。

同様の理由で、$T_1 < T_2$の場合もうまくいく見込みはない。これはまさに、最終的に等しい温度の場合を覆した状況である。最後に$T_1 > T_2$の場合は、温熱源から熱を取り出して冷熱源へ移すことで仕事をするという、標準的な熱力学装置になる。しかしあいにくこの機械は、永久に作動し続けるということはない。機械が作動すると、熱が箱1から箱2へと移されるので、箱1と箱2は最終的に同じ温度になる。いったん箱1と箱2が同じ温度になれば、これは$T_1 = T_2$の例になってしまうので、最後は機能がストップするか、あるいは逆向きに作動する可能性もある。

第一の場合と第三の場合は、熱を箱2から取り除くことができるなら、もちろん作動を続けることができる。しかしそのときには、何らかの付加的な外部のプロセスが必要になり、機械は永久機関にはならない。私たちの世界と似た世界で、もしこの機械が本当に作動することがあるとすれば、そこで必要となるのは物理法則が今とは違うということだ。特に、エネルギー保存則が破られなければならず、移されたエネルギーの一部が熱に変換されるのではなく、端的に消滅しなければならない。

ラチェット機構のようなモデルで、物理的に不可能なケースを探究することによって、私たちは自然法則の帰結についてより深い理解を得ることができる。このケースでは、たとえば、エネルギー保存と永久機関の間にある法則的依存関係について知ることができる。

ここまで、存在しない対象のモデルと現実世界のシステムとの関係について、ありえるいくつかの関係を見た。この辺りで、理論家は非存在の対象について研究すべきだ、としたフィッシャーの主張について、再検討および再評価することにしよう。現実的なものの研究を第一の関心とする理論家が、なぜ、現実的でないものを理解しようとする必要があるのか。この問いに対する答えは、理論的探究行為の核心に深く切り込むことになる。理論家は、究極的には可能性の空間を分割することを目指している。彼らは何が可能で、何が不可能で、そしてそれがなぜなのかを理解しようとしているのだ。

さらに、現実のシステムに関して完全に理解するには、実質的な反事実的知識が必要になる。これはすなわち、私が第6章でP-一般性と呼んだ知識である。こうした知識は現実にあるものを超え、そうしたモデルの構造やふるまいが、この私たち自身の世界で例化されていた場合に世界は一体どうなっていたか、ということを教えてくれる。偶然的なことがらに関する仮説的モデルによって、私たちは、歴史が違っていれば現実も異なっていただろうということを学ぶ。法則的にありえないシステムのモデルから学べるのは、なぜそのモデルシステムが私たちの世界に当てはまらないのかということ、そして、それが（必然ではなく）単に偶然的な事実であるためには、どんな自然法則を変えなければならないのかということだ。このような知識を得ることは、可能性についての知識を得るという総合的なプロジェクトの一部となりうる。あるいは私たちはそれを、世界の特定の現象を説明するのに必要な、反事実的背景として利用することができる。

3　対象なしモデリング

私が議論しようと思う最後のモデリングには、そもそも選択される対象が全くない。研究の唯一の対象はモデルそのものであり、モデルが現実世界の特定システムについて何を教えてくれるか、といったこととは無関係である。この種類のモデリングは、純粋な数学的分析にたいへん近い。

それ自身のために研究され、そしておそらくは、数値計算に関してのより広い知識を得るためにしばしば研究される一組のモデルは、**セルオートマトン**である（Ilachinski, 2001）。このモデルは**セル**の配列で成り立っていて、それぞれのセルは、いくつかの状態がある中で一つの状態をとることができる。遷移規則が状態の変化を決め、これらの規則は一般に、隣り合うセルの状態に応じて適用される。

シンプルでよく知られたオートマトンは、一九七〇年にＪ・Ｈ・コンウェイによって最初に研究されたライフゲームである（Gardner, 1970を見よ）。このゲームは、セルの無限な二次元の並びによってできており、セルは二つの状態のうちの一つの状態、すなわち生きているか（１）死んでいるか（０）のどちらかである。隣接の状態はムーア近傍規則を用いて定義され、中央のセルに対して八つのセルが隣接する。ゲームの時間ステップごとに、次の規則に従って各セルの遷移状態の評価が行われる。

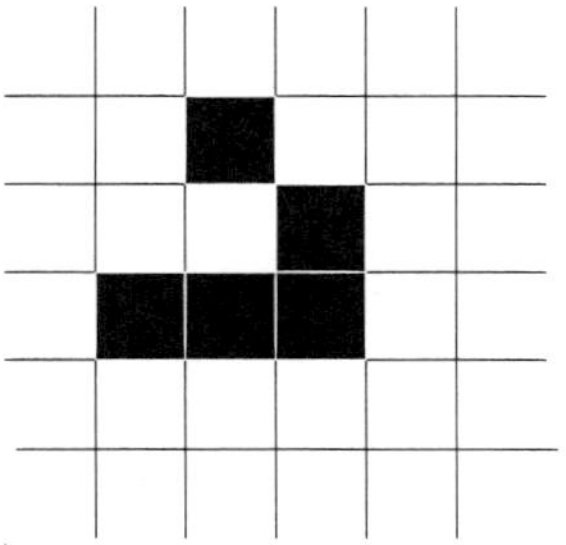

図 7.4 ライフゲームのグライダー。この構造は持続し，ゲーム盤を横切って「移動する」

(1) 生きたセルに対し、生きた隣人が二人未満であれば、そのセルは死ぬ。
(2) 生きたセルに対し、生きた隣人が二人か三人であれば、そのセルは状態を変えない。
(3) 生きたセルに対し、隣人が三人より多ければ、そのセルは死ぬ。
(4) 死んだセルに対し、隣人がちょうど三人であれば、そのセルは死から生へ遷移する。

生きたセルと死んだセルのはじめの分布が特定されると、コンピュータが時間ステップごとに規則の判定を行い、セルの状態が更新されて、また判定が行われる。理由は明白だが、ゲームの動きを調べる唯一実際的な方法はコンピュータを使うことである。上に述べたように、もともとゲームは無限の配列で実行されるのだが、コンピュータを使うため、有限な範囲の類似的なゲームが行われることになる。

ゲームがもたらす結果のうち、見た目に最も劇的なものの一つは、移動や複製、他のパターンを「食べること」など、生命のふるまいに似たパターンが存在するということだ。たとえば、図7・4に示された**グライダー**と呼ばれるパターンは、盤上を左上部から右下部へと斜めに横切っていく。

コンウェイのライフゲームに関する研究の多くが、レクリエーションのために行われてきた。一九七〇年代および八〇年代には、このゲームや、これに関連したセルオートマトンを熱狂的に支持するコンピュータマニアたちが、非常にたくさんいた。しかしもっと最近になると、コンピュータ科学者たちによって、このゲームはもっときちんとした形で研究されるようになった。まず、無限グリッドにおいて、このゲームがチューリング完全であること——すなわち、いかなる計算可能関数を計算するのにも用いることができるということ——が証明された（Berlekamp, Conway, & Guy, 1982；Gardner, 1983）。その結果、研究者たちは、ゲーム内に実際どのようにしてチューリングマシンが作れるかを調べるようになった。一つの有限なチューリングマシンが、レンデルによってゲームに実装された（Rendell, 2002；また Poundstone & Wainwright, 1985 を見よ）。このマシンは、さまざまな重要な計算を行うのに使われている。

　対象なしモデリングは、対象のないモデルを構築してこれを分析するものなので、それらを研究するということは、多くの点である種の抽象的な直接表現だと言える（Weisberg, 2007b）。抽象的な直接表現は一般に、経験的に発見される現象を研究するということが中身として含まれるが、対象なしモデリングの場合、研究の目的は構築されたモデルである。とは言え、こうしたモデルを作り上げる際、たとえば結晶の成長、進化、あるいは意識の出現といった、現実世界の仕組みを知りたいということが、しばしばその動機になってきた。およそそうした現象に対するモデルとして意図されてはいなくても、である。それゆえセルオートマトンは、少なくとも二通りの方法で現実世界の現象と接点を持つことになる。

　一つめは、比喩的とでも言うべき方法だ。さまざまな論文の著者たちが、ライフゲームおよびその関連のセルオートマトンは、生物学についての洞察や（Eigen & Winkler, 1983；Kauffman, 1993；Langton, 1995；Ermentrout & Edelstein-Keshet, 1993；M. A. Nowak, 2006）、物理学についての洞察（Wolfram, 1983；Vichniac, 1984；Rothman & Zaleski, 2004）、あるいはその他の科学についての洞察を与えてくれると論じてきた。このとき、ゲームは私たちの想像力の感度を引き上げ、もしそれがなければ見すごしていたようなことがらに対し、私たちがどう注意すればよいかを教えてくれるのだという。

　たとえばデネットは、次のような興味深い事実について論じている。私たちがライフゲームについて考え始めるときに、最初のうち、私たちはグリッドやセル、各セルの規則について述べようとするが、それほど時間が経たないうちに、グライダーやグライダー銃といった、個々のセルよりも高いレベルのあらゆる種類のパターンについて語り出すのだ。

私たちがさまざまなレベルを移動するときに、はっきりと、存在に関する移行があったことに注意してほしい。物理的なレベルにあるときには運動は存在せず、個体であるセルが、決まった空間的位置によって定義されるだけだった。しかし図柄レベルになると、持続的な対象の運動を手にするのである。南東方向に移動したのは、ほかでもない一つのグライダーなのだ。さてここで、このあと行う考察に対して一つ準備運動をしておこう。ライフゲームには本物の運動があると言うべきだろうか。それともこれは単なる見かけの運動だと言うべきだろうか。コンピュータの画面上で点滅するピクセルは、結局のところ、心理学者によって見かけの運動と呼ばれることがらの典型的なケースである。移動するグライダーが実際にあるのか、それとも、そこにあるのは単に移動するセルのパターンだけなのか。もし後者を選択するなら、このように移動しているパターンは本物だ（実在する）ということくらいは、少なくとも言うべきなのだろうか。(Dennett, 1991, 39)

デネットはこのように、ライフゲームの見かけの存在――グライダー、シュシュポッポ列車、ビーコン、ヒキガエルなど――と、ゲームの基礎をなす非常にシンプルな状態および遷移との関係を議論に用いている。その議論から、パターンが本当に存在するかどうかというのは、非常に難しい問題であることがわかる。デネットはこの問題を用いて、心の形而上学に関わるもっと大きな結論を導いた。しかしこの議論の中で、デネットはモデルそのものは用いておらず、単にモデルを調べることから引き出せる洞察に触れているだけである。

対象なしモデルから現実世界についての知識を得る二番目の方法は、もっと直接的である。対象なしモデルは、場合によっては、より一般的なモデリングの枠組みに関するヒントを与え、それを対象指向型モデリングに用いることができる。たとえば、私の同僚のイアン・ラスティックは、ライフゲームに似た非常に複雑なセルオートマトンを用いて、国々の安定と混乱について研究した（Lustick, 2011）。ラスティックは、グリッドを用いたというより、ほぼ国の形に一致するようなグリッド上の広がりを用いた。グリッドのセルはさまざまな政治的アイデンティティに関わる状態が詰め合わされたポケットであり、遷移規則は構築主義的なアイデンティティ理論に基づいている。すなわち、個人の社会的・政治的アイデンティティは、その個人を取り囲む人、中でもかなり社会的影響力のある人によって作られる、という理論が遷移規則の基礎となる。

これまでの話をまとめると、対象なしモデルは主にその内的興味によって研究される。しかし、こうしたモデルから何か生産的な研究が生まれると、多くの場合、研究者たちはまもなくその新しい使用法に気づき始める。セルオートマトンはまさにそのような形で、政治的混乱状態に関する研究に使われたのである。

4　揺れ動く対象——三つの性の生物学

ここまで、特定の対象を持たない三つの種類のモデリングについて話をしてきた。この章を閉じる前に、性の進化に関するフィッシャーの有名な主張に立ち戻って考えてみたい。彼は、性が三つあるとする生物学が、対象の存在しないモデルの例だという考えを示した。しかし、実はこの話はもっと複雑で、モデリング行為の流動性をよく表していることがわかる。

フィッシャーは三つの性の生物学が非存在システムであり、それをモデル化することは単に理論的な関心でそうするのであって、実際的な関心からではないと確信していた。この単純なイメージに対し、話を複雑にする第一の要因は経験的な要因である。実は、性が二つより多いと思われる種があるのだ。

哺乳類では、性は生殖細胞のサイズと数で簡単に見分けられる。オスは小さな生殖細胞をたくさん作り出し、メスはわずかな数の大きな生殖細胞を作り出す。多くの繊毛虫類や菌類などの**同形配偶子**の種では、すべての生殖細胞が同じサイズである。こうした種では、性は誰が誰と交配できるかによって直接決められるべきものである。このことから、**交配グループ**という考え方、すなわち同じ種の生物個体から成り立っていて、その中では互いに交配できないようなグループという考え方が導かれる。もし性の数が交配グループの数で数えられるとすれば、ある種については実に何千という性を持つことがわかる（Raper, 1966；Casselton, 2002）。したがって、交配者に関してさらに詳しく調べずして、フィッシャーのように三つの性のシステムはないと主張することは、経験的理由で疑わしいのである。

三つの性の生物学に関する理論研究もまた、フィッシャーの主張にプレッシャーを与える。理論家たちが、異なる種類の性システムを持つ遺伝モデルをあからさまに論文で取り上げ始めたとき、フィッシャーが言及する「三つの性の生物学」が曖昧だということが明らかになった。一つの曖昧さは交配の組み合わせに関係する。仮にA、B、Cという三つの性があるとして、そのうちどの組み合わせでも交配できるのだろうか。それとも、たとえばA／B、B／Cのようにある組み合わせだけが可能なのだろうか。あるいは交配には、何らかの形で三つの生殖細胞が融合することが必要なのだろうか。フィッシャーは三つの細胞の融合のことを考えていた可能性が非常に高く、三つの気体分子の衝突がきわめて起こりにくいのと同様、三つの細胞の融合はほとんどありえない、もしくは不可能だとの主張をおそらくするつもりだったのだろう。

その後の論者たちは、同じではないどの二つの種類の性でも交配できる、という最もシンプルな交配組み合わせを用いてきた（さらに詳しくは，Bull & Pease, 1989 を見よ）。理論家が，これら生物の生命史に異なる仮定を立てるのと併せ，異なる交配の組み合わせ論を研究し始めると，フィッシャーのもとの主張がいかに的をはずれていたかということが，次第に明らかになってきた。ローレンス・ハーストは，このテーマに関する論文の一つで，交配型（配偶型）に関する進化モデルを簡単に説明しつつ，次のように述べている。

交配型が二種類である状況を考えてみよう。新たな三番目の種類の配偶子が集団にはじめて現れたときに，これが他のどの配偶子とも交配できるとする。交配相手を見つけるのに少しコストがかかるとすると，ここから，こうした変異体が容易に侵入してくるであろうことが予想できる。同じことが，二つより多い交配型を持つ集団に，新たな変異体が侵入してきた場合にも成り立つ。（Hurst, 1996, 415）

ここからどんな結論を導けばよいだろうか。ハーストはこう記す。

それゆえ，交配型はゼロであるか，もしくは理由が何であれ交配型が進化した場合は，交配型は無限に近づくか，そのどちらかだと考えられる〔……〕。性が二つというのは全く思いがけない状況である。したがって，こんなにも多くの生物が二つの性であるというのは驚くべきことである。（415）

そうすると，ここで疑問が変わったことになる。存在しない，三つの性の交配システムはどのようなものか，と問う代わりに，なぜすべての交配システムは n 個の性でできていないのか，と問うのだ。なぜこれほど多くのシステムで性が二つなのか，と。これらの問いは今日，研究者を悩ませる未解決問題である。

最後にもう一つ，微妙な問題が残っている。それは，私がそもそも交配型と性を結びつけたということ自体に立ち戻って考えるべき問題である。私はこの結びつきをあっさりと何の議論もなしに認めたが，種における性の数を考えるには、明らかに他にも方法がある。パーカーは、種における性の数を決めるのに三つの合理的な方法があると論じた。第一の方法は、異なる配偶子の種類を数えるという方法で、これは私が交配型と性を結びつけたのと同じだ。第二の方法は、生殖能力のある個体を作るのに、何種類の配偶子が組み合わされる必要があるかを数える、というものだ。この定義を用いるとすれば、何千種類という交配型がある菌類も、依然として性は二つだけだということになる。最後に、有性生殖する集団を安定させ、それを絶滅させないために必要な配偶子の種類を数える、という方法がある（J. D. Parker, 2004）。

実は最近、社会性昆虫に関して、コロニーの絶滅を防ぐために三つの異なる性がいずれも寄与している、というケースのあることがわかった。アリの種のように通常の半数性単為生殖昆虫のシステムでは、オスとメスは違う方法で産生される。女王が卵を産み、受精しなければその卵はオスになる。しかし卵がオスによって受精すれば、それはメスになる。そしてこのメスがワーカー（働きアリ）になるか女王になるかは、環境要因によって決まる。

ニューメキシコ南西部で、生物学者が赤色収穫アリ（*Pogonomyrmex barbatus*）と別の収穫アリ（*P. rugosus*）が雑種形成していることを発見した。この雑種システムには、一方もしくは他方の種由来であるという明確な遺伝マーカーを持つ個体が含まれている。こうした遺伝的差異は生殖の上で重要である。オスは標準的な無性生殖の形で産生される。女王がもとの遺伝子プール起源のオスと交配すれば、それはメスのワーカーではなく女王を生む。一方、もし他の遺伝子プール起源のオスと交配するときには、ワーカーを生んで女王は生まない。コロニーが健全な状態で持続的であるためには、女王はどちらの集団起源のオスとも、つまり異なる種類のオスと交配する必要がある。そうしなければコロニーは絶滅する。それゆえこのシステムは、少なくとも三つの性の間で交配することが必要なシステムなのだ（J. D. Parker, 2004）。

では、三つの性の生物学に関するフィッシャーの有名な引用について、私たちはどう考えるべきか。三つの性のシステムは存在せず、また存在できないとする彼の主張は、少なくとも性に関するある定義の下では明らかに誤った主張である。しかし、この引用の裏にある感情的志向は正しく、まさにこの章の中心的な主張と重なるものである。理論科学は、単一の対象を表現するために単一モデルを作る、ということ以上のことがらを含んでいる。理論家がこのように研究の焦点を絞ることがあっても、しばしば、彼らは多くのモデルと多くの対象を心に抱いているのだ。このように行為がきわめて多様なことから、結果もまた多様でありうる。単一の対象に関する理解の構築もあれば、対象の集合、一般化された現象、あるいは不可能なシステムに関して理解を構築するということもある。だからこそ、私はこの本のはじめから、モデリングとは何かを説明するのに、それは対象を潜在的に表現しうるモデルを構築し分析することだ、と言い続けてきたのである。モデリングについてのこの拡張されたイメージを持って、モデルとその対象の関係をめぐる問題に、もう一度戻ることにしよう。

第8章　類似性の説明

この章では、ここまでのモデリングに関する分析とうまく合うような、モデル-世界間の関係について説明したいと思う。この説明において特に注意して論じたいのは、科学者がモデルで世界をどう表現しているかということ、そして彼らの表現の目的と理想とが、モデルに適用される忠実度基準の形成にどう関わるかということである。モデル-世界間関係について現在なされている説明は、同型性などのモデル理論的特性を用いて形式的（定式的）な形でなされるか、あるいは、類似性概念によって形式的（定式的）ではない形でなされるか、だいたいそのいずれかである。これに対して私は、類似性を基礎とした、いくらか形式的（定式的）な議論を展開したいと思う。

モデル-世界間関係に関して、類似性に基づいて行う説明がすべてそうであるように、私もはじめから次のことを受け入れておきたい。一つは、モデルと世界の間にはさまざまな関係が成立するということ、そして、その中のどの関係が成立するとされるかは、紛れもなく背景と理論的興味に関わるということである。言い換えると、モデルと世界の類似性は、つねに何らかの点で見て成り立つものであり、何らかの程度を持って成り立つということである。モデル-世界間関係について説明する上で、私はこの事実を重視し、ある一つの関係を表現の最高峰として見きわめようというつもりはない。むしろ私が示したいのは、モデル-世界間関係が、いかにモデルに関する理論家の解釈に依存し、さらに研究者共同体の背景知識、行為、そして彼らの研究目的に依存するかということである。

1　モデル-世界間関係に必要なこと

私はこの本を通して、モデリング行為のさまざまな側面について探求してきた。そして、モデルがさまざまに異なる理由で構築されることを述べてきた。そうした理由から、モデルはさまざまな基準で評価されることになる。この章では、このような評価行為の複雑さに対応できる、柔軟なモデル-世界間関係について説明したいと思う。この目標に向かう第一歩として、この節では、モデル-世界間関係の説明が持つべき八つの必要事項を示すことにする。そしてこの章の残りの部分では、その八つすべてを満たす説明を展開したい。

一つめの必要事項は「最大性」と呼ばれ、形式的（定式的）で、類似関係の境界値に関わるものである。モデルは自分自身に最大に類似しており、その特性をすべて共有するどんな対象に対しても最大に類似している。それ以外の同一ではないすべてのモデルは、互いの類似性および対象との類似性がより小さい。もう少し形式的（定式的）に表せば、同一でない二つのモデルを a、bとし、モデル-世界間関係をrとすると、$r(a, b) < r(a, a) = 1$ である。

モデル-世界間関係についてなされてきた多くの古典的な議論では、この関係は、モデル理論的に捉えられる真理に似たものと考えられてきた。つまり、その関係によって、どうしてモデルが世界の構造を正確に反映できるのかが説明されるべきだと捉えられてきた。この捉え方が、説明を組み立てる上での出発点となる。よいモデルは対象に関して多くの真実を示すが、悪いモデルはそうではない。しかし、モデルが示すことのできる真実は、理想化の程度によって多くも少なくもなるので、この関係は何らかの程度を持ち、一つの尺度で表されるべきものである。したがって、モデル-世界間関係の第二の必要事項は、それが「段階的」であるということだ。

この本で論じてきたモデリングの例では、モデルと対象の比較は、静的パターン、動的パターン、それに因果的構造を含めて、そのたびごとにさまざまな特性間の比較としてこれを行ってきた。たとえばロトカ-ヴォルテラモデルでは、種の存在量における振動が対象と共有されるときに、よいモデルと考えられる。ベイモデルは、スケール、地形、潮汐サイクルをサンフランシスコ湾と共有する。このモデルでは、慣性力と重力の比など、主要な力の比（［工学的には負荷力と作用させる力の比］フォースレシオ）も対象と共有される。それゆえモデル-世界間関係は、モデルと世界を比較する上で、このうちどの種類の特徴でも用いることができる、ということが必要となる。つまり、比較される構造の「豊かさ」を許容するものでなければならない。

これらのパターン、特性、構造のうちのあるものは定量的だが、一方で定性的なものもある。たとえば、シェリングの人種分離モデルを現実都市の分離パターンと比べる場合には、人種で分離した集団がモデルの中にできている事実と、人種で分離した集団が都市にできている事実とを比較することになる。このようなシンプルなモデルに関しては、おそらく誰も定量的な比較が適切だとは思わないだろう。もっとも、定量モデルが実際の分離パターンにとってよいモデルになる可能性もあるにはあるのだが。いずれにせよ、モデル-世界間関係は、「定性的」比較を許容しなければならない。

この本のもう一つのテーマは、モデルがしばしば高度に抽象化されるということであった。このようなモデルは対象を忠実に表すことはないし、対象を忠実に表すことが意図されてもいない。にもかかわらず、理想化されたモデルは、対象について多くの真実を教えてくれる。モデル‐世界間関係は、単に「このモデルは対象を正確には表現していない」とか「このモデルは対象を抽象化された形で表現している」と言うだけでは十分ではない。モデル‐世界間関係は、よい結果をもたらす表現と、そうではない表現とを区別できなければならない。私はその基準を「理想化」基準と呼ぼう。

私はこれまで挙げた例で、モデル‐世界間関係が、明に暗に理論家の科学的な目的に依存することも示してきた。たとえば、ロトカ‐ヴォルテラモデルがどれだけうまく特定の対象の特性を捉えているかは、モデル制作者がどんな忠実度基準を持つか、あるいは表現的理想を持つかによってその判断が異なる。ヴォルテラは、アドリア海の漁獲変動に関する自分のモデルがかなり正確だと思っていた。現在、私たちは概ね、ロトカ‐ヴォルテラモデルを「一体どうして」タイプのモデルと考えるか、もしくは教育的モデルと考えている。モデル‐世界間関係がそれを用いる背景（文脈）に依存する、ということが、この関係に求められる第六の必要事項である。これを「背景的」必要事項と呼ぼう。(1)

理論家が異なると、あるモデルに対する忠実度基準も異なる可能性があるし、また理論家が、ある特定のモデルを異なる背景の下で用いる可能性もある。したがってモデル‐世界間関係の説明は、経験にはよらない部分でモデルの適合度が互いに異なる、という可能性を認めるものでなければならない。しかしその説明はまた、こうした経験的な部分以外の不一致を分析するのに役立つものであるべきだ。そうした分析は、不一致の原因をモデルの背景や使用法に求めたり、さまざまな特徴の重みづけに求めることになるだろう。この必要事項を「裁定」基準と呼ぶことにする。

この本の中で私は、モデリング行為を認識的なレベルで、すなわち理論家がきちんと認識できるレベルで捉えようとしてきた。私は、モデル‐世界間関係の分析もこれと同様に、科学者が実際に行える判断を反映したものであるべきだと思う。決して、認識できないものの間の関係、つまりモデルと対象の隠れた特徴どうしの関係とすべきではない。これは明らかにいかなる場合にも満たすべき要求の一つである。その理由はこうだ。多くの場合、理論家は類似性の判断に関する根拠を明確に捉えられるとは限らない。つまり、判断はただ判断としてなされるにすぎない。しかし、たとえば判断が一致せずにその根拠が問題となるときには、理論家はそうした判断根拠を導けないといけない。(2) したがってモデル-世界間関係の説明には「扱いやすさ」に関わる基準が必要となる。

次の節では、科学哲学分野でなされてきたモデル-世界間関係の古典的説明を紹介し、それらがここに示した必要事項のいくつかを満たしていないことを述べたいと思う。

2　モデル理論的説明

伝統的なモデル-世界間関係の説明は、理論に関する意味論的見解と呼ばれるものに由来する（Suppes, 1960a, 1960b；Sneed, 1971；Suppe, 1977b, 1989；van Fraassen, 1980；Lloyd, 1994）。この見方においては、モデルが現実世界と関係づけられるのは、モデル理論的な**同型**関係による。ただし、意味論的見解を支持する何人かは、この要求を**準同型**（Lloyd, 1994；Miller & Page, 2007も見よ）や、**部分的同型**（da Costa & French, 2003）というより弱い形に置き換えた。こうした見方はすべて、数理モデルが論理学者の用いるモデルに概ね等しいという考え方をする（彼らは、数値計算モデルや具象モデルについてはほとんど何も言っていない）。それゆえ彼らは、論理学者のモデルとしても十分使えるものを手段にして、モデル-世界間関係を説明するのである。

同型とは、二つの集合の間で構造と関係を保持する写像関係である。形式的（定式的）に言うと、同型とは二つ

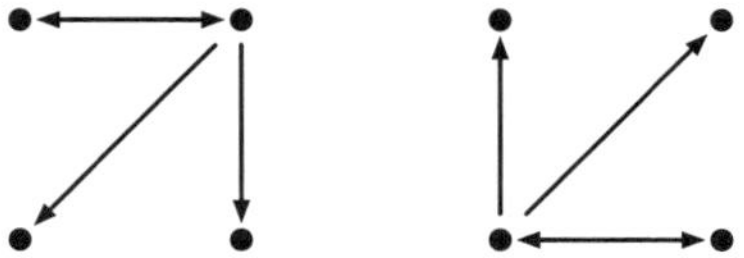

図 8.1　これら二つの有限グラフは互いに同型である

の集合の間の全単射であり、写像 f とその逆写像 f^{-} がともに、二つの構造間で構造を維持する写像であるようなもの、すなわち準同型であるものを言う。[1] 図8・1は、シンプルなものだが、互いに同型な二つの有向グラフを表している。

では、この説明が実際の科学的な例に拡張して使えるかどうか見てみよう。実際のバネの動きを記述する、減衰調和振動子の使用を考えてみよう。減衰調和振動子のモデルは次の方程式で表される。

$$\frac{d^2x}{dt^2}+2\zeta\omega_0\frac{dx}{dt}+\omega_0{}^2x=0 \qquad (8\cdot1)$$

ここで、$\omega_0=\sqrt{k/m}$ は振動子の角振動数、$\zeta=c/2m\omega_0$ は減衰比、c は減衰係数である。

このモデルの予測と、ある対象とを比較するには、パラメータ k、c、m の値をまず特定しなければならない。この特定により、そのバネのさまざまな初期変位量に一つ一つ対応する状態空間内の諸軌道が、一つの完全な集合として与えられることになる。この集合をもとに、モデルの中で経験的に決まる下部構造、すなわち時系列におけるバネの変位のように、モデルの中で計測可能な量を記述する部分を特定することができる。形式的（定式的）に言えば、これは順序対 $\{x, t\}$ の集合を構成する。ただし x はバネの変位を表し、t は時間を表す。いま経験的な構造に限って考えているので、時間の値はすべて正であり、おそらく、興味ある時間間隔に絞って考えることになる。意味論的見解に従えば、私たちがバネについてのよいモデルを手にするのは、このような順序対集合と、経験的に決まる変位・時間の順序対集合との間に、同型性が成り立つときである。

同型性は、モデル-世界間関係の議論では至る所で目にするが、そうした説明は、私が前節で概略を述べた必要事項を多くの部分で満たしていない。そのように不十分な説明の中で、おそらく最も重大な問題となるのは「理想化」の事項を満たさないことである。そのどこが問題かを確認するために、シンプルな線形調和振動子について考えよう。これは上の振動子と似ているが、減衰項が含まれていない。

$$m\frac{d^2x}{dt^2}+kx=0 \qquad (8\cdot2)$$

このモデルは、たとえば時計の振り子の揺れやバネの振動など、周期運動を記述するために多くの物理学研究で用いられているモデルだ。こうした現象に関わるすべての対象と比べて、モデルは高度に理想化されている。というのも、バネや振り子はすべて減衰する（つまり摩擦のためにエネルギーを失っていずれ振動が止まる）からである。このモデルには減衰項がないので、決まった振幅でいつまでも振動することがモデルからわかる。同様に、モデルには平面外への運動や回転運動を記述する術がない。モデルの運動はすべて線形で、一次元での運動なのである。にもかかわらず、しばしば調和振動子でモデル化される共有結合では、このどちらの運動も、その振動を構成する要素として実際に確認することができる。それゆえ調和振動子モデルは、その対象に比べて高度に抽象化されていると言える。

確かに高度に抽象化されてはいるが、それでもこれらのモデルはその対象の特性に関して、何らかの情報をもたらしてくれるように思われる。たとえ限定つきだとしても、そうしたモデルに価値があると考えられるのは、それによって、対象が持つ振動的性質がシンプルな形で捉えられるからである。しかしこの事実は、同型性による説明では適切に扱うことができない。「振動的性質」はモデルの構造的特性ではなく、モデルの示すパターンに対する解釈なのだ。したがって、この特性に関しての、モデルから対象への全単射の写像は存在しない。すると、同型説の支持者たちはこう言わざるをえないだろう。これらのモデルは、その見かけ上の有効性にもかかわらず、こうしたシステムの記述には用いることができないのだと。

さらに、同型性の一つの困難は、対象のふるまいを説明すると思われるモデルのメカニズム的特性と［対象の特性と］の間に、同型性を見出すことがしばしば不可能だという点にある。実際の都市の人種分離パターンに適用した、シェリングの人種分離モデルを考えてみよう。もし、モデルが実際の都市の分離を説明できているとするなら、それはある一組の選好と行為によって、分離がどうもたらされるかをモデルが示せるからである。モデルの中の行為者は、非常にシンプルな選好を持ち、シンプルなふるまいをし、彼らの生活空間となるのは完璧に規則的に並んだグリッドだ。現実の行為者は複雑であり、それぞれ異なる選好を持ち、その行為は多様で細部に至るまで区別され、彼らの生活空間は実際の街や家屋である。したがってシェリングモデルの都市は、架空の都市に対してのみ同型なのであって、実際のどんな都市に対しても同型ではない。しかし、モデル-世界間関係の説明次第では、シェリングモデルの都市における効用関数と行為規則の動態によって、たとえばフィラデルフィアにおける人種分離を表現できると言えるだろうし、またそれを説明できると言えるだろう。同型性はこうした関係を捉えることができない。なぜなら、シェリングモデルの構造的特徴は、フィラデルフィアの上に直接写すことができないからだ。

理想化されたモデルとその対象の間には、正しい種類の同型性が成り立つことはほとんどないと思われるのだが、皮肉なことにその逆に関することもまた真である。すなわち、誤った種類の同型性があまりにたくさんある。同型は構造から構造への写像なので、同型を問題にするときには内包はどうでもよい。モデルの構造をどう解釈するかということは、同型性にとっては一切無関係である。つねに構造だけを問うべきだ、というのであれば、どんなモデルでも、そのモデルを写すことのできる構造はいつでも無数にあることになる。問題は、もしモデルが理想

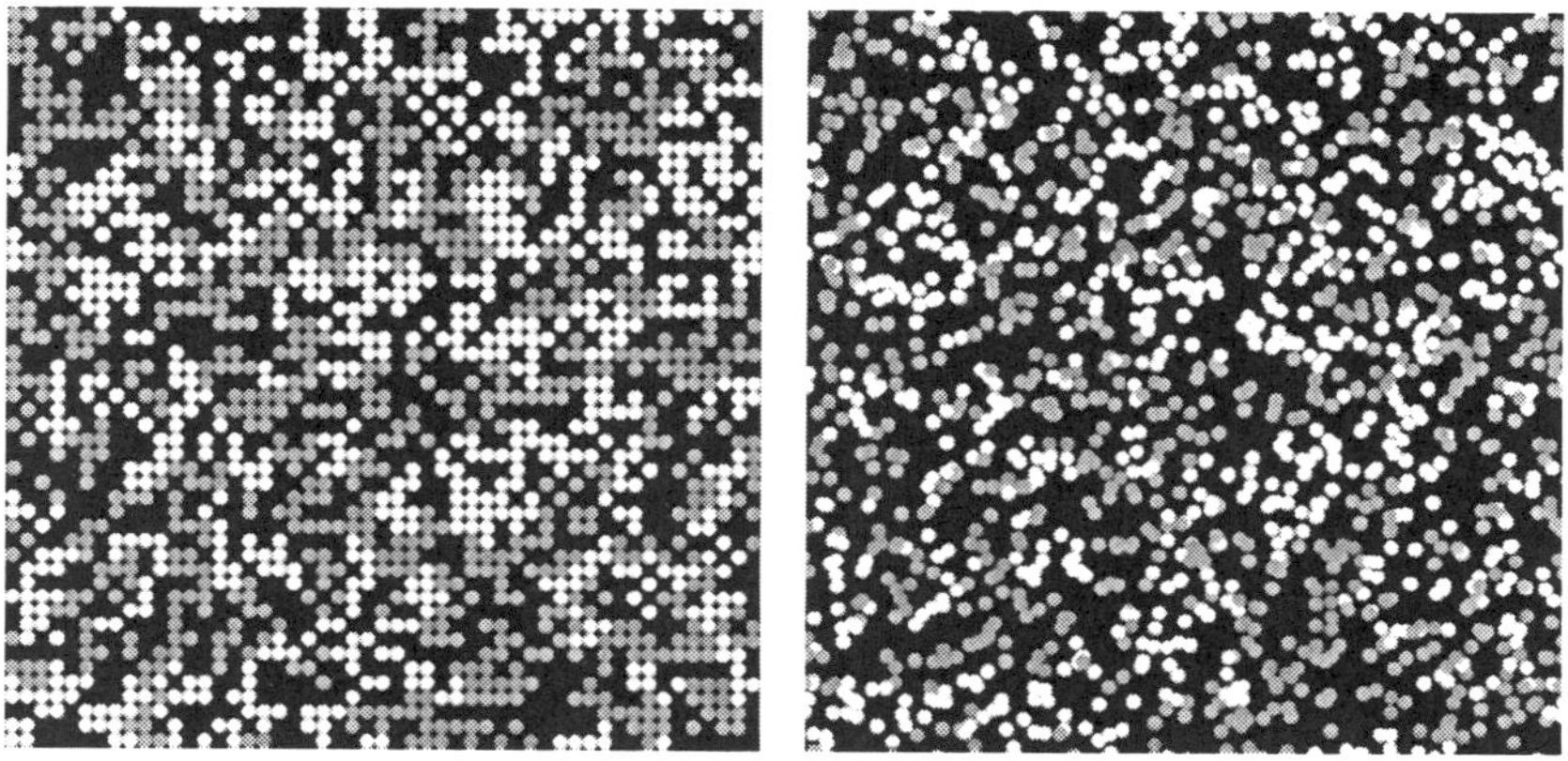

図 8.2　左：シェリングの人種分離モデルを実行したときによく見られる平衡状態。右：この状態を一次変換したもの。元の状態と同型である

化されていれば、この構造の集合には対象システムがまず含まれないだろうということだ。シェリングモデルの平衡状態を一次変換したものは、すべて、そのモデルの平衡状態と同型である（図8・2を見よ）。しかし、その中のどの集合にも、私たちがモデルを適用したいと思う実際の都市は含まれていないのである（Hendry & Psillos, 2007；Singer, 2008）。

　モデル理論の支持者たちは、こうした問題に答えることができるだろうか。最近の、**部分的同型**に関する研究（Bueno, French, & Ladyman, 2002；da Costa & French, 2003）は、正しい方向に向かって進み出している。この説明によれば、モデル-世界間関係は三者関係であり、モデルの構造が次の三つの下部構造に分けられる。対象と同型な部分、対象と同型でない部分、そして対象に関して「確定していない」部分である。モデルが対象と部分的に同型であるのは、そのモデルの下部構造が対象の下部構造と同型のときである。これは、それまでの同型性に基づく説明に対して、いくつかの点で有利だと言える。本書の目的に照らせば、この立場の最も重要な利点は、理想化されたケースについての説明に役立つという点だ（French & Ladyman, 1998）。

　たとえば、理想気体に関係した弾性衝突という理想について考

えてみよう。この理想が意味することは、二つの気体分子が衝突したときに、その二つの分子は衝突後も、運動エネルギーの和が一定に保たれているということである。このことは気体分子（水素ガス、酸素ガス、水蒸気など）には当てはまらない。なぜなら、気体分子が衝突したときには、運動エネルギーの一部が内部自由度（内部の回転と振動）に変換されるからだ。しかし、こうした理想は、理想気体に基づく説明にとっては、多くの場合必要ではない。そのような理想気体の説明では、理想化されたモデルを非同型的な下部構造だけに限定したとしても、何の問題もない。

けれども、こうしたことは一般には当てはまらない。この本でこれまで論じてきた多くのケースで、対象の特徴を（したがって、対象のふるまいに関する説明の一部を）表現すると考えられたのは、理想化された特徴それ自体であった。たとえば、行為者の効用関数や空間的配置などの、シェリングモデルにおける理想化された特徴は、まさに実際の人々の特性を表すものであり、モデルの説明的な役割を果たすものである。しかし、部分的同型の説明では、そのような特徴は実際の人々の特性とは一致しないので、それらを非同型的な下部構造の一部としなければならない。それゆえシェリングモデルは、実際の人々を表現することも、また実際の都市の分離に関して説明を与えることも、できなくなってしまう（部分的同型説の理想化の扱い方に関する他の批判としてはPincock, 2005を見よ）。

モデル‐世界間関係に対する他の必要事項についてはどうだろうか。実は同型説は、「段階的」に関する事項を全く満たすことができないのだ。モデルは対象と同型であるか、あるいはそうでないかのいずれかである。部分的同型説は、これよりはうまくこの要求に対応できる。この関係における三つの下部構造部分には、同型的構造と非同型的構造の相対的な大きさをある程度測れるような、何らかの尺度を作り出せる余地があるからだ。部分的同型説の支持者がこうした比較の測定規準を作り出せる可能性はある。しかし私が知る限りでは、その規準が実際に作られたことはない。

さらにモデル理論的説明は、その定義によって、「定性的」必要事項を満たすことができない。この説明は、構造と構造を比較することができるだけである。この説を支持する多くの研究者たちは、そして中でも部分的同型説の支持者たちは、その多くが構造実在論の立場なので、私が論じた定性的特徴などは科学的探求には関係がない、ときっぱり言うだろう。けれども私はそれには反対だ。モデルと対象を定性的な特徴に関して比較する、というのはしばしば科学的行為として行われるので、モデル-世界間関係の説明がこの事実を捉えられる、ということはあってしかるべきである。同様に、同型に基づく説明は「背景」を適切に処理することができない。部分的同型説には程度差を表す余地があるので、その支持者たちはこう主張するかもしれない。ある部分的同型がいつ当座の目的を十分満たしたと言えるかは、背景的要因によって決まるのだと。しかしこれは、彼らのモデル-世界間関係の説明には含まれていない部分であり、彼らがこうした判断の仕方について別の説明を用意している、などとは私には思えない。

モデル理論的な説明にはこのような困難があるので、一部の哲学者たちは、モデル-世界間関係の説明を他所に求めるようになった。その中には、私たちは質問の方向を変えるべきであって、モデルがいかに対象を表現するか、ではなく、モデルからどんな推論を引き出せるかを問うべきとする哲学者もいる（たとえば、Suárez, 2004）。しかし新たな提案として、これまでのところそれ以上に支持されているのは、モデル理論とは違ったタイプの関係を探そうという案である。何人かの哲学者は、適切なモデルはその対象に**類似している**と論じてきた（たとえば、Cartwright, 1983；Giere, 1988；Godfrey-Smith, 2006）。私はこの考え方に同意する。本章の残りの部分で、この考え方について詳しく見ることにしよう。

3　類似性

類似性がモデル-世界間関係の望ましい候補である、と主張してきた哲学者はこれまでに何人もいるが、その歴史は光と影が交錯しており、多くの哲学者にとって、この概念に訴えることは疑わしいことであった。たとえば一九六九年、W・V・O・クワインは、類似性の一般概念にはどれも問題があるとした。その理由は、この概念をより経験的な、あるいは論理的な基本概念で説明することができないから、ということである。これに基づいてクワインは、類似性の概念が「論理学的に不快感を催す」(Quine, 1969, 59) ものであり、成熟した科学であれば類似関係を全く消し去るべきだし、また実際そのようになされてもいる、との結論を導いた。

クワインの主張は、主としてシンプルな化学の事例に基づくものだったが、彼はまた、ネルソン・グッドマンが述べたより根本的な主張も援用している。類似性に対し、グッドマンが行った主な反論の一つは次のようなものだ。類似性に訴えることは、よく知られていないものに対して単に名前をつけることでしかなく、問われているその関係を特徴づけることではない。もしそれが適切な分析になっているなら、類似性には他を還元できるような定義が与えられてしかるべきだが、そのような定義などありえない (Goodman, 1972)。

グッドマンのもう一つの主張は、類似性が関係としてあまりに無差別的だ、というものだ。たとえば、何であれ三つの物があれば、そのうちの二つには第三の物より似た点が必ずある。もし緑の正方形、赤い正方形、赤い円があるとすると、第三の物より互いに似ていることが明白なペアというものはない。

この問題は瑣末な例に留まらず、実際の科学的事例にまで拡大する。エチルアルコール、ジメチルエーテル、ジエチルエーテルの各分子について考えてみよう。エチルアルコールは分子構造が CH_3CH_2–OH であり、ジメチル

エーテルは $CH_3–O–CH_3$、ジエチルエーテルは $CH_3CH_2–O–CH_2CH_3$ である。どの分子のペアが、第三の分子よりも互いによく似ているだろうか。ジメチルエーテルとエチルエーテルはともにエーテルなので、それらは類似した化学反応を起こしたり、類似した物質を溶かしたりすることができる。他方、エチルアルコールとエチルエーテルはどちらもエチル基（二つの炭素原子を含む鎖）を持つ。エチルアルコールとジメチルエーテルは、構造異性体である。つまり、それらは同じ原子を含むが、結合関係だけが異なり、分子量も同じである。しかし、エチルアルコールが水に完全に溶けるのに対して、エーテルはどちらも一部しか水に溶けない。エチルアルコールの沸点は七八・四℃だが、二つのエーテルの沸点はそれよりずっと低い（それぞれ、三四・六℃とマイナス二三℃）。したがって、このうちどの特徴を他より重要と見なすかによって、どのペアでも第三のものより互いに似ていると判断できることになる。

　グッドマンはこの第二の問題点に基づいて、瑣末な例であれ科学的な実際の例であれ、背景に関わらない（文脈自由な）類似性の尺度はありえないことを示した。こうした議論の影響で、ギャリ、カートライトのような哲学者たちは、モデル–世界間関係に関する自身の議論に制限を加えることになった。ギャリは、モデルが対象に似ているとしたら、それはある「観点と程度」において似ている必要があるとし（Giere, 1988, 92）、その観点や程度は背景理論や理論家の関心によって与えられる、と述べている。カートライトは、モデルと対象の間で取り上げるべき類似性は「行為的類似性」だと述べる。私が解釈するところでは、この類似性は因果的構造の類似性を意味する(Cartwright, 1983)。

　私は、ギャリとカートライトが正しい方向で議論しているように思う。類似性は、本章一節の必要事項を満たす適切な関係に思われる。なぜなら類似性には程度があり、理想化されたモデルと対象の比較に用いることができ、あるいはモデルの定性的特徴を対象と関係づけることができるからである。しかしながらギャリとカートライトは、類似性が何に付随し、背景にどう依存し、類似性の判断がどう評価されるか、といったことについて詳しいことはほとんど述べていない。それゆえ、この章の残りの節でこれらの問いに答えを与えるべく、モデル-世界間関係に関する新しい説明を導入したいと思う。議論の出発点として、エイモス・トヴェルスキーの研究についてまず述べる。トヴェルスキーは心理学において、類似性に関する有力な説を展開した人物である。

4 トヴェルスキーの対照的説明

一九七〇年代に、エイモス・トヴェルスキーは類似性と相違性について、彼の実験の被験者が日常的にどんな判断をするかを捉えようとして、集合論的な類似性の説明を展開した。その当時、類似性判断についての最も洗練された理論は、クワインの考え方を一部に用いる形で、フランク・アトニーヴやロジャー・シェパードらによって詳細に論じられていた（Attneave, 1950; Shepard, 1980, 1987）。シェパードやアトニーヴが展開した類似性の**幾何学的**説明では、対象は、その特徴に割り当てられる値に基づき、多次元空間の中のある場所が割り当てられる。そうすると類似性は、この空間で対象を表す点と点の間の、単なる距離ということになる。たとえば色は、その明度、色相、彩度に応じて三次元空間の座標として表すことができる。それゆえ二つの色は、この二つの間の距離を測ることで互いに（他の二つの色のペアと）比較することができる。この特徴空間での距離が近いほど、二つの対象は互いに似ているのである。

トヴェルスキーはいくつかの理由で、この説明が類似性の説明としてはそれほど一般的なものになっていないと判断した。まず一つに、類似性の判断に関わる特性のすべてが、特性空間の次元の上に写されるわけではない、と彼は考えた。いくつかの特徴は定性的である。彼はまた、類似性判断のすべてが対称的というわけではないと考えた。彼の被験者たちは、中国が北朝鮮に似ているよりも、北朝鮮は中国に似ていると判断したのである（Tversky, 1977; Tversky & Gati, 1978）(3)。それゆえトヴェルスキーは、幾何学的な説明よりも柔軟で、より一般的な説明を求めたのだが、それを実際に適用すると、幾何学的な説明と同じ結果を生じる可能性がある。

まず大まかに述べると、トヴェルスキーの類似性に関する**対照的**説明では、対象aとbの類似性は、それらが共有する特徴、共有しない特徴によって決まる。彼の説明は、次のような形で展開された。はじめに、特徴集合と呼ばれるある集合Δを考える。[2] これらは定量的でも定性的でもありえ、「〜は赤い」「〜はXの左にある」「〜は確率〇・五で表が出る」などといった要素を含む。二つの対象aとbに対し、Δにおける特徴の集合でaが所有する特徴の集合をAと定義する。また、Δにおいてbが所有する特徴の集合をBと定義する。さらに、Δのべき集合（$\wp\Delta$）［集合Δのすべての部分集合から作られる集合］の上に定義される、ある重みづけの関数$f(\cdot)$を選ぶ。このとき、aのbに対する類似性は、次の式で与えられる。[3]

$$S(a, b) = \theta f(A \cap B) - \alpha f(A - B) - \beta f(B - A) \qquad (8 \cdot 3)$$

ある特徴集合Δ、重みづけ関数$f(\cdot)$、項の重みθ、α、βに対し、この方程式は、類似性の比較判断に使用できる類似性スコアを与える。その意味するところはこうだ。aのbに対する類似性は、両者が共有する特徴の関数であり、共有しない特徴の分だけそこから減点される（ペナルティーが科される）。トヴェルスキーは、項の重みと重みづけ関数が背景に左右されるものであり、それらを支配する規則は経験的心理学によって見出されると考えた。

私は、トヴェルスキーの対照的説明は、類似性に基づいたモデル-世界間関係の形式的（定式的）説明を与えようとするときに、たいへん優れた出発点になると思う。見たところ、この説明は、ほぼどんな特性の間でもモデルと対象の比較を可能にするので、私が挙げたモデル‐世界間関係の必要事項に関しては、その多くを満たすように思われる。そのような説明のうち、考えられる最もシンプルなものは、トヴェルスキーの一般的対象 a と b を、モデル m と対象 t で置き換えたものだろう。このとき、次のような形の式が書ける。

$$S(m, t) = \theta f(M \cap T) - \alpha f(M - T) - \beta f(T - M) \quad (8 \cdot 4)$$

この中で、M と T は、式8・3における A と B の要領で定義される。

第一の近似として考えれば、私は、これはモデル‐世界間関係の正しい説明であると思う。モデルがある非常に重要な特徴を対象と共有し、重要な特徴でモデルに欠けているものがそれほど多くないとき、そして、モデルに欠けている重要な特徴を対象がそれほど多く持たないとき、モデルは対象に類似している。ここで言う特徴は、自然言語でも形式言語でも特定することができ、特徴の重要性は、科学者共同体の目的に応じて重みづけされる。

この基本的なアイデアをモデル‐世界間関係の説明に置き換えるには、f や Δ、重みづけ係数がどのように与えられるかを、さらに詳しく検討する必要がある。また、等式の形そのものにも注意を払う必要がある。

5　属性とメカニズム

まずは等式の形から考えよう。これは、最初に少し改良しておく必要がある。第一の改良は、特徴の種類に関係する。有力な一連の論文で、ゴールドストーン、ジェントナー、マークマン、メイディンは、類似性に関する日常的な判断においては、対象の内在的特徴に対する重みが、対象とその部分との関係に対する重みほど大きくないことを示した（Goldstone, Medin, & Gentner, 1991；Gentner & Markman, 1994, 1998；Goldstone, 1994）。私たちは、彼らが示した区別をそのまま盲目的に受け入れる必要はない。また、彼らのより一般的な論点、すなわち日常的な類似性判断は構造的配置に従う、ということについてもそうだ。しかし彼らは、モデル‐世界間関係を考える上で重要な、特徴どうしの一つの区別を浮き彫りにしてくれていると思う(4)。

一般的な科学探究において、システムの特性とパターンを、その特性を生み出す基礎的なメカニズムから区別する、というのはよくあることだ。そうしたわけで私は、一方を特性およびパターンとし、他方を基礎的産出過程とする大きな区別の導入を提案したいと思う。前者のカテゴリーを**属性**と呼び、後者を**メカニズム**と呼ぶことにしよう。属性とメカニズムの区別について、もう少し抽象的な仕方で考えるなら、属性の方は状態であり、メカニズムの方は遷移規則ということになる。これは、ゴールドストーン、ジェントナー、マークマン、メイディンらが行った、属性と関係の区別に非常によく似ている。ただしメカニズムは因果的なものなので、私のメカニズム概念は彼らの関係概念よりもっと限定的である。非因果的な関係は、私の説明では属性と捉えられる。

属性とメカニズムの違いを示す例として、シェリングの人種分離モデルにおける平衡状態について考えよう。モデルが平衡状態に達すると、モデルには人種的に分離された集団が形成されているが、モデルは、小さな集団がより大きな集団に発展するという「伝播」式パターンで、この状態に近づいていく。これらのパターンを実際に展開していくのは、行為者の効用関数と移動の規則だ。集団の大きさ、などといった属性はモデルの状態であり、行為者の移動規則などのメカニズムはモデルの遷移規則である。シェリングモデルが実際の都市の人種分離を説明する、と言うからには、モデルの属性と都市の属性の間に何らかの関係が成り立たなければならない。そして、モデルの遷移規則と、現実に都市の分離を生じさせるメカニズムとの間には、何らかの関係がなければならない。

この区別を頭に置き、式８・４で表されたモデル‐対象間の類似性に関する最初の説明をここで改めて取り上げ、その中の、モデルと対象それぞれの特徴に関わる項を、属性とメカニズムという二つのカテゴリーに分けてやることにしよう。この分類を添え字 a と m で表すことにする。そうすると類似性に関する表現は次のようになる。

$$S(m, t) = \theta f(M_a \cap T_a) + \rho f(M_m \cap T_m) - \alpha f(M_a - T_a) - \beta f(M_m - T_m) - \gamma f(T_a - M_a) - \delta f(T_m - M_m) \quad (8・5)$$

この中には、モデルと対象双方の、属性とメカニズムに関する違いに加え、属性の共通部分（$M_a \cap T_a$）とメカニズムの共通部分（$M_m \cap T_m$）の表現が含まれている。さらに今度の式では、六つの項がそれぞれ独立に重みづけされている。これは、理論家が、違った目的に用いられて種類が違うモデルをいったいどう評価しているのか、ということを説明する上で重要となる。

差し当たり、特徴の重みづけ関数 $f(\cdot)$ として最もシンプルなものを選んでおく。つまり、Δの各要素が等しく重みづけされていると考えるのである。別の言い方をすると、ある集合Aに対して（あるいは、MとTの両方に対して）、

$$f(A) \rightarrow |A| \quad (8・6)$$

である。この式は、類似性の式における各項が、濃度の基数［集合の要素の個数］を関数値として持つことを示している。私たちはまた、個々の項の重みづけに最もシンプルなものを使うことができる。$\theta = \rho = \alpha = \beta = \gamma = \delta$ としてやれば、上の表現から重み部分を落とすことができる。このとき、式は次のようになる。

$$S(m,t)=|M_a\cap T_a|+|M_m\cap T_m|-|M_a-T_a|-|M_m-T_m|-|T_a-M_a|-|T_m-M_m| \qquad (8\cdot 7)$$

等式8・7は、トヴェルスキーの等式を変形して得た式の、基本的な構造をよく示している。モデルが対象により似ているのは、モデルがより多くの属性とメカニズムを共有している場合である。そして、モデルが余分な詳細を含んでいたり、モデルが対象の特徴を捉え損ねている、もしくは誤って捉えていたりする場合には、系統的にペナルティーが課せられるようになっている。

しかし残念ながら、書かれた形からもわかるように、この等式は$-|\Delta|$から$|\Delta|$までの類似性の値をとることができる。そうすると、Δが変化するのに合わせて尺度が変わってしまうので、モデル間で比較をするときにそれほど有用ではなくなってしまう。ケースや背景が変わっても比較ができるように、尺度の境界はつねに同じ形で与えられることが望ましい。したがって上の表現では、背景が異なる場合に正確な比較を行うことができないが、「それぞれに」忠実度基準が与えられれば、モデルm_1と対象t_1は、モデルm_2と対象t_2のように適度な類似性を持つと言うことはできる。忠実度基準が共有される場合には、モデルm_1はモデルm_2よりも、対象tに似ていると言えることになる。

標準化された尺度を持つ一つの方法は、トヴェルスキーが過去に提案しつつも完全には展開しなかった式を使う、という方法だ。類似性の尺度について、それを「共有された特徴から共有されない特徴を差し引いたもの」とする代わりに、「共有されない特徴に対する、共有された特徴の比」とすることができる。さらに等式を規格化すれば、各Δに相対的に、最大の相違性は0、同一性は1で表せる。つまり、類似性の値の範囲が0から1となるように保証してやることができる。

式8・7を比の形で書き換えると、次のようになる。

$$S(m,t)=\frac{|M_a\cap T_a|+|M_m\cap T_m|}{|M_a\cap T_a|+|M_m\cap T_m|+|M_a-T_a|+|M_m-T_m|+|T_a-M_a|+|T_m-M_m|} \quad (8・8)$$

この式こそ、モデル-世界間関係について私が提唱する、**重みづけられた特徴の一致**に基づく説明の、一番核になるものである。

この表現について一つ注目すべき点は、これが「最大性」の条件を直観的レベルで満たしている、という点だ。モデルと対象が多くの特徴を共有しているとき、Sは1に近づく。それらが同一のときには、$S=1$である。逆に共有する特徴が全くなく、それらが最大限相違しているときには、$S=0$となる。より一般的に、この表現の漸近的な挙動は、次のように表せる。

$$\lim_{|M\cup T|\to|M\cap T|} S(m,t)=1 \quad (8・9)$$

ここで、私がこの本で論じてきたいくつかの例に対して、式8・8の各項がどう満たされるかを考えることができる。まず、サンフランシスコ・ベイモデルについて考えよう。モデルは、物理的に十分許容可能な範囲内で、湾の特徴に合わせた縮尺模型《モデル》であって、潮汐サイクルと塩分勾配が正確に表現されていることがわかっている（これはモデルと対象によって共有される属性、すなわち$M_a\cap T_a$に関係する）。メカニズム的には、モデルは実際の湾で潮汐を引き起こす力（月）や塩分勾配を引き起こす力（海）とは、ほとんど何も共有していない（これは、モデルには所有されるが、対象には所有されないメカニズム、すなわちM_m-T_mに関係する）。しかし、たとえばフルード数（物体の慣性力と重力の比）によって表されるような物理的力の比は、正しく表現されている（モデルと対象によって所有されるメカニズム、すなわち$M_m \cap T_m$に関係する）。

シェリングモデルは、ベイモデルとは全く違う種類の構造だが、主要な項について同様の分析が可能だ。モデルは第一に、共有される属性を作り出すことが目的である（$M_a \cap T_a$）。モデルは人種分離のパターンを再現し、正しい効用関数を選ぶことによって、観察されるどんな人種的接触に関する値でも作り出すことができる。一方、実際の集団が「私は最低三〇％の隣人が自分と同じ人種であってほしい」というシンプルな効用関数を十分に共有している、などということは、ほとんど確実にありえないことだ（$M_m - T_m$）。同様に、フィラデルフィアのような最もグリッド状に近い都市でさえ、シェリングモデルのような完全に規則正しいグリッド状にはなっていない（$M_a - T_a$）。

このような例から、式8・8の主要な項をどう満たせばよいかが、ある程度示される。次に考えるべきは、こうした式からどうやって類似性の「スコア」を導くかという問題だ。これは、式の各項に類似性の値を割り当てる重みづけ関数によってなされることになる。直観的には、重みづけ関数が行うことは、特徴集合の中のさまざまな要素が持つ重要性を示すということだ。

より形式的（定式的）に言うと、まず特徴集合Δが、属性とメカニズムに対応する二つの部分集合Δ_a、Δ_mに分けられる。式8・8における項は、これら部分集合のべき集合の共通部分（交わり）から取られた要素に対応する。[4]したがって、この式の重みづけ関数は、こうした共通部分の上に定義される。言い換えると、$f:(\wp(\Delta_a) \cup \wp(\Delta_m)) \to \Re_{\geq 0}$である［重みづけ関数（写像）の定義域（始域）が$\Delta_a$、$\Delta_m$のべき集合の和からなり、値域（終域）が0以上の実数になるということ］。さらに$f(\emptyset)=0$となるようにfに制限を加える。そして、全体の類似性スコアが0と1の間になるように、各項には非負の重みが与えられる。こうした制限を与えると、全体の表現は次のように書き表される。

$$S(m,t)=\frac{\theta f(M_a\cap T_a)+\rho f(M_m\cap T_m)}{\theta f(M_a\cap T_a)+\rho f(M_m\cap T_m)+\alpha f(M_a-T_a)+\beta f(M_m-T_m)+\gamma f(T_a-M_a)+\delta f(T_m-M_m)} \quad (8・10)$$

この一般的なモデル-世界間関係の形式が、さまざまな特定の関係によって例化される。さまざまな関係とは、項の重みと重みづけ関数をさまざまな形で選択することに当たる。この章の残りでは、Δ、f、θ、ρ、α、β、γ、δがどう選択されるかを考える。

6　特徴集合、解釈、対象システム

式8・10を満たす作業を始めるに当たって、まず、特徴集合Δの本質についてさらに詳しく検討しよう。とりわけ、次のような問いを考えたい。Δではどんな言葉が用いられることになるのか。そうした言葉はどこから得られるのか。この説明にそんな言葉が含まれていることで、説明が恣意的になったり不明瞭になったりしないのか。こうした問いに対するシンプルな答えはこうだ。Δの要素は背景、対象の概念化、および科学の理論的目的の三つを組み合わせたものから得られる。では、どんな種類の言葉が特徴集合で用いられるのかを考えることにしよう。

抽象的に述べると、Δに対して、「振動」「振幅Aの振動」「集団が大きくなったり小さくなったりする」というような、定性的で、解釈がなされた数学的特徴が要素になりうる。「〜はリアプノフ関数である」というような、厳密な数学的言葉も考えられる。あるいは、「平衡」や「平均存在量」のような物理的に解釈された言葉も要素となる。これらの種類のうち、どの言葉が特定のΔで使われるべきだろうか。

この問いに対して、何ら背景なしに答えることはできないが、部分的な答えとしては、モデル制作者の意図する範囲による、という答えになる。モデル制作者の意図する範囲の中で、いま関心のある研究上の問いや、研究の背景、共同体がこれまで行ってきた実践が考慮される（Kitcher, 1993）。モデル制作者の意図する範囲に含まれるこうした要素が、今度は特徴集合の中身を決定することになる。したがって究極的には、範囲の選択とΔの選択は等価である。

対象とモデルを概念化して、使いやすい特性に置き換えることで、科学者はΔに要素を付け加えることができる。たとえば、ロトカ-ヴォルテラモデルのΔを作り上げようとしている生態学者なら、数学的言葉をかなり具体的に解釈した「平衡時の存在量」や「最大個体群サイズ」といった言葉を含めることだろう。

Δに何を含めるべきかということに関して、これと似た問いがベイモデルのような具象モデルについても生じる。ここではモデルの具体的特徴が際立っているが、具体的特性と抽象的特性の両方がΔの要素に含まれうる。たとえば、レイノルズ数やコーシー数のような無次元数が、モデルと対象の類似性の程度を決める上では非常に重要である。それゆえ、モデルと対象の物理的な形などの具体的な特性とともに、こうした数がΔに含まれる（この問題についてのより一般的な議論としては、Sterrett, 2005 と Pincock, 2011 がある）。

科学が進展し、モデルの対象についてより多くのことがわかってくると、Δの中身も変わる可能性がある。モデル制作者は最初、モデルと対象のある特徴を重要だと見なすかもしれないが、科学が進むにつれて、こうした特徴は無関係だと判断するようになるかもしれない。同様に、対象の新しい特性がとりわけ重要だと判断されるかもしれない。こうした、行為と関心における変化がΔに変化を生じさせ、その結果、モデル-世界間関係が再評価されることになる。このような変化だけで、モデルを多少とも対象に類似したものにする効果がある。一見したところ、これはむしろ説明の不利な点に見えるかもしれない。説明の柔軟性によって、モデル-世界間関係の十分な分析が妨げられてしまうのでは、という恐れがあるからだ。

しかし、これが不利ではない理由が二つある。一つは、私が論じている類似関係が、部分的には、すでにモデル制作者の解釈に付随しているということだ。背景や科学的目的が変化すると、解釈が変わり、関係のさまざまな側面が変化する。第二に、モデルに認められていた質が対象との関係で変化するというのは、実際に科学の歴史において生じている、ということがある。ヴォルテラは、自分のモデルのことを、アドリア海の漁獲量変動を説明するよい手段だと思っていた。現代の科学者たちは、現実の変動を予測するというより、これを発見に役立つものだと考えている。このように判断が異なるのは、少なくとも部分的にはΔの中身の違いと関係している。ヴォルテラは現代の多くの生態学者よりも、ずっと定性的な特徴集合を使っていたのだ。

要するに、特徴集合Δの中身は、モデルに対する理論家の解釈に大きく依存する。彼らの意図する範囲と割り当てによって、特性が分割化、個別化され、重要と見なされる特性が特徴集合に含み込まれることになる。そしてこの集合が変化するときには、モデル-世界間関係も変化する可能性がある。

7　モデリングの目的と重みづけのパラメータ

Δの要素は、特定のモデル、対象、背景に合わせて特定される必要があるが、式8・10の項に対する重みづけパラメータについては、それよりずっと一般的な説明を与えることができる。この説明を行うために、これまで私が議論してきたモデル-世界間関係に関して、ある曖昧さがあったことを最初に述べたい。モデル-世界間関係とはどのような関係か。従来から言われてきたのは、その関係を私たちが利用できるからこそ、モデルの研究を通じて私たちは対象システムの本質について何かを知ることができる、ということだ。しかし同時に科学者たちは、モデルが実際に世界に対して持っている関係ともう一つの関係とを比較することに、しばしば関心がある。もう一つの関係とは、科学者たちがモデルと世界の間で実現したいと思っている関係である。

この関係を同型性に基づいて説明する場合に、唯一手引きとなるのは、モデルが同型かそうでないかということだ。モデルと対象との間にかなり適合性があるとか、モデルを改良することでこの関係が次第によくなってきている、というようなことは表現できない。これとは対照的に、重みづけられた特徴の一致で説明する場合、科学者は自分がどの程度目的の達成に近づいているかを評価することができる。またこの説明においては、目的が違えば類似関係の種類も違う場合があること、あるいは少なくとも、違う種類の特徴が重視される可能性があることが、認識の前提になっている。説明のこうした部分は、式8・10の各項に対するパラメータ値を決定することで与えられる。私が第6章で行った理想化の議論をもとに、特定の種類のモデリング、およびそれらが項の重みづけにどう左右するかを考えてみよう。しばらくは特徴の重みづけ関数 $f(\bullet)$ をそのまま考えず、この関数を濃度に対応させた形で見ることにしよう。

最もシンプルなケースは、「完全性」の表現的理想（第6章2節）と関係するもので、異常に正確なモデリングとでも呼ぶべきケースである。この種のモデリングでは、理論家はモデルが対象すべての特徴を含むことを望み、歪み（$M-T$）や近似、あるいはよりいっそうの抽象化（$T-M$）が含まれないことを望む。このケースでは、理論家が目指すのは次のことだ。

$$\frac{|M_a \cap T_a| + |M_m \cap T_m|}{|M_a \cap T_a| + |M_m \cap T_m| + |M_a - T_a| + |M_m - T_m| + |T_a - M_a| + |T_m - M_m|} \to 1 \quad (8 \cdot 11)$$

この式が表しているのは、私たちの目的が最大の類似性（$S(m, t) = 1$）にあるということだ。この状態は、Δにおけるすべてのメカニズムと属性がモデルに含まれている場合を指す。これが満たされるのは、補元（たとえば$M-T$）の濃度がゼロの場合である。

興味深いケースがさらに三つある。「一体どうして」モデリング、最小モデリング、メカニズムに関わるモデリングである。一体どうして、の場合の目的は、対象の属性を再現できるような何らかのメカニズムを見つけることである。これは、モデルと対象の属性が類似していなければならない、ということを意味するが、こうした属性を生み出すメカニズムは、もっともらしいものなら何でも用いることができる。これは、$|M_a \cap T_a|$が高い値をとり、$|M_a - T_a|$が低い値をとることに相当する。「一体どうして」モデリングの目的は次のように表せる。

$$\frac{|M_a \cap T_a|}{|M_a \cap T_a| + |M_a - T_a|} \rightarrow 1 \qquad (8 \cdot 12)$$

では二つめの、最小モデリング（ミニマリストの理想化によるモデリング）についてはどうか。この種のモデリングでは、理論家は、興味ある現象を生じさせるもののうち、最も根本的と思われる一つの（あるいはごく少数の）メカニズムを見つけたいと考え、他のものには関心がない。ミニマリストのモデルの古典的な例として、物理学におけるイジングモデル（Ising, 1925）があることは第6章1節(2)で述べたとおりである。最小モデルを構築するときに、理論家は確実に次のことを満たしたいと考える。まず、モデルのすべてのメカニズムが対象にあること（$|M_m \cap T_m|$の値が高いこと）、またモデルが最も重要な現象を再現していること（$|M_a \cap T_a|$の値が高いこと）、そして、モデルの中に無関係な属性やメカニズムがないということ（$|M_m - T_m|$および$|M_a - T_a|$の値が低いこと）である。一方、対象の方はモデルにはないすべての種類のメカニズムと属性を持っていて構わない。これは、次のことがらに相当する。

これに加えて、モデル制作者は次のことが確かに成り立ってほしいと考える。

$$\frac{|M_m \cap T_m|}{|M_m \cap T_m| + |M_a - T_a| + |M_m - T_m|} \to 1 \qquad (8 \cdot 13)$$

$\exists \psi \in \Delta,\ \psi \in (M_m \cap T_m)$, and ψ is a first-order causal factor of T.

［Δの要素であり、$M_m \cap T_m$ の要素であり、そしてTの最も根本的な因果的要素であるようなψが存在する。］

最後にもう一つ、メカニズムに関するモデリングを行う場合には、理論家は潜在的なメカニズムを探究したいと考え、そうしたメカニズムが何を生み出すかを知りたいと考える。ときに、メカニズムに関するモデリングは、対象なしモデリングの例となる。しかし、理論家が何らかの対象を心に抱いている場合には、その対象と多くのメカニズム的特徴を共有するような（$|M_m \cap T_m|$の値が高い）モデルを作りたいと考え、さらに、対象に含まれていないメカニズムがモデルにはほとんど含まれていないこと（$|M_m - T_m|$が低いこと）、また、モデルに含まれていないメカニズムが対象にはほとんど含まれていないこと（$|T_m - M_m|$が低いこと）を望む。これは、次を達成しようとすることに相当する。

$$\frac{|M_m \cap T_m|}{|M_m \cap T_m| + |M_m - T_m| + |T_m - M_m|} \to 1 \qquad (8 \cdot 14)$$

8　重みづけ関数と背景理論

重みづけられた特徴の一致による関係の、残る最後の側面は重みづけ関数 $f(\cdot)$ である。非常に一般的な言い方をすれば、この関数の目的は、Δにおける要素ならびに要素の組み合わせについて、その相対的な重要性を示すことである。特徴集合に含まれているモデルおよび対象の特徴は、モデルと対象の類似性を確認する上ですべて何らかの重要性を持つと考えられるが、そのうちのあるものは図抜けて重要である。重みづけ関数は、それぞれの特徴の相対的な重要性を示す。

項の重みに関して、さまざまなケース全体に共通することがらを考慮すれば、重みづけ関数の一般的な形を作り上げることができる。式8・10を満たすには、$\wp(\Delta_a) \cup \wp(\Delta_m)$ の上に $f(\cdot)$ を定義する必要がある。しかし科学者が、この集合の上にいま定義されようとしている関数の表現と、似ても似つかないものを思い描くことはほとんどありえないし、そんな関数を作り出せと言われてもできないだろう。また、決して自明ではないΔに対して、このべき集合はとにかく要素が多すぎるのだ。さらに、特徴の相対的な重要性が、このような仕方で明確化されることはありそうにもない。むしろ科学者はたいてい、Δのいくつかの要素、あるいはすべての要素の相対的な重みを考える。このことは、次のような条件をつけることで、重みづけ関数を実質的に制限できることを意味する。

$$f\{A\}+f\{B\}=f\{A, B\} \qquad (8\cdot15)$$

あるいは、より形式的（定式的）には、

$$f(X) = \sum_{x \in X} f(x) \tag{8・16}$$

これは、ある集合Xに与えられる重みが、Xのすべての要素に与えられる重みを足し合わせたものに等しいことを意味する。このとき理論家は、Δの各要素に対して理論家が特定する重みさえ利用できればそれで事足りる[5]。

これは、より現実的な路線に思われるが、それでも科学者がモデル‐世界間関係についてどう考えているか、ということからは程遠い。このように制限された形の重みづけ関数でも、Δの各要素の重みを科学者が表現できるということが前提になる。しかしほとんどの場合、科学者はΔにおける特徴の部分集合のうち、あるものが特に重要だと思うものであるし、こうした特徴の相対的な重みづけができることもあるだろう。このような部分集合のことを**特別な特徴**の集合と呼ぶことができる。そして、これらの特徴は、他の特徴よりも大きな重みが与えられることになる。他の特徴には、端的に等しい重みが与えられる。初期値（デフォルト）として、重みづけ関数は$M_m \cap T_m$のような集合の濃度を返す。特別な特徴の集合はその重要性の程度に応じて、より大きな重みを受け取る。

このように重みづけ関数を制限すると、また新たな問題が生じる。科学者はどのようにして、Δのどの要素が特別な特徴だと判断するのだろうか。さらにそうした特徴に対して、どれくらいの重みが与えられるべきなのだろうか。最も条件が揃ったケースならば、どの項が最も大きな重みづけが必要かという点については、背景理論によって知ることができる。たとえば、サンフランシスコ・ベイモデルでは、工兵たちは主としてモデルの流水力学的特徴に目を向けていた。これらの特徴は流体力学で記述され、それにより、いまの空間的尺度では、意味のあるモデル‐対象の類似性を実現するのに不十分だ、ということがわかったりする。彼ら自身の言葉がたいへん示唆に富む。

> モデルと原型（対象）との類似性を確立するには、ふつう、類似性に関わる法則を利用する。そうした法則は

……フルード数、レイノルズ数、ウェーバー数、コーシー数によって表される（これらはそれぞれ慣性力に対する、重力、粘性力、表面張力、弾性力の比を表す数である）。類似性を言うためには、これらの数がどれもモデルと原型とで同じである必要がある。ベイシステムのような河口域においては、深さや水面勾配、流れに関する他の特徴は、慣性力と重力の複合的効果で決まる。したがって、水流に関わるすべての量はフルード数によって変わる。ウェーバー数、コーシー数によって表される表面張力と弾性力は、湾の状態にそれほど大きな影響を与えない。したがって、その効果をモデルでまねる必要はない。（Army Corps of engineers, 1981, 6–1）

工兵司令部が、特に対象の流水力学的な特徴（T_a）を再現したいと思っていたときには、彼らの主たる関心は、モデルのフルード数と対象のフルード数が同じであるということにあった。そうすると、この特性はΔにおける他の何ものよりも、大きな重みを与えられることになる。

残念ながら、生物学や社会科学における多くのモデリングでは、話はこれほど直接的ではない。こうしたケースでは、上のような判断ができるほど背景理論は豊かではない。すなわち、特別な特徴を選択し、重みづけする基礎がそれほど明確ではない。そのようなケースでは一体どうなるのか。

背景理論がまだ不十分な形でしか発展していない場合、意見が一致しなくても当然だという機会が増える。こうした場合、どの項に対してより大きな重みづけをすべきかについては、意見の不一致が十分起こりうる。しかしこの点に関して、重みづけ関数の選択は経験的な問題だ、と言うことにはそれなりに意味がある。何であれ特定の関数の適切さを判断する際には、手段と目的に関する推論を用いることができる。

たとえば、ある生態学者が、個体群存在量の変動原理を特に研究の焦点にしようと決めたとする。観察や実験を組み合わせて、個体群動態のとりわけ顕著な特徴、たとえば一般によく見られる特徴や、個体群の大きな変化の前兆となる特徴などを決定することができる。そうすると、こうした特徴はいわば暗に指示された特別な特徴であって、よいモデルとは、こうした特徴を再現できるモデルだということになる。

たいていの場合、この種の手続きは明確に示されることなく、キッチャーが共同体の**実践**と呼ぶものの一部となる（Kitcher, 1993）。モデルの中の異なる側面が持つ相対的な重要性や目的について、もしその前提が広く共有されれば、重みづけ関数の詳細に関してはっきりと表現されることはめったにない。実際こうした場合には、共同体が受け入れる重みづけに、一定の許容範囲が認められる可能性がある。しかし変則的な事例が蓄積したとき、あるいは、共同体の中の異なる集団が、モデルに対して非常に異なった見方をするときに、共同体は、重みづけ関数の中身を明確に表すよう迫られる。

重みづけ関数について、最後にもう一つ大事な点を述べる。それは、しばしばモデリング行為が、「モデルの発展」と「経験的データの集積」の相互作用に関わるということだ。こうした行為が研究の過程で実際になされると、科学者は、自分が経験的理由であれ、理論的理由であれ、モデルのある特定の特徴にたいそう関心を持っていたことが誤りだったと気づく場合があろう。私の説明では、行為のこうした特徴を、時間の経過とともに重みづけ関数に生じた変化として捉えることができる。

9　必要事項を満たす

これで一通り、重みづけられた特徴の一致による説明をし終えたので、モデル-世界間関係の必要事項の話に戻って、この説明がどれだけそれをよく満たすかを見てみよう。最初の「最大性」の基準は、二つのモデル a と b

について、$S(a, b) \leq S(a, a) = 1$ が成り立つということだった。これは私の説明では簡単に証明できる定理である（等式8・9を見よ）。さらに、重みづけられた特徴の一致による関係は「段階的」である。同型性のようなモデル理論的関係と違って、こちらの関係は程度を持つものである。

　こうした関係の基礎は、静的パターンであれ、動的パターンであれ、単一の特性であれ、また因果的構造であれ、モデルと対象のどんな特性にもなりうるので、私の説明は「豊かさ」の基準を満足する。そして、これらの特性はいずれも、定性的でも定量的でもよいので、「定性的」事項を満足する。これらの必要事項は、モデル理論的説明では満足することがきわめて難しい。というのは、こうした説明はただ単に、モデルの実際の数学的構造と、対象の表現に関する数学的構造を比較するだけだからだ。

　重みづけられた特徴の一致はまた、高度に理想化されたモデルを対象と比較することも可能にする。このことが可能なのは、この説明では、モデルの構造と対象の構造が完全に一致することを求めないからである。「振動的性質」のような抽象的特徴であっても、こうした特徴の構造をさらに特定することなしに、比較することができる。したがって、重みづけられた特徴の一致は、いまあるどんなモデル理論的説明よりもずっと容易に、「理想化」基準を満たすのである。

　重みづけられた特徴の一致は、項の重みや重みづけ関数を重視するが、このことで、経験以外の理由で意見が一致しない場合にも、不一致の原因を背景、使用法、重みづけに求めることによって、なぜ一致しないかという診断が行える。これは「裁定」を満たすことを意味する。私はこれが、この説明の最も魅力的な特徴の一つだと思う。なぜなら科学者の間で、特定のモデルの利点に関して、経験的な部分以外の理由で意見が一致しないことが、それほど珍しくはないからだ。たとえば、あるグループが自分たちはよいモデルを作り上げたと思っていても、異なる関心を持った別のグループが、いくつか重要な特徴を欠くという理由でそのモデルを批判することがしばしば起こる。その場合、この章で詳しく述べた分析がいくつかの点で助けになるだろう。まず一つには、理論家自身に、いま評価しようとしているモデリングの関係がどんな特定の種類なのかを、きちんと見きわめさせるのに役立つだろう。つまり、彼らが「一体どうして」タイプのモデルを作ろうとしているのか（式8・12）、それとも最小モデルを作ろうとしているのか（式8・13）、という見きわめである。この点で合意がなされると、次に理論家が論じるのは、どんな種類の重みづけ関数が前提されているのか、さらに、他の理論家が広い範囲の特徴すべてに等しい重みを与えているのに、一人の理論家がきわめて重要だと見なすような特定の特徴があるか、といったことである。もちろん、こうした問題は、重みづけられた特徴の一致による説明で解決されるというわけではない。また、そうすべきでもない。しかし説明は、不一致の原因を明確化するのに役立ち、科学者たちが自分たちの相違を解消するために、いったいどこを見なければならないかを、正確に教えるのである。

最後に、重みづけられた特徴の一致は、モデルと対象の関係をめぐる判断のうち、科学者たちが実際に行える判断を反映する説明である。というのは、この説明は、特徴集合と重みづけ関数という、科学者に認識可能なものを手段として利用するからである。多くの場合、類似性に関する科学者の判断は、特徴集合や重みづけ関数を明確にせずに行うことができる。しかし、それらは必要なときに、精細で明確なものにすることができる。したがって、重みづけられた特徴の一致は「扱いやすさ」の基準を満たしている。[6]

結論を述べよう。私は、カートライトとギャリが、モデル-世界間関係について基本的に正しい考え方をしているのではないかと思う。有益なモデルは、何らかの観点と何らかの程度において、その対象に似ているものである。特に、モデルと対象の間で、科学者共同体に顕著と認められる特徴が多く共有され、共有されないものがそれほど多くないとき、モデルは対象に似ていると言える。この類似性概念は、日常的な概念を出発点とするものであって、決して、似ているということを厳密に全体論的に規定するものではない。重みと特徴集合の構造がつけ加わることで、私たちは科学者が行う類似性判断を捉えることができる。こうした構造により、科学者は、経験的事実に関して同じ知識を持っていたとしても、モデルと対象の類似性については異なる判断を下すのである。

第9章　ロバスト分析と理想化

理論家が、現象を高度に理想化するようなモデルに取り組むときには、モデルのどの側面が信頼できる予測をもたらすのか、あるいは、どの側面が説明の場面で確実なものとして使えるのか、といったことを判断する方法が必要である。たとえば物理システムのモデリングのようなときには、理論家たちは物理の基礎理論に基づいて、こうした問題に対処することができる。こうした理論は、さまざまな理想化の結果を評価する手段を持ち、ある特定のレベルの正確さや精緻さが要求されているときに、どのような理想化ならその条件に適うのかを示してくれるのだ。しかし、多くの複雑なシステムに関する研究では、こうした理論は利用できない。そのような場合、**ロバスト分析**がそれに代わる判断方法として用いられ、モデルがいつ、対象について信頼できる予測をするかを示してくれる。

この章では、ロバスト分析について詳しく説明する。私はまず、レヴィンズが定式化したロバスト分析を再構築することから話を始めたい。その際、このプロセスについてウィムサットが示した本質的な理解にも触れる。そして、この行為をさらに拡大して捉え、理論的探究行為におけるロバストな（頑健な）発見とロバストでない発見の、それぞれの役割を論じる。最後に、ロバスト分析に対する一般的な反論をいくつか取り上げ、理論家が対象の知識を得る上で、ロバストネスがいかにその助けとなりうるかを考える。

1 ロバストネスに関する議論——レヴィンズとウィムサット

リチャード・レヴィンズは、彼の有名な一九六六年の論文「個体群生物学におけるモデル構築の方法」で、生物学者と哲学者に対してロバスト分析の概念を紹介した。この中でレヴィンズは、モデリングに関わる必要事項、すなわち一般性、実在性、精緻さの間に、三つのトレードオフが成り立っていると論じた。そしてこのトレードオフがあるために、理論家は複雑な現象に対して、単一のモデルを構築することができないというのだ。というのも、一つのモデルで一般性、実在性、精緻さを最大限に満たすことはできないからだ（Levins, 1966 ; Odenbaugh, 2003 ; Weisberg, 2006）。モデルが多数作られる中で、どれが信頼できるモデルなのか、あるいは、モデルの中のどの部分が信頼できるのかを、いかにして判断すればよいのだろうか。レヴィンズは、ロバスト分析がその答えになると言う。

レヴィンズによれば、ロバスト分析によってわかるのは、「結果がモデルの本質に依存しているのか、それとも単純化したときの仮定に深く依存しているのか」ということだ（1966, 20）。すなわち、この分析によって私たちは、モデルのもたらす結果が単に理想化によって生じたものなのか、それともモデルの中心的な特徴に結びついたものなのか、がわかるというのである。私たちは、同じ現象に関わる類似したモデルで、互いに異なったモデルをいくつか調べることによって、この分析を行うことができる。

> もしこれらのモデルが、それぞれ異なる仮定を持っているにもかかわらず、同様の結果を導くとすれば、そのとき私たちは、モデルの詳細に対してかなり独立した、ロバスト条件（定理）[1]と呼ぶことのできるものを手にしたのである。したがって、私たちの真理は、それぞれ独立した虚偽が重なり合った部分（虚偽の共通部分）だと言える。
>
> (Levins, 1966, 20)

レヴィンズの考え方を引き継いで、ウィムサットは次のような説明をする。

> ロバストネスにはさまざまな形があり、さまざまな使い方があるが、それらはすべて、次の二つのものを区別するという共通の課題を持っている。すなわち、実在的なものと架空のものの区別、信頼できるものとできないものの区別、客観的なものと主観的なものの区別、注目すべき対象と単に物の見方で生じたにすぎないものとの区別である。概して、存在論的にも認識論的にも信頼できる価値あることがらを、信頼も一般化もできず価値もない一過性のことがらから区別する、ということである。
>
> (Wimsatt, 1981, 128)

私たちがウィムサットから学べることは、ロバスト分析の目的が、モデルにおける科学的に重要な部分および重要な予測を、たまたま表現が持つものでしかない架空のことがらから区別することにある、ということだ[1]。このような信頼できる部分が、レヴィンズの言う**ロバスト条件**である。

レヴィンズは、ロバスト分析の手順を全く明らかにはしていないが、自身がロバスト条件だと考えるものを、例として示している。

> 不確実な環境においては、生物種は幅広い生態的地位（ニッチ）を持つように進化し、遺伝的多型が見られるようになる。
>
> (Levins, 1966, 20)

レヴィンズは、この結果が三種類のモデルから導けると言う。適合度集合のモデル（Levins, 1962）、変分法を使ったモデル、そして遺伝モデルである（Levins & MacArthur, 1966）[2]。

この例の背後に暗に示されている手順は、次のようなものだと思われる。最初に、対象となる現象に対して一連のモデルを特定する。次に、これらのモデルに共通する予測を探す。共通の予測が見つかれば、ロバスト条件が見つかったことになり、この条件を十分確証されたものとして扱うことができる。より形式的に述べれば、あるモデルの集合$M=\{m_1, m_2, \ldots, m_n\}$に対して、もし（$\forall m_i \in M) m_i \vDash$ Tならば、Tは真である［もし集合Mに属するすべてのモデルm_iについて、m_iからTが証明可能（m_iから推論規則に従って最終的にTが導けるということ）であれば、Tは真である］。

オーザックとソーバーは、レヴィンズについてのこの読み方を認めた上で、このように要約された手順に従えば、ほとんどいつも妥当でない推論を行うことになる、と指摘する（Orzack & Sober, 1993；また Orzack, 2005 も見よ）。これが妥当な推論をもたらすのは、Mがすべての可能なモデルを含んだ完全な集合になっている場合のみである。したがって、彼らの結論としては、ロバスト分析は科学的探求に対してほとんど何も付け加えることがない。

私はこの結論を受け入れない。なぜなら、ロバストネスに関するレヴィンズの考え方を再構築するときに、この読み方は適切だと思わないからだ。問題の一つは、オーザックとソーバーが「ロバスト条件（定理）」という言葉を文字通りに解釈しすぎているということである。彼らの分析では、Tは文字通り、Mにおけるモデルの定理である。「ロバスト条件」をもっと注意深く定義してやれば、ロバスト分析に価値があることがわかるだろう。次の節でこの点を論じることにする。

2　ロバスト条件を見つける

レヴィンズ同様、私はロバスト分析の核は、ロバスト条件を見つけることにあると思う。この探索は、二段階の手続きとして考えることができる。最初の段階は、あるモデル群を調べて、それらのモデルすべてが共通の結果を予測するかどうか、すなわちロバストな特性が見られるかどうか判断する、という手続きだ。第二段階では、ロバストな特性を生み出す共通の構造を探して、モデルを分析することになる。第一段階、第二段階の結果を組み合わせると、ロバスト条件そのものの定式化ができる。その形は、「他の事情が同じとき」という前置きに続けて、共通構造をロバスト条件とつないだ条件文になる。

第一段階で理論家は、似てはいるが互いに区別されるような一群のモデルを調べ、ロバストな特性を探し出す。この段階で重要なことは、集められたモデルに十分多様性があり、ロバストな特性の発見が、分析されるモデル群に恣意的な形で依存しないということである。

たとえば、シェリングモデルが、非常に顕著な分離の結果をもたらしたことに気づいたとしよう。私たちは、こうした挙動を生み出したモデルが、実際のどんな都市に対しても高度に理想化されたものだということを知っている。そこで私たちは、理想化の種類が異なるような、いくつかの関連したモデルを構築する。こうしたモデルを作るには、たとえばグリッドの規則性を変化させたり、近隣についての定義を変えたり、行為者が関心を持つ属性の数や、効用関数の不均質さ、効用関数の形を変えたり、意思決定手続きの複雑さを変える、というようなことが考えられる。これによって、類似はしているが互いに区別されるモデルが複数作られ、それらのモデルを調べることで、それらもまたシェリングの分離に特徴的なパターンを示すかどうかが確認されることになる(3)。

第二段階は、第一段階の後に行われるか、もしくはそれと並行して行われる。第二段階は、ロバストな特性を生じさせる中心的な構造を見つけ出すことに関わる。非常にわかりやすいケースは、各モデルに共通の構造が、物理的に、数学的に、あるいは数値計算上、文字通り同じ構造であるというケースだ。こうしたケースでは、共通の構造をそれだけ分離させることができ、第5章2節で論じた分析を用いて、その共通構造がロバストな特性を生み出す、という事実を確かめることができる。しかし、このような手続きはいつでも可能だとは限らない。なぜなら、モデルは異なる数値計算的な枠組みでも、あるいは数学的な枠組みでも作ることができるし、類似した因果的構造を異なる方法で表現することも、またそれを異なるレベルの抽象度で表現することもできるからである。こうしたケースでは、構造が適切なレベルで類似している、と判断する理論家の能力によるところが大きいので、一般的な形で記述することはずっと難しい。最も厳密なケースになると、理論家は、共通構造における一つ一つの特徴がロバストな挙動を生じさせること、および、そうした個別の特徴が単なる直観的で定性的な類似性ではなく、重要な数学的類似性を持つということを示せるだろう。しかし、理論家がこうした判断を行うのに、数学やシミュレーションに頼らずに、判断や経験に頼る場合がある。

ロバスト分析の最初の二つの結果が組み合わされて、ロバスト条件が定式化される。この条件は、次のような一般的な形で表される。

> 他の事情が同じとき、もし〈共通の因果的構造〉が成り立つのであれば、そのとき〈ロバストな特性〉が成り立つ。

たとえば、全体的な殺生物状態が被食者の相対的割合を増加させる、というヴォルテラの発見は、次のように定式化することができる。

他の事情が同じとき、もし二つの種からなる捕食者-被食者システムが負の結びつきをしていれば、そのとき、全体的な殺生物状態は被食者の存在量を増加させ、捕食者の存在量を減少させる。

いったん理論家がロバスト条件を定式化すれば、あとはロバスト分析の仕上げとして、その条件のロバストネスがどの程度のものかを判断してみる、ということになる。すべてのモデルを調べられないのは明らかだが、手広く調べるための手段がいくつかある。

3　三種類のロバストネス

普遍的に成り立つロバスト条件などほとんどない。条件の最初に「他の事情が同じとき」という断りをつけることで巧みになし遂げられるような、ロバストネスを覆す状況はつねに可能である。それゆえロバスト分析では、ロバストネスの限度についても、つまりモデルがロバストな特性を示さなくなる状況についても研究する必要がある。もし、この種の分析ができる限り広い範囲にわたって行われるなら、ロバスト条件に付く一般的な一節、「他の事情が同じとき」という節を、非常に具体的な言葉に置き換えられるかもしれない。すなわち、ロバストな特性を生み出す中心的構造が機能しなくなる状況を明らかにできれば、上の一般的な一節に替えて、その状況を表す文が使用できるだろうということだ。

共通の構造が例化されているかどうかを判断し、その働きを無効にするような原因が存在するかどうかを判断する一つの方法は、これを経験的に探っていくという方法だ。この方法は、ロバスト条件が適用可能であることを確認する上で最も信頼できる方法ではあるが、それに関わるデータを一つ一つ集めることはしばしば現実的でないか、あるいは不可能である。だが幸いなことに、完璧に信頼はできなくとも、ロバスト条件の予測と説明を正しいと信じるのに十分な理由を与えてくれる方法が、もう一つ別にある。その方法は、手がかりとなる次の二つの問いへの答えと関係する。

(1)関連のシステムにおいて、どれくらいの頻度で共通構造が例化されるか。
(2)中心的構造に対して、ロバストな特性を生じさせないようにするものは何か。

一番目の問いは、経験的な方法で答えるのが一番よいが、ロバスト分析に関係したテクニックを用いて、部分的に対処することができる。重要なことは、ロバスト分析を行っている一群のモデルにおいて、それぞれ十分異質な状況が扱われているかを確認する、ということである。もし、ある現象に対するモデル群が互いに十分な異質性を持ちつつ、どれも共通の構造を持つとすれば、現実世界の現象もそれに対応した因果的構造を持つ可能性が非常に高い。ここから次のように推論できるだろう。私たちが、現実のシステム中にそのロバストな特性を確認できるとしたら、その中心的構造が実際に存在し、ロバストな特性を生じさせている可能性が高い。

第二の問いについては、ロバスト分析そのもので、もっと簡単に対処できる。特に、三種類のロバスト分析——**パラメータ・ロバストネス、構造ロバストネス、表現ロバストネス**——を用いれば、中心的構造の働きが無効化される可能性があることを、異なる方法によって調べることができる。パラメータ・ロバストネス分析は、モデル記述のパラメータ値が変化した際に何が生じるかを調べようとする分析である。構造ロバストネス分析は、モデルに新たなメカニズム的特徴を与えようとする。そして表現ロバストネス分析は、新たな表現の枠組みによってモデルのメカニズム的特徴を表現しようとする。この節の残りの部分では、これら三種類のロバスト分析についての考察を行うことにしよう。

(1) パラメータ・ロバストネス

パラメータ・ロバストネスは、モデル記述のパラメータ値が変化したときに、特性が持つロバストネスを調べることと関係する。その基本的な考え方は、ある範囲内でモデル記述のパラメータ値が変化したときに、モデルの挙動が変化するかどうか、特にロバストな特性とされるものの挙動が変化するかどうかを判断する、というものである。厳密に言えば、パラメータ値が変わるごとに異なるモデルができることになるが、これらはすべて同じ集まり(族)に留まる。したがってたいていの理論家は、このことを、あたかも単一のモデルを調べているかのように捉えるのである。

ある場合には、ロバストな特性を代数的に示すことができる。このことが当てはまるのは、ヴォルテラ自身が行ったヴォルテラ特性の証明、すなわち、全体的な殺生物状態が被食者の相対的な数を増やすという特性の証明である。しかし多くの場合、パラメータ値を調べるときには、ある数値を選んで、モデルがもたらす結果を数値計算によって導く必要がある。これは簡単なことに思えるが、そうではないこともある。

モデルのパラメータ数が比較的少ないとき、そしてそれらのパラメータの値が、経験的意味を失わないために狭い範囲に限定されるときには、パラメータ・ロバストネスを調べることは容易である。このときには、パラメータ値を「スイープする(掃く、くまなく調べる)」ようにコンピュータをプログラムするだけでよい。確率的な要素が含まれている場合には、おそらくモデルの各値に対して、何度も繰り返し計算を行うことになるだろう。しかしパラメータ数が多くなるにつれて、そして、これらパラメータがとる適切な値の範囲が広くなるにつれて、すべてのパラメータ値をくまなく調べることは、みるみる計算上のコストがかかることになる。このような場合、理論家は他の方法を用いようとする。

ここで用いられる専門的な技法はさまざまだが、それらは基本的に三つの方法にまとめられる。一つは、パラメータ空間からサンプリングするという方法。二つめは、ロバストな特性が見つかった領域から出発して、パラメータ空間上のこうした点から離れ、その特性がもはや見られない領域があるならどこにあるかを確認する方法。三つめは、パラメータ空間の中でその特性が存在しない場所を探すという、アクティブ探索法を用いた方法である。この三つめの方法がうまくいくかどうかは、興味ある領域に向かう何らかの勾配の有無による。

(2) 構造ロバストネス

ロバスト分析の二番目の種類は、構造ロバストネス分析である。この種の分析では、理論家は、モデルのメカニズム的性質〔原文では、メカニズム的「属性」と述べられているが、第8章でメカニズムと属性が区別されているので、こう意訳しておく〕の変化について考察する。具象モデルの場合は、これはモデルを物理的に変化させることによって行われる。数理モデルの場合は、新たな数学的構造が導入される。一般には、モデル記述に別の項、あるいは項どうしの相互関係をつけ加えることで、これが行われる。数値計算モデルは、モデルの手続きを変えることでモデルに変化がもたらされる。新たな状態変数を組み入れる、ということでも可能である。

構造ロバストネスのかなりよくまとまった事例としては、ロトカ-ヴォルテラモデルを引き継いでこれまで行われてきた多くの分析を挙げることができる。(4) これらの研究はたいてい、ヴォルテラの元々のモデルから出発するが、捕食者の飽食状態や、被食者が隠れ場所を探す能力、捕食者に対する複数の食料源、あるいは学習のような複雑な適応行動、などといったことがらを表す新たな項がつけ加えられている。原理的には、生態学的な相互作用であれば、どんなものでもモデルにつけ加えることができる。

歴史的に見れば、理論家たちがヴォルテラ原則を真理と確信し、またその一方で、ロトカ-ヴォルテラモデルが持つ他の多くの特性がロバストではないと確信したのは、構造ロバストネス分析によってである。たとえば、中立的な（大きく偏らない）安定や減衰しない振動は、ロトカ-ヴォルテラモデルに見られる特性である。けれども、少しでも密度依存性（すなわち、どれほど大きな環境であろうとそこで生存できる生物の最大数）を入れると、これらの特性はどちらも消失する。他方、ヴォルテラ特性の方は、モデル構造のこのような変化に対してもロバストである。

構造ロバストネス分析によって、理論家はパラメータ・ロバストネス分析の場合とは違った不確実性を扱うことができる。理論家はこの方法を用いることで、モデルが表す因果的構造のどの部分が、モデルで観察される挙動にとっての真に不可欠な要因なのかを探ることができる。[5] これは、因果的構造に新たな構成要素をつけ加える形で行われることがある。その場合、ロトカ-ヴォルテラモデルのような、まさしく最小のモデルから出発して新たな因果的相互作用がつけ加えられるのだ。またこれは、要素を取り除く形で行われることもある。たとえば、ある特定のシステムに合うよう較正された複雑なモデルから出発し、一つ一つ要素を取り除いていきながら、どの要素が真に差異を生じさせるのかを確認するという形だ。したがって構造ロバストネスは、どの要素が重要な特性を生み出すのに必要か、そしてどの要素がそれほどロバストでない特性を生み出すのかということを、理論家が特定するときの助けとなる。

（3）表現ロバストネス

三番目の種類のロバストネスは、表現ロバストネスと呼ばれる。パラメータ・ロバストネスと構造ロバストネスの分析では、モデルのメカニズム的性質を変化させ、問題の現象の出現がこうした性質にどう影響されるかを見ようとするものであった。これに対して表現ロバストネス分析では、モデルが持つ別の特徴が探られることになる。表現ロバストネス分析はこうした性質を固定し、興味ある特性の産出に関して、これら性質の表現方法が違いを生むかどうかを調べるのである。

三種類のモデルそれぞれの中で、表現ロバストネスを確かめる方法はいくつかあるが、最も顕著な表現ロバストネスは、モデルの種類そのものが変化する場合に見られるものである。これは、たとえば具象モデルが数理モデルになったり、数理モデルが数値計算モデルになったりする場合に当てはまる。

この種のロバスト分析を行う際の一般的な指標があるとは思わないが、分析例はいくつか挙げることはできる。まず一つめの例は、電気的に実装したサンフランシスコ湾の類似モデルを作ろうとした、工兵司令部の初期の試みである（Harder, 1957）。湾に塩水を防ぐ堤体を取りつけようとしたリバー計画、および他の計画に関してモデルによるテストが行われたが、工兵司令部はその結果を記した広範な報告書の中で、モデルの表現ロバストネスに関する報告を行っている。彼らはこう記している。

> ……水力学モデルから得られた〔堤体がない場合の〕潮位の上昇は……、〇・九フィートから一・二フィート〔約二七センチメートルから三七センチメートル〕の幅で、これは電気的な類似モデルから得られる上昇幅より小さい。〔……〕しかし、〔堤体を設置した場合の二つのモデルの〕比較によれば、堤体を用いた潮位幅の実験では、両者の結果はほぼ一致している。
>
> (Army Corps of Engineers, 1963b, 82)

もちろん、水力学モデルの結果は、工兵司令部にとって十分信用できるものだった。モデルが対象に合わせてきわめて高い精度で較正されていたからだ。しかし、彼らはこのちょっとしたロバスト分析を行うことによって、モデルの表現ロバストネスが部分的にしか成立しないことを示したわけである。そして彼らはモデルの表現部以外のロバストネスを使い、ある注意喚起を行った。それは次の問いかけで始まる。どのモデルが正しいのか、そして何が違いを生じさせるのか。現時点では、おそらく誰もこの問いには答えられないだろう。しかし、特定の状況におけるこうしたズレに対して、何らかの重要な根拠づけができる可能性がある。

…［ベイと隣接水路］における水流の条件を再現するためには、その中の水流に影響を与えそうなすべての点において、水路を正確に記述することが必要である。こうした記述には、水路の全体的な幾何学が含まれるだけではなく、その粗度［河川の水が岸や河床に接触する際に生じる抵抗］も含まれるが、これは実際に確認することがたいへん難しい要素の一つである。表面の粗度や他の性質は、決して幾何学だけでは十分に記述することができない。なぜなら、これに関わる幾何学の細かな部分があまりに複雑すぎて、結果として生じる水流の抵抗を予測することができないからだ。(Army Corps of Engineers, 1963b, E–1)

この手続きは、サンフランシスコ湾とサンフランシスコ・デルタのシステムを対象とした場合には特に複雑となる。工兵たちはその理由を数多く挙げて、次のような言葉で報告を締めくくっている。

上に挙げたことを総合して考えると、完璧な実証を達成することがほぼ不可能なことが見て取れる。そしてまた、(完璧ではなくとも) ある程度満足できるレベルの実証を達成しようと思えば、実践と理論の両方の問題に対して、細心の注意を必要とすることがわかる。(E–3)

これは次のように言い換えることができる。ここで表現ロバストネスが欠如している原因は、およそモデルに関わる力学が、モデル底部表面の幾何学と粗度の細かな違いにきわめて左右されやすいことにある。にもかかわらず、それらのモデルはぴったり同じ予測をするわけではないにしても、非常に近い類似関係にあるのだ。

表現ロバストネスの二つめの例は、これよりもずっとよく見られるもので、古典的な数理モデルを数値計算の枠組みで表現し直すという例だ。一つの例として、私がケン・ライスマンとともに開発した、個体をベースとするロトカ-ヴォルテラモデルの数値計算モデルについて考えてみよう。

古典的な生態学モデルは、個体群レベルのモデルである。個体および個体の特性は明確に表現されず、それら特性の統計的な総計だけが含まれる。これに対して個体ベースのモデル（individual-based models, ＩＢＭ）は、明確に個体とその特性を表現する。ＩＢＭは、モデル個体群内の各個体に対して、一組の状態変数を与える。それはまた、モデル個体群内の生物個体が時間軸に沿ってどのようにふるまい、どのように増え、相互作用するかという仮定も含んでいる。ＩＢＭはしばしば何千という変数を含むので、たいていの場合その変化の帰結は、数理解析ではなく数値シミュレーションによって調べられる。

私たちが作ったＩＢＭ型ロトカ-ヴォルテラモデルでは、個体は、九〇〇個のセルから成る三〇×三〇のドーナツ上格子［ドーナツ型をしたトーラスの表面（円環面）を、円周方向とそれを横切る方向とで格子状に分割したもの］の上を移動するものと仮定している。そして、それぞれの個体は三つの変数を持つ。個体が捕食者か被食者かを示す二値の変数、そして、格子上の縦横の位置を示す二つの整数型変数である。時間は離散時間、つまり世界時計が一度に一目盛りずつ進む時間である。世界時間の一目盛りごとに、すべての個体が決まった規則を実行する。この規則は、彼らがどう格子上を移動し、どう繁殖し、死に、相互作用するかを規定したものである。捕食者の規則は次のとおり。

移動規則：ランダムな方向に一マス移動する。

捕食規則：現在のセルに被食者が少しでもいるかどうか確認する。もしいたら、ランダムにその一つを選んで捕食し、一から一〇〇までの間の数を一つランダムに選び出す。その数が**捕食者移行**の係数以下であれば、繁殖する。

死亡規則：一から一〇〇までの間の数を一つランダムに選び出す。その数が**捕食者死亡確率**の係数以下であれば、死ぬ。

これらの規則は、それが格子上の各捕食者によって実行されたときに、ロトカ-ヴォルテラモデルで立てられていた仮定に大筋で一致するようになっている。しかし、これらの規則は元のモデルでは決定されないことに注意してほしい。個体群ベースのモデルを個体ベースの言葉に翻訳するためには、個体に関して、個体群ベースではきちんと表現されていなかった仮定、あるいは定義されていなかった仮定を、明確に表現する必要がある。このことは、一般に個体群ベースのモデルから個体ベースのモデルに変換するのに、一意に正しい方法があるわけではないということを意味する。

私たちが設計したＩＢＭでは、捕食者が二次元のドーナツ上格子の上をランダムに移動すると仮定している。一方、ロトカ-ヴォルテラモデルでは、移動に関する仮定は一切なされていない。ロトカ-ヴォルテラモデルは、すべての個体が移動するという仮定とも、一部の個体が移動するという仮定とも、あるいはさらに、厳密に言えば、いかなる個体も移動しないという仮定とも両立する。またロトカ-ヴォルテラモデルには、移動がどんな内的要因や環境要因によって決定されるか、ということや、捕食者と被食者の移動が確率論的か決定論的かということについてさえも、あからさまな制約はない。

加えてこのＩＢＭでは、捕食者が、同じセルにいるすべての被食者から一つの個体をランダムに選ぶことによって捕食すると仮定している。これもまた、ＩＢＭ型ロトカ゠ヴォルテラモデルを作るときに、実際に立てることができたであろう多くの仮定の中の一つである。捕食者が、被食者個体群全体からランダムに被食者の個体を選ぶとすることによって、空間的な格子を用いずに捕食を表現することもできただろう。また格子上で、異なる捕食の規則を用いることもできただろう。たとえば、「被食者が一体いるセルの中に捕食者がいるときには、その被食者は捕食される」といった規則が考えられる。ロトカ゠ヴォルテラモデルは、これら特定の仮定のどれに対しても、厳密に一致することがない。しかし、ＩＢＭを作りたいと思うモデル制作者は、これらについてきっぱりとした判断をしなければならない。

被食者の規則は次のとおりだ。

移動規則：ランダムな方向に一マス移動する。

繁殖規則：一から一〇〇までの間の数を一つランダムに選び出す。その数が**被食者繁殖確率**の係数以下であれば、繁殖する。

死亡規則：自分が捕食者に捕食されたかどうか確認する。もしそうであれば、死ぬ。

これらを合わせた捕食者と被食者の規則群によって、ロトカ゠ヴォルテラモデルに関する一つの可能なＩＢＭ解釈が構成される。

私はすでに、ヴォルテラ原則が構造的にロバストであることを述べた。すなわち、ロトカ゠ヴォルテラモデルで記述される因果的構造に大きな変化が加えられても、その原則は維持されるということである。では、モデルをこの個体ベースのモデルに変換するとしたらどうだろう。この原則は依然として維持されるだろうか。驚くべきことに、答えは否である。しかしそれは技術的な理由による。パラメータの取り方にかかわらず、このモデルの一方、または両方の種が必ず死滅へと向かう。ＩＢＭは、たとえ短期的でも中期的でも、種の共存を示さないので、ヴォルテラ特性を示すことができない。この特性の、表現ロバストネスおよびヴォルテラ原則そのものをテストするには、まず、適度な時間的長さで準安定的挙動を示すような捕食者-被食者モデルを立てる必要がある。そこでライスマンと私は、安定した振動が得られることを願って、第二のＩＢＭ型ロトカ-ヴォルテラモデルを構築した。

私たちの第二のロトカ-ヴォルテラＩＢＭは、密度依存性を加えることで安定した振動を手に入れることができた。このモデルに対して、私たちは被食者個体群の大きさが、環境中での食物入手可能性によって制限されるという仮定を置いた（便宜上、食物のことを「葉」と呼ぶが、これは何であれ自然に手に入る食物資源を表す）。また私たちは、格子の各セルには一単位の葉があるかないかのいずれかであると仮定した。被食者によって食べられると、葉の単位は消失し、その後の時間一目盛りごとに一定の確率で再度出現する。修正された被食者規則は次の形である。

移動規則：ランダムな方向に一マス移動する。

繁殖規則：現在のセルに葉があるかどうか確認する。もしあれば、それを食べ、一から一〇〇までの間の数を一つランダムに選び出す。その数が**被食者繁殖確率**の係数以下であれば、繁殖する。

死亡規則：自分が捕食者に捕食されたかどうか確認する。もしそうであれば、死ぬ。

捕食者の規則群は同じままである。

多くの異なる初期状態、パラメータの組み合わせで調べた後、私たちはこう結論した。このモデルが、長い期間にわたって捕食者と被食者の数の振動を示すような、広い範囲のパラメータ条件が存在する。

このモデルがヴォルテラ特性を示すかどうか確認するため、私たちは殺生物状態の結果、捕食者と被食者の双方

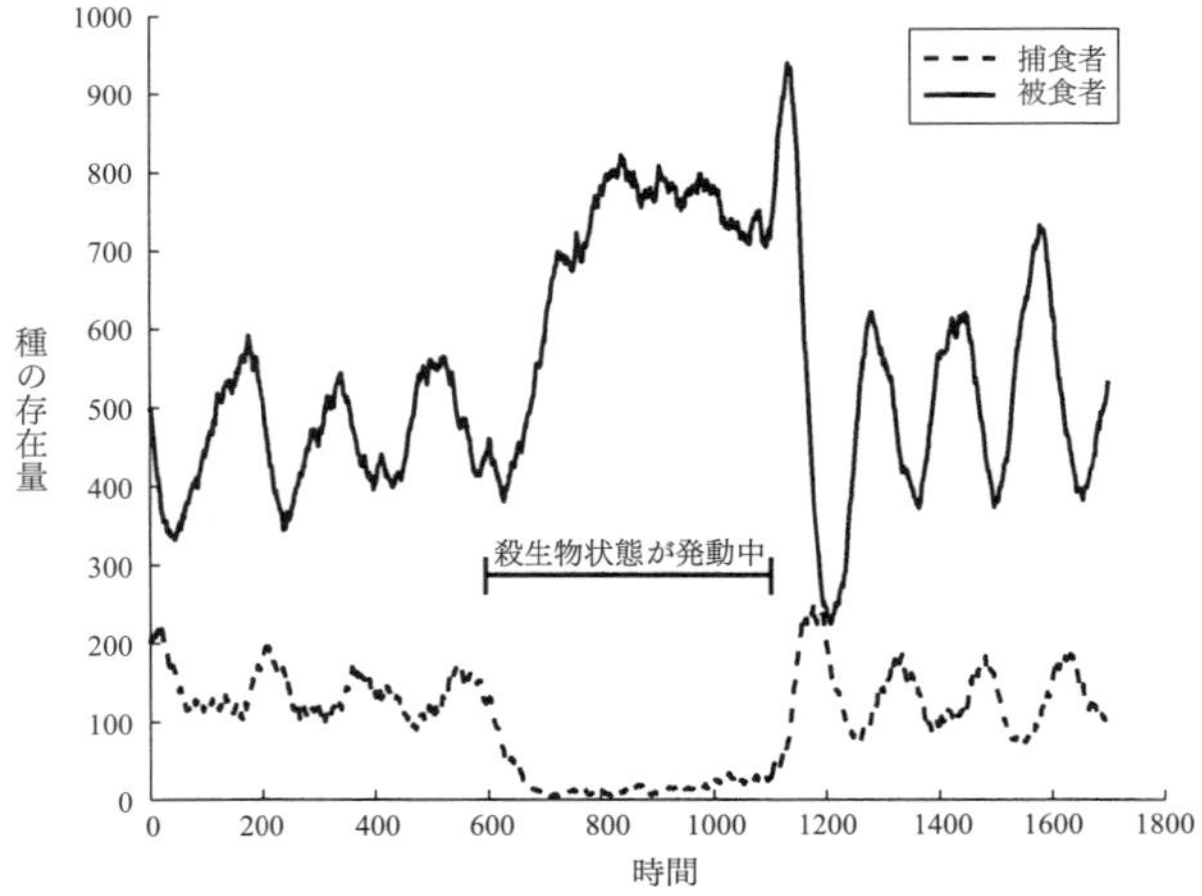

図 9.1　殺生物状態の変動を加えた，ワイスバーグとライスマンによる密度依存性個体ベース捕食の結果

の死亡率が高くなるようなケースをシミュレーションで導いた。幸いにも、この個体ベースの枠組みを使えば、全体的殺生物状態を私たちのモデルシステムの中に簡単に拡げることができる。私たちは次のような変動を生じさせた。まず、捕食者‐被食者システムの一般的なシミュレーションを開始し、各個体群の時間平均の大きさが安定した状態に至るまで待った。次に、格子上のあるセルが「有毒」になるよう、コンピュータにセルのランダムな選択を指示した。これにより、そのセルに入った捕食者と被食者はどちらも死ぬ。移動がランダムなので、捕食者と被食者は、有毒セルに入ることを通じて等しい確率で死ぬことになり、その結果、両方の個体群で死亡率が上昇することとなる。最後に、各個体群の平均の大きさが新たな平衡点に達するのを待って、私たちは個体群の大きさがどう変化したかを計測した。

この変動実験を広い範囲のパラメータ設定で行った結果、私たちは、全体的殺生物状態の導入で被食者個体群の平均的大きさが増大すること、また捕食者個体群の平均的大きさが縮小する傾向にあることを発見した（図9・1）。したがってこの修正されたＩＢＭは、確かにヴォルテラ特性を示している。さらにこのモデルは、負の関係で捕食者‐被食者の組み合わせシステムを定義しているので、ヴォルテラ原則も満足することになる。別の言い方をすると、個体群ベースから個体ベースへと枠組みを変えたにもかかわらず、そして、ロトカ‐ヴォルテラモデルのさまざまな仮定を変えたにもかかわらず、ヴォルテラ原則は依然として成立したのだ。これは、ヴォルテラ原則が表現的にロバストであることを示している。

4　ロバストネスと確証

ロバスト分析について、より漏れのない形で説明したところで、もとに戻ることにし、オーザックとソーバーがレヴィンズを最初に批判した際に、彼らの批判の動機になったと思われることについて考えたい。彼らは、レヴィンズがロバスト分析を通して、経験によらない形の確証を提案しているのだと解釈した。彼らは、レヴィンズがロバスト条件について「独立した虚偽が重なり合った部分にある真理」だとしたことを受け、これは、こうした条件に対する何らかの確証を主張するものだと捉えた。しかしその上で、オーザックとソーバーはこれを退けるのである。ロバスト分析はモデルを操作する一組の手続きであって、観察と実験だけが確証を与えるものなので、ロバスト分析にはそれができない（Orzack & Sober, 1993；また Forber, 2010 も見よ）。このような批判に照らすなら、ロバスト分析はロバスト条件に対して何らかの確証を与えると言えるだろうか。

私は、答えは否であると思う。ロバスト分析それ自体は、上に挙げられた理由から、ロバスト条件に確証を与えるものではない。確かに経験的データだけが確証を行うことができる。しかし、ロバスト分析は確証の中である役割を担うことができる。この章の残りの部分では、その役割について説明しようと思う。

ロバスト分析が持つ、理論確証的な役割をもっと明確に理解するために、ロバスト分析から一歩離れ、もっと一般的な問いを立ててみよう。「モデリングそれ自体が、はたして確証において何らかの役割を果たすだろうか」という問いだ。私はその答えは、然りだと思う。対象に関して高い忠実度を持つように作られたモデルがあるとしよう。例として、サンフランシスコ・ベイモデルを考えよう。これは、較正の目的となる日付だけでなく、湾の流速、潮汐、塩濃度など、より全般的に高い忠実度を持つことが示されたモデルである。

いま、湾について何か新しいことを知りたいとしよう。たとえば、サンマテオ橋の近くに下水の落口を作ったとしたらどうなるだろうか。何が起こるかを確かに知る唯一の方法は、もちろん実際に落口を作ることだ。しかし、高い忠実度のモデルがあれば、それを利用して落口に関するシミュレーションを行い、何が起こるかを観察することができる。モデルシミュレーションの結果、サンマテオ橋の中ほどで発生した一ｐｐｍレベルの汚染が流れて消えるのに、五回の潮汐サイクルが必要であるとわかったとしよう。このとき、次のように信じることはもっともだろう。

もし、一ｐｐｍの汚染が（現実の）サンマテオ橋の中ほどで発生したら、湾がその汚染を検出できないレベルまで洗い流すのに、五回の潮汐サイクルを必要とするだろう。

仮にこの信念が少し強すぎるように思えるなら、以下のような信念であれば確かにもっともであろう。

他の事情が同じとき、もし低レベルの汚染が（現実の）サンマテオ橋の中ほどで発生したら、湾は数日で、汚染を検出できないレベルにまで洗い流すだろう。

このモデルは、対象に関して高いレベルの忠実度を持つことが示されているので、私たちがこの言明を信じるのはもっともである。モデルが高い忠実度で表現することがわかっている特徴領域の中に、この特定のふるまいは含まれている。

ベイモデルに関する今の仮想的分析が、この条件（定理）を確証する上でどんな役割を果たしたのかを、もう少し詳しく見てみよう。鍵となるステップは、モデルの操作と分析である。この操作によって、モデルが実際それを持っているのに、私たちはまだそれを知らないという特性が示された。なぜ、モデルに関するこの知識をそっくりそのまま実際の湾に移せるのかと言えば、モデルと湾の間には確立された類似性があるからだ。したがって上に掲げた主張には、実は隠れた前提がある。それをはっきりさせると、上の主張は次のように読むことができる。

他の事情が同じとき、もしサンフランシスコ湾の水力学がモデルの水力学と類似しているなら、低レベルの汚染が（現実の）サンマテオ橋の中ほどで発生した場合、湾は数日で、汚染を検出できないレベルにまで洗い流すだろう。

このモデルは全体によく較正されているように見えるが、「サンマテオ橋の中ほどの落口で汚染が一ｐｐｍの濃度で発生した際の汚染封じが再現できる」という点が、モデルを評価する理由になったことは過去に一度もない。では、どうして私たちは、モデルへの操作結果と同じふるまいが対象でも成り立つと信じるべきなのだろうか。私たちがそれを信じるべきなのは、「モデル–対象間の類似性（類似した関係）が実現されているときに、モデル–対象間で互いに類似している部分がこの操作によって乱されることはない」ということを流体力学が教えてくれるからである。それゆえ、このようなケースで理論確証について責任を負うのは、特定のモデルや特定の問いとは独立に確証された、一般的な背景事実なのだ。

では、ロバスト分析に話を戻そう。ロバスト分析は一般に、モデルの中で多くの理想化がなされているときに用いられる。これがあることにより、忠実度の高い一つのモデルの分析をしたからといって、それだけで安易に、受け入れを許されるような一つの分析的結果へ移行する、ということがなくなる。それでは、どのようにしてロバスト分析の手続きは、高い忠実度を持つ単一モデルを手に入れる、ということに取って代われるのか。

私たちは確かに、ロバスト条件（定理）の証明に基づいて、ロバストな特性が普遍的に存在する、という単純な言明を推論するようなことはすべきではない。たとえば、シェリングのような人種分離モデルに対して、広い範囲のロバスト分析を行ったとしても、それによって、

人種の分離は不可避である。

と信じてよい保証が得られるわけではない。そうではなく、ロバスト分析がロバスト条件をもたらすのは、次のような形による。

他の事情が同じとき、どこに住むか、という行為者の決定がシェリングの効用関数と移動規則によって導かれるなら、人種の分離は不可避である。

私は、私たちが非常に自信を持ってこのように主張できると思う。だが、それはどうしてか。大事なのは、何がとりわけ主張されているのかを確かめることだ。この条件は、ロバストな特性が現実世界の対象においてどれくらいの頻度で成り立つか、については何も言わない。むしろこれは、シェリングの効用関数と移動規則が対象において例化された際、何が起こるか、ということを述べる条件つき主張なのである。

このような条件文の真理を確立するためには、私たちは、モデルのこうした論理的帰結が、現実世界の因果的帰結として反映されることを示す必要がある。この推論の確証に必要なデータは、モデルが対象に類似していることを示すものではない。むしろこのようなデータは、モデルが埋め込まれている枠組みの表現能力に関して、一般的に成り立つ事実に他ならない。とりわけ理論家は、モデルの因果的帰結の表現に対し、そのモデリングの基礎的枠

組みが適切なことを示すデータを持たねばならない。私は表現能力のこの証明を、**低いレベルの確証**と呼ぼうと思う。

理論家はあらゆる科学の領域において、低いレベルの確証を実現しなければならない。すなわち、モデルと理論が組み立てられるその枠組みによって、興味ある現象が適切に表現できる、ということを示す必要がある。例として、個体群生長のモデルを考えよう。確証理論で通常問題になるのは、たとえば、生長のロジスティックモデルのような特定の種類のモデルが、いま得られているデータによって確証できるかという問題だ。しかし、しばしば暗黙にしか問われない、理論確証に関わる事前の問いというものがある。それは、個体群が**実際に**ロジスティックに生長しているとしても、ロジスティックな生長モデルの数学は、この生長を適切に表現できるのか、という問いだ。

理論家は、研究論文において、低いレベルの確証に関する問いを明確に表現することはめったにない。しかし、モデルを使って予測したり、説明を組み立てたりする場合には、そのモデル構造が、世界の経験的事実を表す表現能力を持っている必要がある。これを何らかの仕方で確かめなければならない。ある場合には、これが暗に確かめられる。その方法は、数値計算上の構造や、数学的構造がよい実績を持つことや、過去にうまく用いられて正確な予測をしてきたことを示すというやり方だ。これは、多くの科学領域における代数や計算の使用において、確かに採られている方法だろう。しかし、こうした構造の表現能力は、数学によって明確な形で調べられることもある。新しい数学が導入されたり、古い数学的構造が新たな領域で用いられる場合などがそうである。

ロバスト分析も、それが十分確証されたロバスト条件を特定できるものである限り、低いレベルの確証に依存する。低いレベルの確証は、モデルの論理的帰結が世界の因果的帰結として反映されるということを保証するので、確証をロバスト条件に受け渡す働きをする。シェリングのような効用関数が人種分離を導くことを示したり、シェリングのようなモデルが対象表現に使用できると示すことで、私たちは、上記のロバスト条件の受け入れを正当化することができる。

かくしてロバスト分析は、オーザックやソーバーが示唆するような、非経験的な形の確証なのではない。それがロバスト条件を確証することはないのだ。むしろそれは、低いレベルの確証をもとにして確証が得られるような仮説を、そしてその低いレベルの確証が、当の仮説の埋め込まれている数学的枠組みの確証であるような仮説を、特定するものである。そしてまたこの分析は、ロバスト条件がどこで成り立たなくなるかを、科学者が発見する助けにもなるのである。

第10章　おわりに――モデリングという行為

一九六〇年に亡くなる少し前に、ジョン・リバーは、「カリフォルニアと国家への永遠の贈り物――サンフランシスコ大地域の基本計画」（Reber, 1959）と題した、彼の最後となる書状の一つを送った。この書状には、彼が一九〇七年にベイプロジェクトを計画し始めた頃の話や、「カリフォルニアとその人々についての比類なき知識」を得るのに二〇世紀はじめの四半世紀を費やしたことなどが、詳しく書かれている。彼はまた、二〇世紀の次の四半世紀、つまり一九三二年から一九五七年にかけて、「何千という講義、会議、書簡、記事、ラジオ、テレビを通じ、リバー計画に関して人々を啓発」したことも書いている。彼の努力によって、政府は一五〇〇万ドル以上の金額（現在の一二〇〇万ドル以上の金額）を、この壮大な計画の研究に配分した。

皮肉にも、リバーの熱心な姿勢のその中に、すでにそれが潰える芽が含まれていた。ベイモデルの構築と分析は、まさにリバーの数十年に及ぶ努力の最終到達地点であるが、これによって工兵司令部は、リバーの永遠の贈り物がもたらしたかもしれない大災害から、ベイエリアを救ったのである。

リバー計画に関する工兵司令部の分析は、モデリングの典型的なケースである。モデルを使って、対象を間接的に表現し、分析することが行われた。本書では、このような行為に関する説明を行ってきた。それと併せて、この行為を理解するのに必要なモデルの説明、およびモデル‐世界間関係の説明も行ってきた。この締めくくりの章では、私が行った説明の主要な部分を要約し、それがモデリング行為についてどんな全体像を与えるかを示したい。まず、モデルとは何か、という問いから始めよう。

モデルとは、対象システムの潜在的な表現である。それには三つの種類があった。具象モデル、数理モデル、数値計算モデルである。それぞれの種類のモデルは、二つの部分から成り立つ。一つはモデルの**構造**である。具象、数理、数値計算の各モデルが異なる主要な点は、それらの構造にある。具象モデルは物理的に存在する構造から、数理モデルは数学的構造から、そして数値計算モデルは手続きから、それぞれ構築される。これら異なる種類の構造は、異なる**表現能力**を持つ。

モデルのもう一つの部分は、その**解釈**、すなわちモデル制作者による構造解釈である。解釈自体が三つの部分からなる。**割り当て**は、モデルの各構造的要素を指示することである。たとえば、割り当てが空間における点の集合（一組の微分方程式に対応する構造）という形を受け取り、それらに物理的な性質を指示させる、という場合がある。このとき点は、個体群の存在量などといった量になり、軌道は、こうした量の時間軸での変化となる。割り当てと密接に関係するのが、モデル制作者の**意図する範囲**である。これは、モデルによって潜在的な対象現象のどの側面を表現するつもりなのか、そして、どの部分が端的に余剰な構造なのか、ということを特定する。

忠実度基準は、モデル制作者による解釈の最後の部分だ。これらの基準は、モデルが持つ現実の現象を表現する能力を、理論家が評価する際に用いる基準である。これは間違いなく、私の描く見取り図の中で重要な部分である。なぜなら、私がこれまで挙げた例が示しているように、理論家が用いる評価基準によって、全く同じモデルが、よりよいとも判断できるし、より劣るとも判断できるからである。もし、ある共同体が特定のモデルを、単に「一体どうして」型の説明を与えるものと捉えているとしたら、その共同体では、高度に理想化されたモデルが重要な貢献をなすと見なされる可能性がある。このモデルが、現実の現象の細かな部分を多数説明しないでいるとしても関係ない。しかし、他の共同体は、きわめて正確で精緻な予測を求めるかもしれない。そのような場合、この同じモデルが劣悪なまがい物と見なされる可能性がある。

モデルは、二つの異なる関係性の内にある。モデル記述は数理的な場合もあれば、言葉による場合、数値計算による場合、あるいは絵や写真による場合もある。まず、モデルは**モデル記述**によって**特定**されるものであり、**対象システム**を潜在的に表現するものである。モデル記述は数理的な場合もあれば、言葉による場合、数値計算による場合、あるいは絵や写真による場合もある。数理モデルの場合は、モデルの操作と分析は、モデル記述の操作と分析によって行われる。具象モデルと数値計算モデルは、直接的な操作が可能である。モデルとモデル記述の間には非常に密接な関係がある。すべての論理的に矛盾のないモデル記述は、少なくとも一つのモデルを特定し、すべてのモデルは、少なくとも一つのモデル記述を**満たす**。モデル記述における曖昧さと不正確さは、そうした記述が、単一のモデルによってではなく、モデルの集まり（族）によって満たされることを意味する。

モデルの二番目の関係は、モデルと対象システムの間の関係である。対象システムとは、現実世界の現象の一部分を指す。対象を生み出すために、理論家は、世界の中で自分が研究したいと思う何らかの現象を選択する。現象のすべての内容から、彼らは**抽出**を行い、関係のある特徴以外はすべて除外する。この過程が対象システムを生み出す。たとえばヴォルテラにとっての現象は、第一次世界大戦後のアドリア海における漁場である。彼の対象システムはある魚類の存在量、漁業行為、そして個体群動態を進展させる他の因果的要素からなる。

モデリングのシンプルなケースでは、単一モデルが単一の対象に関係する。しかし、このようなケースはめったにない。もっと普通に行われる形としては、モデル制作者は、たとえば有性生殖一般、あるいは共有結合一般などの、一般化された対象をモデルが表すようにしようとする。このとき、そのモデルは、関連の対象の集まり（族）と類似している必要がある。モデルはまた、永久機関など、現実には存在しない対象を研究するのにも用いられる。モデルがこのような存在しない対象に似ているとも言えるが、こうしたモデルを研究すれば、しばしば実際に存在する対象に関する知識が得られる。

私はいま、関係項、モデル、対象の特徴について述べたが、関係とはそもそも何だろうか。本書で私は、モデル-対象間関係は類似関係であると述べ、類似性についての**重みづけられた特徴の一致**に基づく説明を展開した。この説明は、およそ次のような内容である。モデルは対象と非常に重要な特徴群を共有することで、また、これらの重要な特徴がそれほど多く欠けず、余計な特徴をそれほど多く持たないことによって、対象と表現的な関係を持つことになる。モデル制作者の解釈によって特定される科学的背景が、重要な特徴の選択と重みづけを決定する。

モデルは必ずしも単一の対象と結びつくわけではない。このことは、こうしたシンプルなモデル-世界間関係の描像を、もっと複雑化する必要があることを意味する。類似性に関する、重みづけられた特徴の一致の説明が持つ利点の一つは、さまざまなモデリング行為の内にある種々のモデリングの目的に対して、これを一致させることができるということだ。

たとえば、理論家が**一体どうして型の説明**を行いたいと思う場合、理論家は、対象システムを生み出す可能性があるもっともらしいメカニズムを見つけ出したいと考える。重みづけられた特徴の一致の説明における説明方法に従えば、これは、$|M_a \cap T_a|$が高い値をとり、$|M_a - T_a|$が低い値をとることに相当する。したがって、理論家は次の式を最大化したいのである。

$$\frac{|M_a \cap T_a|}{|M_a \cap T_a| + |M_a - T_a|} \qquad (10 \cdot 1)$$

この式が1となるとき、モデルと対象は、モデル制作者の特徴集合におけるすべての属性を共有することになる。

重みづけられた特徴の一致による説明は、三つの種類のモデルすべてと対象との関係について、これらを説明する手段を持っている。具象モデルの特徴は、対象の特徴と直接比較することができる。数理モデル、数値計算モデルの場合は、モデルの特徴は対象の特徴を数学的に表現したものと、比較されることになる。さらにこの私の説明は、思考実験や心的モデルをその対象と比較するのに用いることができる。思考実験と対象は特徴を共有することができるからである。

モデル-対象間関係についての私の説明は、理論家の目的や解釈に依存するものなので、モデル-対象間の適合に関して意見が一致しない可能性がある。私の説明はこの可能性を許容するものであるが、実際、科学的行為を正しく特徴づけるには、これを許容する必要がある。それだけでなく、私の説明は、考え方の不一致を特定し、分析する手段も与えるものである。なぜならその説明によって、理論家は自分たちのモデルを区分する基準が何なのかを、明確にすることができるからである。たとえば彼らは、自分たちが作ろうとしているモデルが、一体どうした型のモデルなのか、それとも最小モデルなのか、と問うことができる。いったん目的について合意に達すると、あるいは少なくとも理解に達すると、理論家たちはさらに、自分たちが暗に仮定している重みづけ関数について、どんな不一致でも正確に指摘することができる。一方の理論家が、ある特定の特徴を最も重要だとするのに対して、他方の理論家は広い範囲の特徴に等しい重みを与えているのではないか。このような問題は、科学の目的や背景知識、背景理論に依存し、類似関係の形式に依存するものではないので、私の説明では解決することができない。私の説明にできることは、不一致の原因を特定することを助け、科学者に、忠実度基準を明確に定式化する方法を与えることである。

要するに、モデルは構造と解釈からなる。それらは、特定するという関係を通してモデル記述と関係し、類似関係を通して対象システムと関係する。しかし、理論家が、類似性に基づいて対象を表現するようなモデルを作ろうとするときでも、彼らは必ずしも、対象に最大限類似したモデルを作ろうとしているわけではない。理論家はしばしば意図的に、モデルに対して**理想化**を導入する。

モデルが対象と比べて意図的に歪められているとき、そのモデルは理想化されていると言う。私は理想化について、これを、私が**表現的理想**と呼んだ一組の基準に導かれる行為だと理解する。したがって異なる種類の理想化は、異なる基準によって導かれる。**ガリレイ的理想化**は、単純化するという目的で歪みを導入する過程である。こうした歪みは、より多くのデータが集められ、数値計算技術が向上すると、取り除かれる。一方、**ミニマリストの理想化**は、最も重要な因果的要素を特定するために歪みを導入する。ミニマリストの理想化によって生み出されたモデルは、それが説明力を持つという点でたいへん価値がある。最後に、きわめて複雑なシステムを扱うときに、モデル制作者は対象に関して複数のモデルを作る場合がある。そのそれぞれが、対象の異なる側面を捉えるのである。**多重モデルによる理想化**で作られたモデルは、現象を生じさせる本質と因果的構造について、それぞれ異なった主張を行う。

理想化の行為、特に多重モデルによる理想化は、理論家がしばしば同一の対象について、次々と多数のモデルを作り出すことを意味する。このモデルの増殖にうまく対処するには、モデルのどの面が信頼できる予測をし、説明に確実に使用できるのかを、何らかの方法で特定する必要がある。私は、理論家がこの増殖に対処する一つの方法は、**ロバスト分析**を用いる方法だと論じた。この分析では、理論家は自分たちが作り出したモデルを、密接に関連したモデルと比較する。その目的は、モデルがどこで一致するかを見ることである。こうしたモデル間の比較から、理論家は**ロバスト条件**を産出することができる。この条件は、モデルの中心的な因果的メカニズムとある特性との関係を特定する条件文である。ロバスト分析は、ロバスト条件を確証しない。むしろこの分析は、その条件が埋め込まれた数学的枠組みの、低いレベルの確証をもとに確証されるような条件を特定するものである。これはまた、ロバスト条件で記述される現象が生じないのはいかなる状況か、という発見に用いることができる。

私はいま、モデルが何であり、モデルがその記述や対象とどう関係しているかを確認した。この本の最後の問題は、モデルの使用に関わる問題である。簡単に言えば、モデルは、対象について知識を得るために、対象を目的として構築される。理論家はモデルを分析することで、間接的に対象について分析することができる。

この分析は多くの異なる形をとる。それは、モデルの種類や科学者の関心や時間、利用できる数値計算能力などの実際的な要因次第である。時に、分析の目的がモデルの十全な分析だという場合がある。それが達せられれば、理論家はモデルの静的、動的な特性のすべて、許容される状態、状態間の遷移、状態間の遷移を始動する要因、そして状態と遷移の相互の依存関係について知ることになる。他に、特定の目的によって、モデルの特徴のどの一部を研究するかが規定される場合がある。最も単純な場合を除いて、モデルの分析に対する全く包括的な処方箋というものはない。しかし、多くの種類の手法を適切なものとして使うことができる。その分析手法には、代数的解を与えるもの、近似的な解を与える計算技術、モデルのふるまいの完全なサンプリングあるいは確率的なサンプリングに関わるシミュレーション、そして具象モデルの場合には文字通りの実験、といった手法が含まれる。

モデリングに関する私の説明は、二つの主要な原則に導かれてきた。一つは、私たちの説明は、モデリングが実際に行われる方法をもとに、モデルの本質やモデル-世界間関係についての情報を得るべきだということ。二つめの指導的原則は、モデリング行為には幅広い種類があるということ。単一の対象に関する単一のきわめて正確な表現の構築、ということもあれば、存在しない対象のモデリングというのもある。私はこれらの原則を適用して、具象的モデリング、数学的モデリング、数値計算のモデリングの間にある類似性と違いについて、考えてきた。私が展開した説明は、必ずしもシンプルでなく、整然とはしていないかもしれないが、モデリングという重要で大変特徴的な理論的探究行為を理解するのに、これが役立つものと私は信じる。

訳者解説

本書は科学におけるモデルの役割を論じた、M・ワイスバーグの科学哲学書である。多くの科学分野で、モデル抜きに研究が成立しないということは、ほとんど誰も否定しないだろう。しかし、「モデル」が何を指すのかと問われると、多くの人が答えに窮するか、あるいはせいぜい、特定のケースでこの言葉がどう使われているかを述べるにとどまると思われる。本書は、そのような「わかっているようでわかっていない」モデルの本質に、科学哲学の立場から鋭く迫ろうとしたものである。

著者のワイスバーグは、現在、米ペンシルバニア大学哲学講座の教授で、いまや科学哲学界の重鎮の一人と言ってよい存在である。四年に一度行われる科学哲学の世界大会、CLMPS（「科学の論理、方法、哲学に関する会議」）の二〇一五年ヘルシンキ大会では、ワイスバーグが基調講演を行った。これは彼が「重鎮」と見なされている何よりの証である。そしてそこでの講演テーマが、本書のテーマである「モデルとモデリング」であった！

ワイスバーグが長くそのテーマとしてきたのは、まさに本書のテーマである科学におけるモデリング行為である。彼がモデリングに興味を持つようになったのは、（本書でも触れられているように）化学結合が現在の多くの化学者たちにどう扱われているかを知ってからだという。現在、共有結合モデルはたいていエネルギー現象を扱うものである（これは、ワイスバーグが現在のさまざまな化学結合モデルに共通する「ロバストネス」について研究した結果、導いた結論。Weisberg, M. 'Challenges to the Structural Conception of Chemical Bonding', *Philosophy of Science*, 75, 2008, pp. 932-946)。これは伝統的な「構造」概念と異なるだけではなく、用いられるモデルが互いに両立しないケースもある。こうした化学におけるモデリングの現状を目の当たりにして、ワイスバーグは、共有結合についての最もよい説明は「理想化されたモデル」として与えられる、と考えるようになる。こうした関心を根本に持ちつつ、モデリングにおける理想化とは何か（その種類はどのようなもので、それぞれが科学における理論的探究において果たす役割は何か）、モデルのロバストネスとはどのようにして与えられるか、モデリング行為におけるトレードオフはどのような形で成り立っているのか、といった核心的な問題について、彼は一つ一つ入念な考察を行ってきた。

本書は、そのような「モデリングの哲学者」ワイスバーグがこれまで積み重ねてきた研究の集大成とも言うべきものである。

本書の特徴

ワイスバーグ以前にも、もちろん科学的モデルに関する研究は科学哲学で行われてきた。では他の研究、他書と比較して、本書にはどのような特徴があるだろうか。訳者は、次の二点が本書の際立った特徴であると思う。

（1）広範な科学のモデル、モデリングがカバーされていること

科学哲学において、これまでモデルに関する議論の中心にあったのは、本書（第3章）でも紹介されているように、科学理論の意味論的見方と呼ばれる考え方である。簡単にその主張内容を確認しておこう。

意味論的見方は、それ以前に論理実証主義者たちが支持した統語論的見方への批判の上に成り立っている。統語論的見方とは、理論は理論語と観察語に分けることができるとし、理論語自体は意味を持たずに一階論理で公理化され、

「対応規則」によって経験的な観察語と対応づけられることで意味を持つとする見方である。これに対し意味論的見方では、理論は、問題の多い対応規則によって経験と直接結びつけられて解釈されるのではなく、さまざまな言語によって記述できる「モデル」によって解釈される。つまり、理論が述べることがらが真だと厳密に言えるのは、あくまでモデルの中においてだと主張される。具体的なモデルの候補としては、対象と対象の関係、操作などを順序対として表す集合論的モデル（スッピス）や、対象領域の状態空間における軌道（ファンフラーセン）、さまざまな理想化の度合いをもつ抽象的なシステム（ギャリ）などが挙げられる。理論がこうしてモデルとの関係で捉えられるように、経験との関係もまたモデルを通して捉えられることになる。ファンフラーセンは「同型性」に基づく経験的十全性が両者を結びつける基準だとし、ギャリは観点や程度が柔軟に適用される「類似性」がその基準だとした（なお、意味論的解釈における「モデル」はこのように理論解釈の概念装置という意味合いが強く、出自的には実際の科学で用いられるモデルと同じという保証がない。しかし、物理学を中心として科学的なモデルの運用とかなり共通な部分があることから、少なくとも理論探究レベルにおいては、意味論解釈者は科学的モデルと意味論解釈のモデルを概ね重ねて論じてきたように思われる）。

本書でも詳しく述べられているように、ワイスバーグはこのような伝統的見方の意義を一方では認めつつも、その適用範囲がかなり限定的であることに難ありとする。理論の意味論的見方は、しばしば物理学におけるモデルに傾注してきた。そのため、科学的なモデルを対象とする「モデル」的議論としては、物理学に「過剰適合」してきたきらいがある。したがって、こうした特定の科学領域におけるモデル理解にはうまく当てはまるが（そしてワイスバーグも本書で数理モデルの構造理解に関しては多くをこの意味論的見方に拠ることになるのだが）、科学一般におけるモデル、モデリング理解には十分な枠組みとは言えない。

ワイスバーグはもともと科学の領域としては化学や生態学などに関心を寄せてきたこともあるが、本書では実に多彩な生物学関連のモデル事例（ロトカ-ヴォルテラモデルを軸に、xDNA、複数の性に関するモデルなど）に加え、化学の共有結合モデル（ポテンシャルエネルギー面に関するモデル）、米陸軍工兵司令部がサンフランシスコ湾のリバー計画に関して用いた縮尺モデル、シェリングの人種分離モデル、ライフゲームに関するモデルなど、バラエティに富んだ科学的モデルをもとに考察が進められている。

ワイスバーグ以前にも、意味論的見方の「適用限界」を指摘して、多様な科学分野のモデルを取り上げようとした試みはあるにはある。M・S・モーガンとM・モリソン編著による『媒介者としてのモデル』(Morgan & Morrison, 1999)が一つの例だ。彼女らは、自然科学のみならず経済学的モデルなどの社会科学でのモデルも含めた多様なモデル事例を分析する中で、それぞれの科学においてモデルが果たしていると思われる自律的な機能の特徴を明らかにしようとした。しかし彼女らの扱った例はワイスバーグと比べれば、まだまだ限定的であり、その結果、そこで行われる考察も断片的で、意味論的見方に比肩できるような統一的なものではない。一方、本書におけるワイスバーグの試みも、「体系」としてすっかり整っているわけではないが、広範な例をもとにその一つ一つに当てはまるように「体系づけ」が試みられているので、結果、幅広い科学モデルが科学哲学の射程圏内に入ることとなった(広範な例が挙げられる中でも、サンフランシスコ・ベイモデル、ロトカ-ヴォルテラモデル、人種分離に関するシェリングモデルの三つは何度も繰り返し説明に取り上げられる。それぞれ具象モデル、数理モデル、数値計算モデルの例で、ワイスバーグが挙げる三種のモデルをそれぞれ代表するものだ。このように、要所要所で同じ例を使ってモデルについての理解を深めるという形は、大いに読者の助けとなろう)。

これは科学哲学における大きな方向転換と言えるかもしれない。意味論的見方では、科学理論とは何かといった哲学の伝統的関心に答えるには、「典型的な科学」(としての物理学)を分析すれば事足りるという認識がおそらくあった。それに対してワイスバーグは、哲学的関心に科学を当てはめるのではなく、実際に科学者が行っていること(科学者の認識)を哲学的に整理する、ということを目指している。科学と科学哲学の乖離がしばしば懸念される中(訳者もそれを懸念する一人である)、本書におけるワイスバーグのこうした融和的方向性はたいへん好ましいものに思われる(実際、このような試みはなかなか真似のできるものではないが)。

ただし、このような方向転換は、これまでの哲学的議論との間にある種のギャップを生むことにもなろう。この点については後ほど述べる。

（2）主要な哲学的議論との関係が明確に述べられていること

上で、ワイスバーグの議論が哲学的関心から出発するわけではない、と述べた。しかし科学的実践を読み解く際に、ワイスバーグは従来の主要な哲学的議論を踏まえ、きちんとそれに対決して広範な例への適用を行っている。このとき、科学的事例に即したモデルの分類に始まる、一連の議論に沿って関連の哲学的議論が「選択的に」取り上げられていることが、本書の大きな特徴である。つまり、本書が哲学的モデル論の概説書ではないということだ。概説書のような総花的な議論の見せ方は、議論が細かくなればなるほど退屈である。しかし、著者が具体例から導いた問題に沿って、その都度主な議論と対決しながら議論を進めていく形はスリリングであり（ちょうどロールプレイングゲームで敵キャラを次々倒していくような楽しさか？　訳者はその辺りはあまり詳しくないが）、なおかつ結果として、主な哲学的モデル論の内容が押さえられることになる。

主な「対決」は、モデルの分類をめぐる対決、数理モデルに関するフィクション説との対決、理想化の種類をめぐる対決（あるいは議論の統合）、存在しない対象のモデリング（仮説的モデリング）に関する対決（ここでは対決相手は統計学者のR・フィッシャーである）、モデル-世界間関係における類似性をめぐる対決（類似性批判との対決、および従来の類似性議論の発展的継承）、レヴィンズによるモデルのロバスト分析「解釈」に関する対決である。

もちろん、中身は哲学的な議論であり、対決は真剣勝負なので、フォローするのに骨が折れるところもあろう。特に第4章のフィクション説との対決はボリュームもあり、おそらく本書で最も哲学寄りの議論なので、はじめてこのような議論を読む読者は少々面食らうかもしれない。しかし、フィクションと科学的モデルの接点の可能性自体は、哲学者でなくとも思いつくところである。一旦思考をその方向に振り向けて、読者自身が数理モデルについて内省しつつ繰り返し記述を読めば、フィクション説内部の違いと、ワイスバーグの数理構造中心説との争点について徐々に内容が理解されるだろう。科学者のモデリング行為に対して、哲学的にアプローチするときの醍醐味が味わえるはずである。

さて、本書で取り上げられる従来の哲学的議論は「選択的」であって、その点に本書の魅力があるのだが、同時に、選択的であることによって抜け落ちる議論もある。とりわけ、科学的実践を中心に据えるワイスバーグの考え方ゆえに抜け落ちる議論があると考えられる。(1)で述べた従来の議論とのギャップ、とは、具体的にこの「選択」によって生じうるものである。

このギャップについては本書を読むだけではわからない。本書をより深く理解していただく一助として、また本書をより発展的に捉えていただく一助として、このあと少し、そのギャップについて解説しておきたい。

(なお、ギャップに加えて、一点ワイスバーグの議論を明確化しておいた方がよいと思われる点があるので、これも以下で併せて述べておく。)

従来的な議論とのギャップ

本書で示されたモデリングに関する枠組みは、ワイスバーグが必ずしもそう断っているわけではないが、二つに大別できると思われる。一つは第7章までの議論で、一言で言えばモデルの分類に主に関わる議論。もう一つは第8章、第9章の議論で、モデルをめぐる規範的判断にも関わる議論である。科学的実践を中心に据えるという本書の基本姿勢から、全体としてはモデルやモデリングの「記述」に重きが置かれることになるが、うしろの二章はそれぞれ、モデル-世界間関係を評価するための類似性判断の定量的基準、モデルが予測や説明において信頼できると考えられる根拠に関することがらなので、いずれも規範的な議論と結びつきやすい。

従来的な議論とのギャップは、前半の議論、後半の議論のいずれにも見られる。それぞれ的を絞って述べることにする。

(1) 数理モデルの位置づけ

前半の「モデルの分類」に関する議論については、数理モデルの位置づけをめぐって、従来の議論とのギャップを確認したい。それと同時に、ワイスバーグの数理モデルをめぐる説明のうち、「モデルとモデル記述」の関係がやや本文の説明だけではわかりづらいところがあるので、これについて一つの整合的な解釈を与えておきたい。

まず、数理モデルに関する前半の議論の流れをざっと確認しておこう。いずれも広く分類に関わる議論である。ワイスバーグは数理モデルを具象モデル、数値計算モデルと並んで基本的な三種のモデルの一つとして位置づけ、「三種」という数の正当化を図る（第2章）。次いで、モデルに関する説明としてワイスバーグがその核心だとする「構造プラス解釈」という考え方の中で、数理モデルには「数学的構造」（これは意味論解釈におけるモデルの構造を拡張的に捉えたもの）が成立するとし、理論家の解釈の三要素となる「割り当て」「意図する範囲」「忠実度基準」が、ロトカ-ヴォルテラモデルを例として述べられる。併せてモデル分析で「構造と解釈」に加えて重要な視点となる「モデルとモデル記述」の関係が述べられ、数理モデルも具象モデルの場合と同じく両者の関係は基本的に「多対多」であると述べられる（第3章。なお、モデルおよびモデリングという行為の説明に「解釈」を不可欠とする点が、ワイスバーグの新たな枠組みの大きな特徴であった）。続く第4章では、数理モデルのワイスバーグ的な見方（数理構造中心説）に対抗する見方として、最近台頭するフィクション説が取り上げられ、後者の問題点の指摘と前者の擁護が行われる。そして第5章では、（対象指向型）モデリングの実践であるモデルの作り上げ、モデル分析、モデルと現実的対象との比較について述べられ、数理モデルについては構造解釈の変化の可能性がロトカ-ヴォルテラモデルに即して説明され（グッドウィンによる経済学的再解釈）、また分析については、同じくロトカ-ヴォルテラモデルが取り上げられ、コミュニティ行列による解析が十全分析の例として述べられる。

このような流れの中で、一点わかりづらいのは、数理モデルとそのモデル記述の関係である。ワイスバーグはこの両者の関係も、サンフランシスコ・ベイモデルとその記述のように「多対多」の関係であると述べる。後者のような具象モデルに関してなら、多対多というのは容易に納得できる。このような具象モデルは設計図でも数式でも記述できるし、逆に一つの設計図から複数の異なる具象モデルを作ることができるからだ（特定と実現の関係）。できるだけ統一的なモデルの枠組みを示すという点からすれば、この関係を数理モデルにも適用するのは望ましくはあるが、果たしてそれは可能なのか。

数理モデルというと、数式で記述された形だけだとつい思いがちである。現に本文で触れられているように、意味論的見方をとるギャリは概ねモデル記述を方程式（の組）だと捉えており、これは決してギャリに特有の捉え方ではなかろう。一方、ワイスバーグは方程式が一種の「代用品」でしかないと言い、「方程式や他の種類の言明が数学的対象を特定し、こうした対象はその記述を満たす」（54ページ）と言う。このとき、「他の種類の言明」が具体的に何を指すのかが明確ではない。この少し前に、グラフ理論の応用に関する記述があり、確かにこれは他の言明の候補だが、数理モデルがつねにこれで記述できるわけではない。明言はされていないが、おそらく他の言明とは、「殺生物状態において、被食者個体群の相対的存在量が大きくなる」というような、数式によらない言明を指すのだろう。これで一つの数理モデルに複数の記述が対応することになる。混乱を招きやすいのは、このあとの「例化」に関するくだりだ。数式のパラメータに数値が割り当てられない場合にモデルが一つに特定されずにモデルの集まり（族）を特定する、というのはそのとおりだが、ここから「一つのモデル記述で複数のモデルに対応する」とは言えない。現に、パラメータに数値が割り当てられれば「一つの記述で単一のモデルが特定される」からである。

結局、数理モデルとその記述を多対多の関係として捉える際には、「他の種類の言明」を右に述べたように認めた上で、本書の順序としてこの後に詳しく記述される「解釈」の議論が持ち込まれることになるのだろう。同じ調和振動子の「記述」が、解釈によって物理的な周期運動のモデルにも、分子結合の振動モデルにも対応づけられる（この点が、数理モデルの数理構造中心説を擁護する一つの要でもあった）。あるいは、形の上では同じロトカ-ヴォルテラモデルの「記述」が、構造解釈の変更によって生態学モデルから経済学的モデルの記述へと変わる。このように、解釈によって一つの記述が複数のモデルに対応し、結果、数理モデルとその記述も多対多の関係として捉えられるのである。

さて、ここから数理モデルに関する分類議論と従来の議論とのギャップについて述べる。注目したいのは次の箇所だ。ワイスバーグは、モデリングの最終段階である「モデルと対象の比較」(第5章3節)を行う際に生じるかもしれない説明的問題として、具象的モデリングでは対象とモデルの比較は直接可能だが、数理モデル(および数値計算モデル)は具象的対象とどう比較するか、という問題を挙げている(第5章3節(3))。

この問題は実はかなり古くから科学哲学者が取り上げてきた。すでに一九二〇年代にH・ライヘンバッハがこの問題に悩んでいるが、最近ではファンフラーセンがこれを正面から取り上げている(van Fraassen, B. C. 'Representation: The Problem for Structuralism', *Philosophy of Science*, 73, 2006, pp. 536–547)。簡単なようで問題は深い。具象的対象どうし、また数学的対象どうしの比較はそれほど問題ではない。具象的対象と抽象的対象の比較も、両者の間にマッピングさえ成立すれば何も問題ではないと考えてしまいがちだが、マッピングを定義するには両者のいずれも変域・値域を特定してから、さらにその関係が特定できなければならない。方程式の領域ではその特定は容易だが、具象的なものについては端的にそれができない。ファンフラーセンは、有名な彼の著書 *Scientific Image* (1980, 邦題『科学的世界像』)を著した際、この点に無自覚に同型性の考え方を持ち込んでいたと反省的に振り返っている。では、具体的対象が抽象的対象と直接比較されるのではなく、たとえば具体的対象が一旦データとして抽象的な領域に移され(データモデル)、その上でそれが、方程式などで表される理論モデルと比較されるとしてはどうか。この考え方も、最初の問題を認識するなら、少なくともこのままの形では単に問題を一歩後退させたにすぎないことがわかる。この問題を慎重に吟味して、最終的にファンフラーセンが導いた解決策は、問題を具象的対象と抽象的対象の二項関係で捉えるのではなく、それらを表象する「我々」を含めた三項関係として捉えるというものだ。この三項関係で捉える限り(彼の反実在論的な経験論を前提とした上で)「理論が現象に対して十全である」ことと「理論が我々に表象された現象に対して十全である」こととは同じと見なせると彼は主張する(プラグマティックなトートロジー)。こうした回答が妥当かどうかは別に考えてみなければならないが、いずれにせよモデルを説明する統一的な枠組みを構築しようとするときに、この問題は決して軽々しくは扱えない。これが言わば従来的な哲学の議論である。

一方、この問題に対するワイスバーグの回答は、対象の状態を数学的空間にマッピングすることで（データモデル化することで）簡単に解決できる、という、一見非常にナイーブで不十分なものだ。つまり、基本的な問題認識は共有しながら、ワイスバーグの議論は明らかにここで、従来なされてきた議論を踏襲していない。

このギャップが、ワイスバーグの基本姿勢、すなわち科学的実践の分析を重視することに起因しているのは間違いないが、ではこの姿勢をとればなぜ従来の議論が避けて通れるのだろうか。

実は、哲学者J・オーデンバウが本書に対する書評的論文において、ワイスバーグがこの議論を避けていることを批判しているのだが（Odenbaugh, J. 'Semblance or similarity? Reflections on *Simulation and Similarity*', *Biology and Philosophy*, 2015, 30, pp. 277–291. ただしオーデンバウはファンフラーセンではなく、R・I・G・ヒューズの議論を挙げて、数学的対象の存在論の問題として批判を行っている）、これに対してワイスバーグは次のような回答を与えている。「この本の中で何度も述べたように、私は、ステイシー・フレンドが名づけたような、理論の『認識的レベル』において中心的な主張を述べようとしているのだ。理論のこのレベルでは、私たちが問題の行為を説明するときに、どんなカテゴリーや概念が必要かを問うのであって、この説明を支える構造を与えるのに、存在論が究極的にどのようなものになるかを問うのではない。」（Weisberg, M. '*Biology and Philosophy* symposium on *Simulation and Similarity: Using Models to Understand the World*', *Biology and Philosophy*, 2015, 30, p. 304）

確かに、抽象的モデルと具象的対象にまつわる形而上学的問題がどうあれ、科学者は現に両者の対応づけが認識できている。この認識を成立させる根拠を問うのではなく、「現に成立しているこの認識の、直接的な対象を記述する」上で必要な概念を問うのであれば、本書で与えた回答で十分だ、とワイスバーグは言いたいのである。つまり、従来の科学哲学が（数理モデルについて）認識の問題と存在の問題をつねに併せて論じてきたのに対して、「科学的実践を重視する」とは、認識の問題だけを切り離して論じることを宣言するものであり、かつそれに十分意味があると主張することにほかならない。

もちろん、これが受け入れられない哲学者もいるだろう。しかし哲学と科学を本気で架橋しようとするなら、これは哲学者がとりうる一つの積極的な選択に違いない。読者には、ぜひこの点を踏まえつつ本書を読んでいただきたい。

(2) 議論の規範的射程

従来の議論とのギャップは、本書後半の、規範的ニュアンスを持つ議論においても見出される。話の本質的なところは(1)に通じるので、手短に確認しておこう。

取り上げたいのは第8章の類似性をめぐる議論である。これまでにも科学哲学において、モデルと世界の類似性について論じられてきたが、科学者の類似性判断を定量的な仕方で示す方法を論じたのは、おそらくワイスバーグがはじめてだろう。ワイスバーグはトヴェルスキーの心理学的な類似性判断の指標にヒントを得て、類似性を判断するためのモデルと世界の特徴集合を立て、それぞれのメカニズムと属性に関わる集合を区別し、その積集合と差集合を重みづけと標準化等の数学的整理をしながら最終的な指標（式8・10）を組み立てた。これは確かに、意味論解釈における同型性の考え方よりもはるかに柔軟に見え、形の上で、モデルと世界の類似性判断に必要な要素と仕組みが網羅的に含まれていると思われる（ただし属性／メカニズムという二分法でよいのか、仮によいとしても両者はつねに独立か、といった問題は、別に考えてみる必要があるかもしれない）。また、この類似性の説明が、モデル-世界間関係の説明が満たすべき条件を満たしているか、という検討がなされている辺りも、その条件の選定を含めて哲学的に周到な議論だと言えるだろう。

しかし、立てられたこの指標が、どのような観点でモデルと世界の類似性を測るものなのかをワイスバーグは必ずしも明確に述べていない。つまり、科学者が実際に類似性の判断を行う場合にこれを定量的に表現しようとするのがこの指標なのか（記述的指標なのか）、それとも、よいモデルが何かを判断するための手掛かりがこの指標なのか（規範的指標なのか）が明確ではないということだ。重みづけパラメータがモデルの目的（たとえば「一体どうして」モデリングの場合など）に応じて変わると述べられるとき、それは「科学者たちがモデルと世界の間で実現したいと思っている」（235ページ）範囲だけでの話なのか、それとも、より客観的な指標値を前提とした話なのか。このような記述的な話か規範的な話か、という区別は、従来の科学哲学では厳密に行われてきたように思われる。さらに言えば、多くの科学哲学的議論が、こうした区別の上に「規範的」な議論を打ち立てようとしてきた。したがって、ここでのワイスバーグの議論と従来の議論との間にも、やはりギャップが認められる。

（1）と同様、この点に関連して本書を批判した書評的論文がある。哲学者で気候モデルのシミュレーションに詳しいW・パーカーは、次のように述べて本書の曖昧さを批判する。「モデルが対象について、求められている情報を与えてくれるかどうかは、モデルと対象が特定の特徴を共有することを科学者がどれほど重要と判断するか、には依存せず、むしろ、モデルと対象がそれらの特徴を実際十分に共有しているかどうか、ということに依存する。」（Parker, W. 'Getting (even more) serious about similarity', *Biology and Philosophy*, 2015, 30, p. 271）

この批判に対して、ワイスバーグは同じく（1）で挙げた論文の中で次のような要旨の回答をしている。多分に心理学的な考え方を取り入れたことで、説明に混乱があるように見えるかもしれない。しかし、本書の指標は二つの点で意味をなす。一つはモデルと対象との関係は、部分的に科学的背景に依存する、ということがあるから。もう一つは、（本文で述べたように）類似性判断はしばしば暗になされるものだが、科学者間で意見の不一致がある場合に、この指標によってその中身を明らかにできるから。

この回答は、一見、元の問いとすれ違っているようにも見えるが、（1）の回答を思い起こせば納得がいく。結局ワイスバーグは、本書では極力「科学哲学的」規範論を避け（この態度は、「確証」問題を本書では論じない、ときっぱり述べられていることからも伺える）、科学者の間で、現にどのような形でモデルと世界間の類似性が扱われているかにもっぱら焦点を置き、これを記述するのに適切な枠組みを提示することを目的としているのである。ここで扱われる規範は、あくまで科学者が掲げる規範である。背景理論がしっかりしている科学では指標のパラメータが固定的で、強い規範が掲げられるが、まだ背景理論が不十分な科学では規範的要素は弱い。また、クーン的な規範の歴史的変遷ということもある。つまり「現実の科学では、類似性判断は厳密な客観的判断でも主観的な判断でもありえる」ということが前提にあり、あくまでこうした判断の表現にふさわしいものとして、ワイスバーグは類似性指標を提案しているということだ。

もちろん、「そうであるにしても、意見の不一致があるときの参照枠というだけでは控えめすぎる。結局科学者がほしいのは信頼できる客観的指標なのに、この議論はそこまで至っていない」という批判はさらにできよう。しかしワイスバーグの言いたいことは、「そこで一気に科学哲学的規範論に結びつけようとすると、科学と科学哲学の乖離は避けられない」ということにあると思われる。控えめではあっても、実際の科学的モデリングに科学哲学を近づける方策としては、決して的を外していないだろう。

おわりに

前段のギャップの話は、主に哲学的視点からの話である。しかし本書は決して哲学者にだけ向けて書かれた本ではない。本書のねらいからすれば、むしろ科学者を主たる読者に想定していると言えるだろう。類似性指標については「控えめな議論」との批判もあろう、と述べたが、本文全体を見れば科学者にとってモデリングの実践を反省する際に、ヒントになることがらがたくさん散りばめられていると思われる。もちろん一方で、哲学者には科学的実践とより融合的な議論は何かを考えるヒントとして読むことができるし、また科学的モデルに関心のある一般の読者の方々には、科学と哲学の双方への窓口として、本書はさまざまな刺激を与えてくれるだろう。ぜひ、多くの人に、本書を手にとっていただきたいと思う。

なお、本書のタイトルについて一言述べておきたい。原書のタイトルは、そのまま訳せば『シミュレーションと類似性――モデルを用いて世界を理解するということ』となる。しかし、本書をお読みいただけばわかるとおり、ワイスバーグはシミュレーションという言葉を数値計算モデルと数理モデルの一部に限定的に使っており、全体の軸となる概念はあくまで「モデル」や「モデリング」である。そのため、邦題は原書副題の「モデル」を前に出して『科学とモデル』とした。もっとも、本文で核となる三つの事例モデル（サンフランシスコ・ベイモデル、ロトカ－ヴォルテラモデル、シェリングモデル）は、どちらかと言うと、（広義の）シミュレーションとして語られることが多いものだろう（原書タイトルの正題にはそうした理由があると思われる）。それゆえ邦訳でも「シミュレーション」という言葉を残し、これを副題として入れることにした。

最後に、本書の翻訳を勧めていただいた名古屋大学出版会の神舘健司氏に感謝する。氏の精緻な読み込みによる有益な助言、日本語の通りのよさに関する適切な提案がなければ本書は成らなかった。神舘氏に翻訳を勧めていただいたのは、二〇一五年のＣＬＭＰＳ大会に参加して、ワイスバーグの基調講演を聴いて帰ってきた頃だった。そのあまりのタイミングのよさに、これは引き受けるしかないと翻訳をすぐに決めたが、実際翻訳することで学んだことが非常にたくさんあり、この機会をいただけたことに感謝したい。また、ソーバーの『科学と証拠――統計の哲学 入門』を翻訳したときと同様、北海道大学理学院科学基礎論研究室の院生諸君には、ゼミで本書について一緒に議論してくれたことを感謝する。その議論を通じて、本書に関する疑問のいくつかを明確にすることができた。

二〇一七年二月

訳　者

《訳者紹介》

松《まつ》王《おう》政《まさ》浩《ひろ》

1964年　大阪府に生まれる
1996年　京都大学大学院文学研究科博士課程修了
静岡大学情報学部助教授などを経て
現　在　北海道大学大学院理学研究院教授，京都大学博士（文学）
著訳書　『科学哲学からのメッセージ』（森北出版，2020年）
ソーバー『科学と証拠』（訳，名古屋大学出版会，2012年）
『誇り高い技術者になろう［第二版］』（共著，名古屋大学出版会，2012年）
『科学技術倫理学の展開』（共著，玉川大学出版部，2009年）他

科学とモデル

2017年4月30日　初版第1刷発行
2022年4月30日　初版第3刷発行

定価はカバーに
表示しています

訳者　松王政浩
発行者　西澤泰彦

発行所　一般財団法人 名古屋大学出版会
〒464-0814　名古屋市千種区不老町1 名古屋大学構内
電話(052)781-5027 / FAX(052)781-0697

印刷・製本　亜細亜印刷㈱　ISBN978-4-8158-0872-3
乱丁・落丁はお取替えいたします。

索　引

タ・ナ行

ハ　行

マ・ヤ行

ラ・ワ行

注

第 2 章　三つの種類のモデル

（1）例外として注目すべきものに，Hesse, 1966 や Sterret, 2005 などがある。

（2）古典的な議論全体の概観は，Royama, 1971 を見よ。捕食者-被食者のモデリングの歴史を含むより最近の議論については，次を見よ。Berryman, 1992 ; Hanski, Henttonen, Korpimaki, Okasanen, & Turchin, 2001 ; Briggs & Hoopes, 2004 ; Jurrell, 2005.

［1］本文の説明では，機能的反応は定数 a と V の積で表されるとあるが，被食者被捕獲率が V に比例するのは捕食者数が一定の場合である。捕食者が増えればその数に比例して被捕獲率が上がると考えられる。式 2.3 の右辺第 2 項が aV ではなく $(aV)P$ となっているのは，このような考え方に基づく（aV を「一捕食者当たりの被食者被捕獲率」と考えてもよい）。

［2］ムーア近傍とは，二次元の格子上で定義されるもので，中央のセル（e）とその周りに配置された 8 つのセルから成る（右の図）。各セルには 1 人しか存在しえない。ムーア近傍はセルオートマトンと呼ばれる離散的な計算モデルで定義される近傍である。シェリングモデルでは，e の 8 つの近傍 a〜d および f〜i に隣人が 0 人から最大 8 人の範囲で存在することになる。なお，セルオートマトンについては第 7 章 3 節のライフゲームの説明の中で改めて取り上げられる。

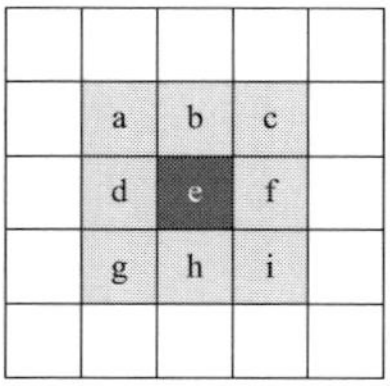

［3］二つの対象 a と b の価値や重要さなどを比較して，a が b と等しいかそれ以上であるとき，a を b より選好するという（これを $a \gtrsim b$ と表す）。可能なすべての対象の組み合わせについて選好を定めたものが「選好関係」で，与えられた選好関係について，$a \gtrsim b$ ならば $u(a) \geq u(b)$ であるような実数値関数 u を効用関数という。

（3）モデルを構造プラス解釈とする私の見方は，ギャリ（Giere, 1988），カートライト（Cartwright, 1983），テラー（Teller, 2001）の研究とたいへん親和性がある。私の見方は，レイディマン（Ladyman, 1998），フレンチ（French, 2006），ダ・コスタ／フレンチ（da Costa & French, 2003）ら新たな構造主義者たちの見方とはかなり大きく異なっているが，構造と構造の比較がモデリングの核であることを強調する点では，同じ考え方を持つ仲間でもある。さらに詳しい議論および類似した見方については，次に挙げるものも見よ。Godfrey-Smith, 2006 ; Lloyd, 1994 ; van Fraassen, 1980 ; Humphreys, 2007 ; Pincock, 2011.

［4］科学哲学では，科学理論がその対象の実在性を捉えていると言えるかどうかが長く議論されてきており，この点をめぐって大きくは二つの対立する考え方がある。一方の「実在論」が，科学理論の基本目的を真理探究であるとし，そうした理論はある意味での実在を確かに捉えることが可能だと主張するのに対して（ただしこれを擁護する論法や「実在」の意味は多様である），「反実在論」は経験論的立場からこれを認めず，科学理論には真理探究以外にもさまざまな正当な目的があって，それぞれの目的に沿って経験的に十分な結果が得られているかどうかしか確かめられないとする（各目

的に沿った経験的十全性の最大化が科学の目指すゴールである。なお，多くの反実在論者にとっては「因果性」も，高々現象に見られる「規則性」にすぎない)。本文で述べられている「構造実在論」とは実在論の一つで，実在性の把握を保証するのは理論が措定する対象物（「電子」など）の存在ではなく，理論で記述される「構造」だとする考え方。この考え方の中でも，構造とは何なのかをめぐって，また，構造は私たちの認識にのみ関わるのか，構造そのものが究極的な実在なのかをめぐって異なる見解がある。「すべての物理的対象は究極的には数学的構造になる」というフレンチやレイディマンの主張は中でも強い構造実在論で，存在的構造実在論と呼ばれる。なお，本書のテーマであるモデリングをこうした実在論論争の「材料」として用いる（哲学的論争の具にする）ということも可能だが，ワイスバーグの本書での目的は，あくまで科学者が実際に行っているモデリングをできるだけ統一的な視点で捉えることにあるので，むしろ実在論論争はそのための一つの材料と位置づけられる。実在論論争との関係は，この後第 4 章 3 節および第 6 章 3 節で再び取り上げられる。

[5] ここで言う状態空間とは，対象システムが持つ状態が，状態の各特性（たとえば温度，圧力など）に関わる変数の組み合わせで表現できると考えて，それぞれの状態変数を次元軸として構成されるような空間を指す。システムの時間ステップごとの状態は状態空間の点として表され，状態の変化（遷移）は空間における軌道として表される。状態空間は，科学哲学では，数理モデルの「意味論的解釈」と呼ばれる考え方（その中の最近の考え方）を支える概念的基礎となる。状態空間については，このあと第 3 章で詳しく取り上げられる。

(4) 私はこのような方向づけは性急だと思う。というのは，たとえばファンフラーセンやロイドなど，状態空間で数理モデルにアプローチしようとする多くの論者が，状態空間中の軌道の**集合**がモデルを構成するということを，進んで認めるだろうからである。

第 3 章　モデルの構成

[1]「決定可能な状態」，「決定可能なもの」とは哲学的概念で，決定された一つの個別的状態（＝決定されたもの）に対して，それが属する集合のようなものを表す。状態空間における「モデルの状態」は，本来変数が特定の値をとること（「決定されたもの」であること）を指すが，便宜上，たいていは「決定可能なもの」としての変数によって状態空間の性質が捉えられるということ。

(1)「構造」という言葉は計算理論ではある決まった意味を持つが，私はその意味でこの言葉を用いているのではない。

[2] 全単射とは数学における写像の一つで，始域（いまの例では個々のモデル記述を元とする集合）と終域（いまの例では個々のモデルを元とする集合）の間に一対一対応の関係が成立する場合をいう（始域 A を定義域として，写像 f によって得られる f の値域が終域 B と一致するとき，写像 $f\colon A \to B$ は全射と呼ばれ，値域の元が定義域のただ一つの元の像になっているとき，写像 $f\colon A \to B$ は単射と呼ばれる。全単射とはこの両方の条件を満たす場合をいう)。なお，このあとワイスバーグが述べている「単一のモデル（たとえばサンフランシスコ・ベイモデル）を，多くの異なるモデル記述によって記述することが可能」という事実は，全射を否定するのではなく単射を否定する事例である（ワイスバーグの説明では全射の否定のように読めるので注意)。議論のポイントはモデル記述とモデルの関係が，一対一対応（全単射）ではなく多対多対応

であるということである。

（2）より正確には，オーザックとソーバーは，例化されていない**モデル**と例化された**モデル**の区別について述べた。しかし，彼らはモデル記述とモデルの区別をしていないので，私は，これらの用語を用いた私の議論も，趣旨としては彼らの議論と同じであると受け取っている。

（3）これに近い立場をサッピが取っている（Suppe, 1977a）。

第4章　フィクションと慣習的存在論

（1）この論争について述べた最近の著述において，メアリー・モーガンとマーガレット・モリソンは少し違った用語を用いて，数理モデルに関する説明を二つの伝統的な考え方に区分している（Morgan & Morrison, 1999）。数理モデルの**具象**説の支持者たちは，数理モデルとは，もしそれが現実的なものであれば具象的となるような想像上の構造のようなものだと考える（Hesse, 1966 ; Black, 1962 ; Campbell, 1957 ; Godfrey-Smith, 2006）。モーガンとモリソンが**抽象的**伝統と呼ぶものには，数理モデルを状態空間の軌道と考える見方（van Fraassen, 1980 ; Lloyd, 1994）に加え，モデルを集合論的構造と見る見方（Suppes, 1960a, 1960b）も含まれる。

（2）もちろん，因果関係をモデリングするために考案された数学的枠組みもある。こうした枠組みでは，有向グラフを用いて条件つき確率を追いかけることが求められる。これは，モデリングに関する典型的な哲学議論に登場する動的モデルより，いっそう数学的な構造を含んでいる。

（3）サグダンはこれを少し違った仕方で述べていて，モデル制作者は実現性のある世界を構築してその特性を研究するのだと論じている（Sugden, 2002）。サグダンの立場についてのより発展的な議論については，Knuuttila, 2009a ; 2009b を見よ。

［1］哲学の伝統的なデフレ理論には，真理のデフレ理論や存在のデフレ理論などがある。これらは，「真理の概念や存在の概念には，私たちが探究できるそれ自体の性質がある」という考え方を否定する。たとえばフレーゲは，「スミレの花のにおいがする」という文と「スミレの花のにおいがするというのは真だ」という文の内容は同じであり，真理という性質を帰しても思考上何も付け加わらないことを述べた。またヒュームは，存在とは私たちが存在すると思うものの観念と同じであるとした。同様にここでの「フィクション形而上学のデフレ理論的な説明」は，探究できるフィクションそれ自体の実体的性質はないとする見方を指す。なお，これはフィクションにおける想像上の対象すべてを説明対象としたときの話であって，ワイスバーグがこのあと取り上げるのは，フィクションとしてのモデルに特化した形而上学であり，それらはデフレ理論的ではない。

［2］デイヴィド・ルイスは，物事が現実にある仕方以外の仕方でもありえた（可能である）ということの真理を支えるものとして（さらに可能性に加え必然性も含む様相判断の真理を支えるものとして），可能世界という枠組みを提唱したが，同時にこの可能世界（現実世界のあり方以外でありえた無数の世界）は現実世界と同じように実在するという「様相実在論」の立場をとった。現実世界は同様に実在する無数の可能世界の一つとなることから，ルイスの可能世界論は「現実性」のデフレ理論である。

（4）関連した議論におけるもう一つの選択肢は，フィクションを推論規則と見なすというものだ（Suárez, 2009）。私はこの見方についてあからさまには論じるつもりはない。

というのは，この見方の支持者は主として，ある種の実在論と両立するような理想化の説明を与えることに関心があるからだ。彼らは「フィクション的」ということを，ほとんど「理想化された」ということと同じだと考えている。

（5）トゥーンは，科学者が現実のシステムをモデリングするケースとそうでないケースとを区別する。科学者が現実のシステムをモデル化するとき，彼らはそのシステムを記述することではなく，それらについて想像することを私たちに求める。しかし，たとえば永久機関や三つの性の生物学に関するモデリングなどのように，彼らが非現実的なシステムをモデル化しているときには，モデル記述は架空の人物に関する一節のようなものとなり，モデルは，彼が「モデル世界」と呼ぶものになる。

（6）フリッグはまた，可能世界論とは別の考え方をとるべき他の理由も与えている（Frigg, 2010, 256–257）。

（7）ゴドフリー-スミスが注意しているように（Godfrey-Smith, 2009），この解決策はフリッグが認識している以上に大きな代価を要するものである。これらの特性は想像上のシナリオの特性なので，それら自身は例化されていない。例化されていない特性が，例化されていない対象やシステムよりも強い形而上学的根拠を持つということは明確ではない。

（8）フリッグとの会話の中で，彼は法則については非常に開けた考え方を持っていて，背景概念や背景理論も含めるつもりだ，と述べている。もしかしたらそれは，現実性原理や相互信念の原理に間接的に訴えるものなのかもしれないが，こうした法則の考え方がどうしたらうまくいくのか，私にはまだよくわからない。

（9）数値近似はこうしたシステムのふるまいに対して，**つねに**影響を与えると言いたくなるところだが，それは正しくはない。シンプレクティック積分法あるいはメタシンプレクティック積分法を使うことで，離散化しても不要な影響が出ないようにする，という特別な手を打つことができる。こうした数値近似の方法は，厳密方程式の，ある不変量を保存することができ，近似の後でも元の方程式の中心的特性を保存することができる。たとえば，Wisdom & Holman, 1991 を見よ。この分野があることを教えてくれたグレン・イアリーに感謝する。

第5章　対象指向型モデリング

（1）シンプルで高度に理想化されたものから，より複雑で現実的なものに至るまでの，モデルを作り上げる過程については，Wimsatt（1987）で詳しく分析されている。

［1］コミュニティ行列とは，ロトカ-ヴォルテラ方程式を平衡点の周りで線形化した際に（一階の線形微分方程式で表した際に），その構造をまとめて記述したものであり，各要素は，平衡点近傍で一方の種が他方の種に与える影響を表す。この行列の固有値の実部が正であるときに，平衡点は不安定となる。

（2）私は 1956 年 9 月 21～22 日の満ち干だけに絞って，単純化した説明を行うことにする。実際には，工兵司令部は二つの異なる満ち干を対象として調べている。

（3）「高高潮」とは，一日に二回の満潮のうち潮位が高い方を指す。

（4）「低低潮」とは，一日に二回の干潮のうち潮位が低い方を指す。

［2］本文でこの後ワイスバーグが行う摂動論の説明は，およそ次の内容をさらに簡略に述べたものと思われる。摂動論とは，数学的に厳密な解を得ることができない問題（物理の多体問題など）に対して，それに類した問題の厳密な解（たとえば二体問題にお

ける解）から出発し，それに摂動（攪乱）の項が加わった形を考えて近似的な解を得る方法である。具体的な方法はおよそ次のようになる。まず厳密な解が得られるケースでの解をX_0とし，摂動の強さを表すパラメータをεとしたときに，求める解Xが$X=X_0+\varepsilon X_1+\varepsilon^2 X_2+O(\varepsilon^3)$というテーラー展開した形（「摂動級数」）で表されると想定する。これを有限項で切った形を，立てられた元の関数から得られる方程式に戻して，方程式中の各係数を次数の低い順にゼロとすることで係数の値を得る（そのような形で，Xの「摂動解」としてたとえば$X \approx X_0+\varepsilon X_1$を得る)。このようにして得られた解を新たな出発点として，同様の過程を繰り返して新たな摂動解を次々に得ることができる。

（5）Weisberg, 2003 において，私はこれを「パラメータ化された対象システム」と呼んだが，「パラメータ化する」というのはシミュレーション研究においては違うことを意味するので，今ではこの語を用いていない。

（6）対象についてのこうした数学的あるいは数値計算的な表現の構築は，スッピスが**データモデル**（Suppes, 1960b）と呼んだものと非常に似ている。

第6章　理 想 化

［1］ガリレオ・ガリレイの『新科学対話』からの引用。ここでの引用元であるマクマランが引用しているのは，*Two New Sciences*, trans. By Drake, S., The University of Wisconsin Press, 1974, p. 76. 同引用箇所の『新科学対話』（上）（岩波書店，今野武雄／日田節次訳）の訳は次のとおり。「私達の問題は重さの相違以外の原因から速さの相違が生じないように物体を抵抗力のない媒体中で運動させ，そしてその際重さの異なった物体の速さはどうなるか，ということを研究するにあります。……かかる媒体は手に入れることが不可能ですから，私達は最も希薄な，最も抵抗力の小さな媒体中で起こること，密度と抵抗力が一層大きい媒体中で起こることを比較して考察してみましょう」（p. 110）。この引用部分の後ガリレイは，密度と抵抗力がいっそう大きい媒体よりも，それらが小さい媒体（空気）の方が真空に近いので，両者の違い，および空気中で生じることの詳細な観察によって，真空中で生じること（すべての物体で落下速度が同じこと）が確信できると述べている。その際ガリレイは，重さの違う同体積の物体の落下速度の比が，その重さの比に「比例しない」ことを手掛かりとして真空状態における考察を進める。この流れで言えば，ガリレイは，真空に対して媒体の抵抗という「歪み」のある空気中の実験から出発して，歪みのない真空中へたどり着こうとした，ということになるので，ワイスバーグの言うように「理論を単純化し，数値計算を行いやすくする」ために歪みを導入したとは言えない。しかしガリレイはこの後の考察において，抵抗のない状態で二つの落下物体の速さ（加速度）が同じになることを仮定して，二物体の空気中での落下速度の違いが，二物体の空気中での比重の違いで説明できることを述べている。この過程ではじめて，抵抗のない状態という（つまりワイスバーグの言う「単純化」という意味での）歪みが導入され，その後実際の抵抗を考慮することで，この歪みが系統的に取り除かれることになる。ワイスバーグがここでガリレイを持ち出して一つの理想化を説明するのは間違ってはいないが，引用された箇所だけでワイスバーグの理想化の説明を導くには無理がある。この点を注意しておきたい。

［2］カイロス（καιρος）はギリシャ語で，ストレヴァンスはこの語が「状況の背景」とい

う意味を持つことから，これを自説に用いていると考えられる（本人の明確な語義説明はない)。ストレヴァンスは，ヘンペルのDNモデル（科学的説明とは科学的法則を含む説明項から被説明項が論理的に演繹されることであるとする考え方）やその後のサモンの因果メカニズム理論等，これまでの科学的説明の理論が抱えてきたさまざまな問題点を克服する見方として，このカイロス的見解を提唱する。本書の説明にあるとおり，ストレヴァンスは因果的要素のうち現象に差異を生む因果的要素だけを取り出して記述することが科学的説明だとする。この記述は，差異を生まない因果的要素を排除して，最終的に対象的現象を「因果的に含意する」のに十分な事実の集合を決定することで与えられるが，この作業は対象が持つ特定の状況的背景の中で，科学者がそれぞれ適切な抽象化のレベルを選択しつつ行うものだとストレヴァンスは主張する。「カイロス的」とは，こうした説明の特徴を表す言葉である。

[3] 臨界点の近くで，物理量の挙動を表すのに用いられる指数定数を臨界指数と言う。これは，たとえば温度の関数としての液体密度が臨界点近くで示す挙動を記述する際に用いられる。この定数は，液体の化学的組成にかかわらず同じであり，臨界点近くの磁性体（強磁性体，常磁性体）の挙動を記述する場合にも同じ指数定数が当てはまる。バターマンは，こうした普遍性（および普遍性の記述に関わる，解の得られる最小モデル）が物理学において重要なのは，この普遍性から，現在調べている物理的プロセスがある領域で解を持つことを示せる点にあり，それゆえ最小モデルは正当化されると述べる。バターマンはバレンブラットの議論を引用しつつ，物理学でこの普遍性を得るのに用いられる方法は，次元解析において無視できる大きさの無次元パラメータをゼロに近づけるというような漸近的方法（初期値がバラバラの状態と最終的な平衡状態の間にあって，一定の法則が成り立つ「中間的な」状態に漸近する方法）であるとしている。

[4] ハートマンの議論は，場の量子論における「有効場の理論」に関するもの。この理論では，ある距離のスケール（エネルギースケール）の物理現象を記述するのに適切な自由度（物理的系を特徴づけるのに必要な独立したパラメータの数）は含まれるが，それより短い距離（高いエネルギー）の構造および自由度は無視される。このように高度に理想化されたモデルを，場の量子論のような豊かな構造を持つ理論の探究に用いることの有効性を，ハートマンはハドロン物理学をケーススタディにしながら論じる。

第7章　特定の対象なしのモデリング

(1) 私はこれらの話を二分法的な選択肢として示しているが，偶然性には連続性がある。物理的に不可能なものから，歴史の真に思いがけないことがらによって生まれる偶然性にまで及ぶ，そのようなシステムの議論については，Mitchell, 2000を見よ。

(2) それぞれの塩基対は一つの伸張塩基と一つの標準塩基とからできていたので，らせんの各断片は同じ幅であった。後の論文で，クールは完全な八塩基のxDNAらせんを合成したと述べている（Gao, Liu, & Kool, 2005)。

(3) もちろん，このモデルだけから，はっきりこうした結論を導くことはできない。xDNAがどれほど効率的に複製できるのか，適切な転写システムが確立できるのか，といったことを確認する必要がある。これらを示すのはそれほど簡単なことではないが，おおよそ，同種の化学生物学を用いてこれらを示すことができる。

第 8 章　類似性の説明

（1）私の捉える背景（文脈）の概念は，それが科学者たちによって共有される信念の関数であるという点で主観的であり，ストールネイカー（Stalnaker, 2002）の捉え方に近い。これは，背景が発話の話者や聞き手，時間，場所などの特徴によって構成されるとする，より客観性の強いルイス的な概念とは対立するものである。ある点では，私の捉え方はストールネイカーよりも主観的である。ストールネイカーは，述べられることがらは，話者の間で共有される信念についてどんな仮定をするかに依存する，という立場だが，モデル–世界間関係の理論においては，背景は科学者や科学者共同体の理論的目的，および表現的理想のことだけを指し，相互に共有される知識や信念に関するものではない。

（2）この「導く」（work out）という概念は，グライスの**計算可能性の仮定**（Grice, 1975, 1981；Davis, 2010）に非常に似ている。

［1］より形式的（定式的）に言うと，写像 f: $G \to G'$ において，G の任意の元 x, y に対して $f(x*y)=f(x)\cdot f(y)$ が成立するとき（‘*’ や ‘・’ は演算子），f は準同型の写像である。写像が準同型であり，一対一対応（全単射）であるとき，その写像は同型である。

（3）グライトマンらは，類似性判断が非対称的な場合があるとするトヴェルスキーの主張を批判した。彼らは，トヴェルスキーの被験者が行ったような非対称的な判断は，議論の余地なく対称的な文へと誘導できると主張した。トヴェルスキーのテスト項目の意味論を適切に理解すれば，たとえ類似関係が対称的であるとしても，なぜ被験者が非対称な言語的判断をしたのかが説明できるという（Gleitman, Gleitman, Miller, & Ostrin, 1996）。このあと見るように，トヴェルスキーの形式は，非対称的な場合も対称的な場合もともに，類似性判断をモデル化するのに用いることができる。本書の目的からすると，私たちの日常的な類似性判断が対称的かどうかが最終的に問題になるようなことはない。

［2］ここでは特徴集合 Δ の条件がほとんど与えられておらず，あたかもモデルや対象がもちうるすべての特徴からなる集合のように読めるが，ワイスバーグが自身の説明において想定している Δ は，本章 6 節以降で述べられているように理論家が自らのモデル解釈などによって選択する集合である。

［3］式 8.3 で $A-B$ や $B-A$ は集合 A と集合 B の差集合を表す。差集合 $A-B$（$A \backslash B$ とも表記される）は集合 A に属す要素のうち集合 B に属す要素を除いて得られる集合のことで，右のベン図の陰影部分に当たる。

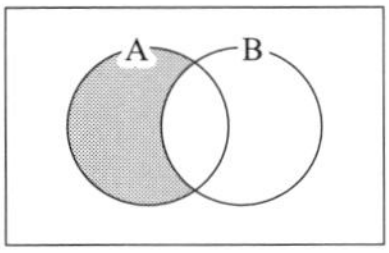

（4）類似性判断の心理についてのさらに踏み込んだ実験，数値計算に関する研究としては，Hahn & Ramscar, 2001；Hahn, Chater, & Richardson, 2003；Kemp, Bernstein, & Tenenbaum, 2005 などがある。

［4］式 8.8 に含まれる差集合も，すべて二つの集合の交わりとして表すことができる。たとえば，M_a-T_a は，$M_a\cap(T_a)^c$ で表せる（$(T_a)^c$ は，T_a の補集合）。したがって式 8.8 のすべての項は，二つの部分集合 Δ_a, Δ_m のべき集合の共通部分から取られた要素に対応する。

［5］ある Δ の各要素の重みが相対的に決まりさえすれば，あとはその足し算で，Δ のべき集合のすべての要素集合について重みが決まる。

［6］ワイスバーグはここで，もう一つの基準である「背景的」基準については明示的に述べていないが，6節のΔの議論（行為と関心の変化がΔを変化させるということ）から，ワイスバーグの説明はこの基準も満たしていると考えられる。

第9章　ロバスト分析と理想化

［1］原文の robust theorem は「ロバスト定理」とも訳せる。theorem という語が用いられた背景には論理学の証明論があると思われるが（ある論理式から推論規則に従って他の論理式を導くことを論理学では「証明」と呼び，公理から証明される論理式のことを「定理」と呼ぶ），この後で述べられているように，オーザックやソーバーがレヴィンズのこの言葉を文字通り論理的な意味で解釈したのに対して，ワイスバーグは別の解釈を採る。ワイスバーグの解釈に合わせて，ここでは「ロバスト条件」と訳しておく。

（1）ウィムサットはまた，ロバスト分析が経験的な面を持ち，ある現象が，ある経験的なシステムの特定部分にいつ依存しないのかを示すことができる，と考えている。詳細については，Wimsatt, 1981 と Wimsatt, 1980 を見よ。

（2）たとえば Seger & Brockmann, 1987 など，後の研究では，この特定の現象が実際にロバストかどうかが疑われている。

（3）実際，シェリングの人種分離パターンは，シェリング自身が考えたよりずっとロバストである。詳細は，Muldoon, Smith, & Weisberg, 2012 を見よ。

（4）捕食モデルの古典的研究についての包括的な再検討は，Royama, 1971 を見よ。捕食者-被食者モデリングの歴史を含むさらに現代的な議論としては，Berryman, 1992 ; Hanski et al., 2001 ; Briggs & Hoopes, 2004 ; Jurrell, 2005 を見よ。

（5）ロバスト分析のこのような側面については，特にオーデンバウが明確に論じている（Odenbaugh, 2011）。

参考文献

Ankeny, R. A. (2001). Model organisms as models : Understanding the "lingua franca" of the human genome project. *Philosophy of Science*, 68 (3), S251–S261.

Army Corps of Engineers. (1963a). *Technical report on barriers : A part of the comprehensive survey of San Francisco Bay and tributaries, California (Main report)*. San Francisco : Army Corps of Engineers.

Army Corps of Engineers. (1963b). *Technical report on barriers : A part of the comprehensive survey of San Francisco Bay and tributaries, California*. Appendix H, volume 1 : *Hydraulic model studies*. San Francisco : Army Corps of Engineers.

Army Corps of Engineers. (1981). *San Francisco Bay-delta tidal hydraulic model : User's manual*. San Francisco : Army Corps of Engineers.

Attneave, F. (1950). Dimensions of similarity. *American Journal of Psychology*, 63 (4), 516–556.

Barnard, P. (2011). Anthropogenic influences on shoreline and nearshore evolution in the San Francisco Bay coastal system. *Estuarine, Coastal and Shelf Science*, 92 (1), 195–204.

Batterman, R. W. (2001). *The devil in the details : Asymptotic reasoning in explanation, reduction, and emergence*. New York : Oxford University Press.

Batterman, R. W. (2002). Asymptotics and the role of minimal models. *British Journal for the Philosophy of Science*, 53 (1), 21–38.

Bender, C. M., & Orszag, S. A. (1999). *Advanced mathematical methods for scientists and engineers*. New York : Springer.

Berlekamp, E. R., Conway, J. H., & Guy, R. K. (1982). What is life? In *Winning ways for your mathematical plays* (chap. 25). New York : Academic Press.

Berryman, A. A. (1992). The origins and evolution of predator-prey theory. *Ecology*, 73 (5), 1530–1535.

Borges, J. L. (1998). On exactitude in science. In *Collected fictions*. Translated by Andrew Hurley. Harmondsworth : Penguin. [J・L・ボルヘス著, 中村健二訳「学問の厳密さについて」『汚辱の世界史』岩波文庫，2012 年；J・L・ボルヘス著，鼓直訳「学問の厳密さについて」『創造者』岩波文庫，2009 年；J・L・ボルヘス／A・B・カサレス著，柳瀬尚紀訳「学問の厳密さについて」『ボルヘス怪奇譚集』晶文社，1998 年]

Black, M. (1962). *Models and metaphors*. Ithaca : Cornell University Press.

Briggs, C. J., & Hoopes, M. F. (2004). Stabilizing effects in spatial parasitoid-host and predator-prey models : A review. *Theoretical Population Biology*, 65 (3), 299–315.

Bueno, O., French, S., & Ladyman, J. (2002). On representing the relationship between the mathematical and the empirical. *Philosophy of Science*, 69 (3), 497–518.

Bull, J. J., & Pease, C. M. (1989). Combinatorics and variety of mating-type systems. *Evolution*, 43 (3), 667–671.

Campbell, N. R. (1957). *Foundations of science*. New York : Dover.

Cartwright, N. (1983). *How the laws of physics lie*. Oxford : Oxford University Press.

Cartwright, N. (1989). *Nature's capacities and their measurement*. Oxford : Oxford University Press.

Casselton, L. A. (2002). Mate recognition in fungi. *Heredity*, 88 (2), 142–147.

Collins, J. D., Hall, E. J., & Paul, L. A. (2004). *Causation and counterfactuals*. Cambridge, MA : MIT Press.

Contessa, G. (2010). Scientific models and fictional objects. *Synthese*, 172 (2), 215–219.

Crow, J. (1992). An advantage of sexual reproduction in a rapidly changing environment. *Journal of Heredity*, 83 (3), 169.

da Costa, N. C. A., & French, S. (2003). *Science and partial truth*. Oxford : Oxford University Press.

Davis, W. (2010). Implicature. In E. N. Zalta (Ed.), *The Stanford encyclopedia of philosophy* (Winter 2016). http://plato.stanford.edu/archives/win2010/entries/implicature/.

Dennett, D. C. (1991). Real patterns. *Journal of Philosophy*, 88 (1), 27–51.

Diamond, J. (1999). *Guns, germs, and steel : The fate of human societies*. New York : Norton. [J・ダイアモンド著，倉骨彰訳『銃・病原菌・鉄——一万三〇〇〇年にわたる人類史の謎』(上・下) 草思社，2000 年]

Downes, S. M. (1992). The importance of models in theorizing : A deflationary semantic view. *PSA : Proceedings of the Biennial Meeting of the Philosophy of Science Association*, 1, 142–153.

Eco, U. (1990). Small worlds. In *The limits of interpretation*. Indianapolis : Indiana University Press.

Eddington, A. S. (1927). *The nature of the physical world*. Cambridge : Cambridge University Press.

Eigen, M., & Winkler, R. (1983). *Laws of the game : How the principles of nature govern chance*. New York : Harper & Row. [M・アイゲン／R・ヴィンクラー著，寺本英ほか訳『自然と遊戯（ゲーム）——偶然を支配する自然法則』東京化学同人，1981 年]

Elliott-Graves, A. (2012). *Abstract and complete*. PhilSci Archive. Retrieved from http://philsci-archive.pitt.edu/9274/.

Elton, C., & Nicholson, M. (1942). The ten-year cycle in numbers of the lynx in Canada. *Journal of Animal Ecology*, 11 (2), 215–244.

Ermentrout, G. B., & Edelstein-Keshet, L. (1993). Cellular automata approaches to biological modeling. *Journal of Theoretical Biology*, 160 (1), 97–133.

Ewens, W. J. (1963). The mean time for absorption in a process of genetic type. *Journal of the Australian Mathematical Society*, 3 (3), 375–383.

Feynman, R. P., Leighton, R. B., & Sands, M. L. (1989). *The Feynman lectures on physics*. Redwood City, CA : Addison-Wesley. [『ファインマン物理学』I〜V，岩波書店，1967 年]

Fisher, R. A. (1930). *The genetical theory of natural selection*. Oxford : The Clarendon Press.

Forber, P. (2010). Confirmation and explaining how possible. *Studies in History and Philosophy of Science Part C*, 41 (1), 32–40.

Foresman, J. B., & Frisch, A. (1996). *Exploring chemistry with electronic structure methods* (2nd edn.). Pittsburgh : Gaussian. [J・B・フォレスマン／A・フリッシュ著，田崎健三訳『電子構造論による化学の探究』ガウシアン社，1998 年]

Forseth, Jr., I. N., & Innis, A. F. (2004). Kudzu (*Pueraria montana*) : History, physiology, and ecology combine to make a major ecosystem threat. *Critical Reviews in Plant Sciences*, 23 (5), 401–413.

French, S. (2006). Structure as a weapon of the realist. *Proceedings of the Aristotelian Society*, 106, 1–19.

French, S. (2010). Keeping quiet on the ontology of models. *Synthese*, 172 (2), 231–249.

French, S., & Ladyman, J. (1998). Semantic perspective on idealization in quantum mechanics. In N. Shanks (Ed.), *Idealization in contemporary physics*. Poznan studies in the philosophy of the sciences and the humanities (Vol. 63, pp. 51–73). Amsterdam : Rodopi.

French, S., & Ladyman, J. (2003). Remodelling structural realism : Quantum physics and the metaphysics of structure. *Synthese*, 136 (1), 31–56.

Friedman, M. (1974). Explanation and scientific understanding. *Journal of Philosophy*, 71 (1), 5–19.

Friend, S. (2009). Unpublished comments at Models and Fictions Conference, University of London Institute of Philosophy.

Frigg, R. (2010). Models and fiction. *Synthese*, 172 (2), 251–268.

Gao, J., Liu, H., & Kool, E. T. (2005). Assembly of the complete eight-base artificial genetic helix, xDNA, and its interaction with the natural genetic system. *Angewandte Chemical International Edition English*, 44 (20), 3118–3122.

Gardner, M. (1970). The fantastic combinations of John Conway's new solitaire game "Life". *Scientific American*, 223, 120–123.

Gardner, M. (1983). The Game of Life, parts I–III. In *Wheels, life, and other mathematical amusements* (chap. 20–22). New York : Freeman. [M・ガードナー著，一松信訳『マーチン・ガードナーの数学ゲーム 1（別冊日経サイエンス 176)』（新装版）日本経済新聞出版社，2010 年]

Gentner, D., & Markman, A. (1998). Structure mapping in analogy and similarity. *Mind Readings : Introductory Selections on Cognitive Science*.

Gentner, D., & Markman, A. (1994). Structural alignment in comparison : No difference without similarity. *Psychological Science*, 5 (3), 152–158.

Giere, R. N. (1988). *Explaining science : A cognitive approach*. Chicago : University of Chicago Press.

Giere, R. N. (2009). Is computer simulation changing the face of experimentation? *Philosophical Studies*, 143 (1), 59–62.

Gilpin, M. E. (1973). Do hares eat lynx? *The American Naturalist*, 107 (957), 727–730.

Gleitman, L. R., Gleitman, H., Miller, C., & Ostrin, R. (1996). Similar, and similar concepts. *Cognition*, 58, 321–376.

Godfrey-Smith, P. (2006). The strategy of model-based science. *Biology and Philosophy*, 21 (5), 725–740.

Godfrey-Smith, P. (2009). Models and fictions in science. *Philosophical Studies*, 143 (1), 101–116.

Godfrey-Smith, P., & Lewontin, R. (1993). The dimensions of selection. *Philosophy of Science*, 60 (3), 373–395.

Goldstone, R. L. (1994). The role of similarity in categorization : Providing a groundwork. *Cognition*, 52 (2), 125–157.

Goldstone, R. L., Medin, D., & Gentner, D. (1991). Relational similarity and the non-independence of features in similarity judgments. *Cognitive Psychology*, 23 (2), 222–262.

Goodman, N. (1972). Seven strictures on similarity. In *Problems and projects*. Indianapolis : Bobbs-Merrill.

Goodwin, R. (1967). A growth cycle. In C. H. Feinstein (Ed.), *Socialism, capitalism, and economic*

growth. Cambridge : Cambridge University Press.

Grice, H. P. (1975). Logic and conversation. In P. Cole & J. Morgan (Eds.), *Syntax and semantics, 3 : Speech acts* (pp. 41–58). New York : Academic Press.

Grice, H. P. (1981). Presupposition and conversational implicature. In P. Cole (Ed.), *Radical pragmatics* (pp. 183–98). New York : Academic Press.

Griesemer, J. R. (2004). Three-dimensional models in philosophical perspective. In S. de Chadarevian & N. Hopwood (Eds.), *Models : The Third Dimension of Science*. Stanford : Stanford University Press.

Griesemer, J. R., & Wade, M. J. (1988). Laboratory models, causal explanation, and group selection. *Biology and Philosophy*, 3 (1), 67–96.

Grimm, V., & Railsback, S. F. (2005). *Individual-based modeling and ecology*. Princeton : Princeton University Press.

Grüne-Yanoff, T. (2011). Evolutionary game theory, interpersonal comparisons and natural selection : A dilemma. *Biology and Philosophy*, 26 (5), 637–654.

Guala, F. (2002). Models, simulations, and experiments. In L. Magnani & N. Nersessian (Eds.), *Model-based reasoning : Science, technology, values* (pp. 59–74). New York : Kluwer.

Hahn, U., Chater, N., & Richardson, L. (2003). Similarity as transformation. *Cognition*, 87 (1), 1–32.

Hahn, U., & Ramscar, M. (2001). *Similarity and categorization*. Oxford : Oxford University Press.

Haldane, J. B. S. (1932). *The causes of evolution*. London : Longmans, Green.

Hanski, I., Henttonen, H., Korpimaki, E., Oksanen, L., & Turchin, P. (2001). Small rodent dynamics and predation. *Ecology*, 82 (6), 1505–1520.

Harder, J. A. (1957). *An electric analog model study of tides in the delta region of California*. Berkeley : University of California, Institute of Engineering Research.

Hartmann, S. (1998). Idealization in quantum field theory. In N. Shanks (Ed.), *Idealization in contemporary physics*. (pp. 99–122). Amsterdam : Rodopi.

Hempel, C. G. (1965). Aspects of scientific explanation. In *Aspects of scientific explanation and other essays* (pp. 331–496). New York : The Free Press.

Hendry, R., & Psillos, S. (2007). How to do things with theories : an interactive view of language and models in science. In J. Brzeziński, A. Klawiter, T. Kuipers, K. Łastowski, K. Paprzycka, & P. Przybysz (Eds.), *The courage of doing philosophy : Essays dedicated to Leszek Nowak* (pp. 59–115). Amsterdam : Rodopi.

Heppner, F., & Grenander, U. (1990). A stochastic nonlinear model for coordinated bird flocks. In S. Krasner (Ed.), *The ubiquity of chaos*. Washington, DC : AAAS Publications.

Hesse, M. B. (1966). *Models and analogies in science*. South Bend, IN : University of Notre Dame Press. [M・ヘッセ著，高田紀代志訳『科学・モデル・アナロジー』培風館，1986 年]

Hoffmann, R., Minkin, V. I., & Carpenter, B. K. (1996). Ockham's razor and chemistry. *Bulletin de la Société Chimique de France*, 133 (2), 117–130.

Holling, C. S. (1959). The components of predation as revealed by a study of small mammal predation of the European pine sawfly. *Canadian Journal of Entomology*, 91 (5), 293–320.

Huggins, E. M., & Schultz, E. A. (1967). San Francisco Bay in a warehouse. *Journal of the IEST*, 10 (5), 9–16.

Huggins, E. M., & Schultz, E. A. (1973). The San Francisco Bay and Delta model. *California Engineer*, 51 (3), 11–23.

Hughes, R. I. G. (1997). Models and representation. *Philosophy of Science*, 64 (4), S325–S336.

Humphreys, P. (2007). *Extending ourselves : Computational science, empiricism, and scientific method*. New York : Oxford University Press.

Hurst, L. D. (1996). Why are there only two sexes? *Proceedings of the Royal Society of London B : Biological Sciences*, 263 (1369), 415–422.

Hurst, L. D., & Peck, J. R. (1996). Recent advances in understanding of the evolution and maintenance of sex. *Trends in Ecology & Evolution*, 11 (2), 46–52.

Ilachinski, A. (2001). *Cellular automata : A discrete universe*. Singapore : World Scientific.

Ising, E. (1925). Beitrag zur theorie des ferromagnetismus. *Zeitschrift für Physik A : Hadrons and Nuclei*, 31 (1), 253–258.

Jackson, W. T., & Paterson, A. M. (1977). *The Sacramento–San Joaquin Delta : The evolution and implementation of water policy*. Davis : California Water Resources Center, University of California.

Jones, M. R. (2005). Idealization and abstraction : A framework. In M. Jones & N. Cartwright (Eds.), *Idealization XII : Correcting the model. Idealization and abstraction in the sciences* (pp. 173–217). Amsterdam : Rodopi.

Jurrell, D. J. (2005). Local spatial structure and predator–prey dynamics : Counterintuitive effects of prey enrichment. *American Naturalist*, 166 (3), 354–367.

Justus, J. (2006). Loop analysis and qualitative modeling : limitations and merits. *Biology & Philosophy*, 21 (5), 647–666.

Kant, I. (1998). *Critique of pure reason* (P. Guyer & A. Wood, Eds.). Cambridge, UK : Cambridge University Press. [I・カント著，篠田英雄訳『純粋理性批判』（上・下）岩波文庫，上：1961 年，下：1962 年]

Karlin, S., & Feldman, M. (1969). Linkage and selection : New equilibrium properties of the two-locus symmetric viability model. *Proceedings of the National Academy of Sciences of the United States of America*, 62 (1), 70.

Kauffman, S. A. (1993). *The origins of order*. Oxford : Oxford University Press.

Kemp, C., Bernstein, A., & Tenenbaum, J. B. (2005). A generative theory of similarity. In *Proceedings of the 27th annual conference of the Cognitive Science Society*.

Kimbrough, S. O. (2003). Computational modeling and explanation : Opportunities for the information and management sciences. In H. K. Bhargava & N. Ye (Eds.), *Computational modeling and problem solving in the networked world : Interfaces in computing and optimization* (pp. 31–57). Boston, MA : Kluwer.

Kimura, M., & Ohta, T. (1969). The average number of generations until fixation of a mutant gene in a finite population. *Genetics*, 61 (3), 763–771.

Kitcher, P. (1981). Explanatory unification. *Philosophy of Science*, 48 (4), 507–531.

Kitcher, P. (1993). *The advancement of science*. Oxford : Oxford University Press.

Kittel, C., & Kroemer, H. (1980). *Thermal physics*. New York : W. H. Freeman. [C・キッテル／H・クレーマー著，山下次郎訳『熱物理学』丸善，1983 年]

Kline, S. J. (1986). *Similitude and approximation theory*. Berlin : Springer-Verlag.

Knuuttila, T. (2009a). Isolating representations versus credible constructions? Economic modelling in theory and practice. *Erkenntnis*, 70 (1), 59–80.

Knuuttila, T. (2009b). Representation, idealization, and fiction in economics. In M. Suárez (Ed.), *Fictions in science* (pp. 205–231). London : Routledge.

Ladyman, J. (1998). What is structural realism? *Studies in History and Philosophy of Science*, 29 (3), 409–424.

Langton, C. G. (1995). *Artificial life : An overview*. Cambridge, MA : MIT Press.

Levine, I. N. (2002). *Physical chemistry* (5th ed.). Boston : McGraw-Hill.

Levins, R. (1962). Theory of fitness in a heterogeneous environment, I. The fitness set and adaptive function. *American Naturalist*, 96 (861), 361–373.

Levins, R. (1966). The strategy of model building in population biology. In E. Sober (Ed.), *Conceptual issues in evolutionary biology* (1st ed., pp. 18–27). Cambridge, MA : MIT Press.

Levins, R., & MacArthur, R. H. (1966). The maintenance of genetic polymorphism in a spatially heterogeneous environment. *American Naturalist*, 100, 585–589.

Levy, A. (2012). *Fictional models de novo and de re*. PhilSci Archive. Retrieved from http://philsci-archive.pitt.edu/9075/.

Lewis, D. (1978). Truth in fiction. *American Philosophical Quarterly*, 15 (1), 37–46.

Lewis, G. N. (1916). The atom and the molecule. *Journal of the American Chemical Society*, 38 (4), 762–785.

Lewontin, R. C. (1974). *The genetic basis of evolutionary change*. New York : Columbia University Press.

Liu, H., Gao, J., Lynch, S. R., Saito, Y. D., Maynard, L., & Kool, E. T. (2003). A four-base paired genetic helix with expanded size. *Science*, 302 (5646), 868–871.

Lloyd, E. A. (1984). A semantic approach to the structure of population genetics. *Philosophy of Science*, 51 (2), 242–264.

Lloyd, E. A. (1994). *The structure and confirmation of evolutionary theory* (2nd ed.). Princeton : Princeton University Press.

Lotka, A. J. (1956). *Elements of mathematical biology*. New York : Dover.

Lustick, I. (2011). Secession of the center : A virtual probe of the prospects for Punjabi secessionism in Pakistan and the secession of Punjabistan. *Journal of Artificial Societies and Social Simulation*, 14 (1), 7.

Matthewson, J. (2012). *Generality and the limits of model-based science*. Unpublished doctoral dissertation, Australian National University.

Matthewson, J., & Weisberg, M. (2009). The structure of tradeoffs in model building. *Synthese*, 170 (1), 169–190.

May, R. M. (1972). Limit cycles in predator-prey communities. *Science*, 177 (4052), 900–902.

May, R. M. (2001). *Stability and complexity in model ecosystems*. Princeton : Princeton University Press.

May, R. M. (2004). Uses and abuses of mathematics in biology. *Science*, 303, 790–793.

Maynard Smith, J. (1974). *Models in ecology*. Cambridge : Cambridge University Press.

Maynard Smith, J. (1989). *Evolutionary genetics*. Oxford : Oxford University Press.

McMullin, E. (1985). Galilean idealization. *Studies in the History and Philosophy of Science*, 16,

247–273.

Miller, J. H., & Page, S. E. (2007). *Complex adaptive systems : An introduction to computational models of social life*. Princeton : Princeton University Press.

Mitchell, S. D. (2000). Dimensions of scientific law. *Philosophy of Science*, 67 (2), 242–265.

Moran, P. (1953). The statistical analysis of the Canadian lynx cycle. I. Structure and prediction. *Australian Journal of Zoology*, 1 (2), 163–173.

Morgan, M. S., & Morrison, M. (1999). Models as mediating instruments. In M. S. Morgan & M. Morrison (Eds.), *Models as mediators* (pp. 10–37). Cambridge : Cambridge University Press.

Morrison, M. (2009). Models, measurement and computer simulation : The changing face of experimentation. *Philosophical Studies*, 143 (1), 33–57.

Muldoon, R., Smith, T., & Weisberg, M. (2012). Segregation that no one seeks. *Philosophy of Science*, 79 (1), 38–62.

Nayfeh, A. H. (2000). *Perturbation methods*. New York : John Wiley.

Nowak, L. (1972). Laws of science, theories, measurement. *Philosophy of Science*, 34 (4), 533–548.

Nowak, M. A. (2006). *Evolutionary dynamics : Exploring the equations of life*. Cambridge, MA : Harvard University Press.

Odenbaugh, J. (2003). Complex systems, trade-offs and mathematical modeling : Richard Levins' "Strategy of Model Building in Population Biology" revisited. *Philosophy of Science*, 70 (5), 1496–1507.

Odenbaugh, J. (2011). True lies : Robustness and idealizations in ecological explanations. *Philosophy of Science*, 78 (5), 1177–1188.

Orzack, S. H. (2005). What, if anything, is "The Strategy of Model Building in Population Biology"? A comment on Levins (1966) and Odenbaugh (2003). *Philosophy of Science*, 72 (3), 479–485.

Orzack, S. H., & Sober, E. (1993). A critical assessment of Levins's "The Strategy of Model Building in Population Biology (1966)". *Quarterly Review of Biology*, 68 (4), 533–546.

Parke, E. (2013). What could arsenic bacteria teach us about life? *Biology and Philosophy*, 28 (2), 205–218.

Parker, J. D. (2004). A major evolutionary transition to more than two sexes? *Trends in Ecology & Evolution*, 19 (2), 83–86.

Parker, W. S. (2009). Does matter really matter? Computer simulations, experiments, and materiality. *Synthese*, 169 (3), 483–496.

Pincock, C. (2005). Overextending partial structures : Idealization and abstraction. *Philosophy of Science*, 72 (5), 1248–1259.

Pincock, C. (2011). *Mathematics and scientific representation*. New York : Oxford University Press.

Poundstone, W., & Wainwright, R. T. (1985). *The recursive universe : Cosmic complexity and the limits of scientific knowledge* (1st ed.). New York : Morrow. [W・パウンドストーン著，有澤誠訳『ライフゲイムの宇宙』日本評論社，2003 年]

Puccia, C. J., & Levins, R. (1985). *Qualitative modeling of complex systems : An introduction to loop analysis and time averaging*. Cambridge, MA : Harvard University Press.

Quine, W. (1969). Natural kinds. In *Ontological relativity and other essays*. New York : Columbia University Press.

Raper, J. R. (1966). *Genetics of sexuality in higher fungi*. New York : Ronald Press.

Reber, J. (1959). "Our perpetual gift to California and the nation : A master plan for the vast San Francisco region" (National Archives and Records Administration. Pacific Region, Papers of John Reber, Location 2126E-G, Accn. 77-94-09).

Rendell, P. (2002). Turing universality in the game of life. In A. Adamatzky (Ed.), *Collision-based computing* (pp. 513-539). London : Springer.

Reynolds, C. W. (1987). Flocks, herds, and schools : A distributed behavioral model, in computer graphics. *SIGGRAPH '87 Conference Proceedings*, 21 (4), 25-34.

Rice, C., & Smart, J. (2011). Interdisciplinary modeling : A case study of evolutionary economics. *Biology and Philosophy*, 26 (5), 655-675.

Richardson, R. C. (2006). Chance and the patterns of drift : A natural experiment. *Philosophy of Science*, 73 (5), 642-654.

Ricklefs, R. E., & Miller, G. L. (2000). *Ecology* (4th ed.). New York : Freeman.

Rothman, D. H., & Zaleski, S. (2004). *Lattice-gas cellular automata : simple models of complex hydrodynamics* (1st pbk. ed., Vol. 5). Cambridge, UK : Cambridge University Press.

Roughgarden, J. (1979). *Theory of population genetics and evolutionary ecology : An introduction*. New York : Macmillan.

Roughgarden, J. (1997). *Primer of ecological theory*. Upper Saddle River, NJ : Prentice Hall.

Royama, T. (1971). A comparative study of models for predation and parasitism. *Researches on Population Ecology*, Sup. #1, 1-91.

Ryan, M. L. (1980). Fiction, non-factuals, and the principle of minimal departure. *Poetics*, 9, 403-422.

Scanlan, J., Berman, D., & Grant, W. (2006). Population dynamics of the European rabbit (*Oryctolagus cuniculus*) in north eastern Australia : Simulated responses to control. *Ecological modelling*, 196 (1-2), 221-236.

Schelling, T. C. (1978). *Micromotives and macrobehavior*. New York : Norton. [T・シェリング著, 村井章子訳『ミクロ動機とマクロ行動』勁草書房, 2016 年]

Schulz, L., Gopnik, A., & Glymour, C. (2007). Preschool children learn about causal structure from conditional interventions. *Developmental Science*, 10 (3), 322-332.

Seger, J., & Brockmann, H. J. (1987). What is bet-hedging? *Oxford Surveys in Evolutionary Biology*, 4, 181-211.

Shepard, R. N. (1980). Multidimensional scaling, tree-fitting, and clustering. *Science*, 210, 390-398.

Shepard, R. N. (1987). Toward a universal law of generalization for psychological science. *Science*, 237, 1317-1323.

Shepard, R. N., & Metzler, J. (1971). Mental rotation of three-dimensional objects. *Science*, 171 (3972), 701-703.

Singer, D. J. (2008). *The problem of scientific modeling for structural realism and the semantic view of theories*. Unpublished honors thesis, University of Pennsylvania.

Sneed, J. (1971). *The logical structure of mathematical physics*. Dordrecht, Holland : Reidel.

Stalnaker, R. (2002). Common ground. *Linguistics and Philosophy*, 25 (5-6), 701-721.

Stenseth, N. C., Falck, W., Bjørnstad, O. N., & Krebs, C. J. (1997). Population regulation in snowshoe hare and Canadian lynx : Asymmetric food web configurations between hare and lynx. *Proceedings of the National Academy of Sciences*, 94 (10), 5147-5152.

Sterrett, S. G. (2005). *Wittgenstein flies a kite : A story of models of wings and models of the world.* New York : Pi Press.

Strevens, M. (1998). Inferring probabilities from symmetries. *Noûs*, 32 (2), 231–246.

Strevens, M. (2004). The causal and unification approachs to explanation unified-causally. *Noûs*, 38, 154–179.

Strevens, M. (2008). *Depth : An account of scientific explanation.* Cambridge, MA : Harvard University Press.

Suárez, M. (2004). An inferential conception of scientific representation. *Philosophy of Science*, 71 (5), 767–779.

Suárez, M. (2009). *Fictions in science : Philosophical essays on modeling and idealization* (Vol. 4). New York : Routledge.

Sugden, R. (2002). Credible worlds : The status of the theoretical models in economics. In U. Maki (Ed.), *Fact and fiction in economics : Models, realism, and social construction* (pp. 107–136). Cambridge, UK : Cambridge University Press.

Suppe, F. (1977a). The search for philosophic understanding of scientific theories. In F. Suppe (Ed.), *The structure of scientific theories* (2nd ed.). Chicago : University of Illinois Press.

Suppe, F. (Ed.). (1977b). *The structure of scientific theories*. Chicago : University of Illinois Press.

Suppe, F. (1989). *The semantic conception of theories and scientific realism.* Chicago : University of Illinois Press.

Suppes, P. (1960a). A comparison of the meaning and use of models in mathematics and the empirical sciences. *Synthese*, 12 (2/ 3), 287–300.

Suppes, P. (1960b). Models of data. In E. Nagel & P. Suppes (Eds.), *Logic, methodology and the philosophy of science : Proceedings of the 1960 international congress* (pp. 251–261). Stanford : Stanford University Press.

Tanenbaum, A. S., & Van Steen, M. (2002). Distributed systems : Principles and paradigms. Upper Saddle River, NJ : Prentice Hall.

Teller, P. (2001). Twilight of the perfect model model. *Erkenntnis*, 55 (3), 393–415.

Thomasson, A. L. (1999). *Fiction and metaphysics*. Cambridge, UK : Cambridge University Press.

Thomson-Jones, M. (1997). *Models and the semantic view.* PhilSci Archive. Retrieved from http://philsci-archive.pitt.edu/8994/.

Thomson-Jones, M. (2006). Models and the semantic view. *Philosophy of Science*, 73 (5), 524–535.

Toon, A. (2010). The ontology of theoretical modelling : Models as make-believe. *Synthese*, 172 (2), 301–315.

Toon, A. (2012). *Models as make-believe : Imagination, fiction and scientific representation.* Basingstoke, UK : Palgrave Macmillan.

Tversky, A. (1977). Features of similarity. *Psychological Review*, 84 (4), 327–352.

Tversky, A., & Gati, I. (1978). Studies of similarity. In E. Rosch & B. Lloyd (Eds.), *Cognition and categorization*. Hillsdale, NJ : Erlbaum.

Vaihinger, H. (1911). *The philosophy of "as if"*. London : Kegan Paul.

van Fraassen, B. C. (1980). *The scientific image.* Oxford : Oxford University Press. [B・C・ファン・フラーセン著，丹治信春訳『科学的世界像』紀伊國屋書店，1986 年]

Vichniac, G. Y. (1984). Simulating physics with cellular automata. *Physica D : Nonlinear*

Phenomena, 10 (1-2), 96-116.

Volterra, V. (1926a). Fluctuations in the abundance of a species considered mathematically. *Nature*, 118, (558-560.).

Volterra, V. (1926b). Variazioni e fluttuazioni del numero d'individui in specie animali conviventi. *Memorie Della R. Accademia Nazionale Dei Lincei,* II, 5-112.

Walton, K. L. (1990). *Mimesis as make-believe : On the foundations of the representational arts*. Cambridge, MA : Harvard University Press. [K・L・ウォルトン著，田村均訳『フィクションとは何か――ごっこ遊びと芸術』名古屋大学出版会，2016 年]

Watts, D. J., & Strogatz, S. H. (1998). Collective dynamics of "small-world" networks. *Nature*, 393, 440-442.

Weber, M. (2005). *Philosophy of experimental biology*. Cambridge, UK : Cambridge University Press.

Weisberg, D. S. (2008). *The creation and comprehension of fictional worlds*. Unpublished doctoral dissertation, Yale University.

Weisberg, D. S., & Goodstein, J. (2009). What belongs in a fictional world? *Journal of Cognition and Culture*, 9, 69-78.

Weisberg, M. (2003). *When less is more : Tradeoffs and idealization in model building*. Unpublished doctoral dissertation, Stanford University.

Weisberg, M. (2006). Forty years of "The Strategy" : Levins on model building and idealization. *Biology and Philosophy*, 21 (5), 623-645.

Weisberg, M. (2007a). Three kinds of idealization. *Journal of Philosophy*, 104 (12), 639-659.

Weisberg, M. (2007b). Who is a modeler? *British Journal for the Philosophy of Science*, 58 (2), 207-233.

Weisberg, M., & Reisman, K. (2008). The robust Volterra principle. *Philosophy of Science*, 75 (1), 106-131.

Westheimer, F. H. (1987). Why nature chose phosphates. *Science*, 235 (4793), 1173-1178.

Wimsatt, W. C. (1980). Randomness and perceived randomness in evolutionary biology. *Synthese*, 43 (2), 287-329.

Wimsatt, W. C. (1981). Robustness, reliability, and overdetermination. In M. Brewer & B. Collins (Eds.), *Scientific inquiry and the social sciences* (pp. 124-163). San Francisco : Jossey-Bass.

Wimsatt, W. C. (1987). False models as means to truer theories. In M. Nitecki & A. Hoffmann (Eds.), *Neutral models in biology* (pp. 23-55). Oxford : Oxford University Press.

Wimsatt, W. C. (2007). *Re-engineering philosophy for limited beings*. Cambridge, MA : Harvard University Press.

Winsberg, E. B. (2010). *Science in the age of computer simulation*. Chicago : University of Chicago Press.

Winther, R. G. (2006). Parts and theories in compositional biology. *Biology & Philosophy*, 21 (4), 471-499.

Wisdom, J., & Holman, M. (1991). Symplectic maps for the n-body problem. *Astronomical Journal*, 102, 1528-1538.

Wolfram, S. (1983). Statistical mechanics of cellular automata. *Reviews of Modern Physics*, 55 (3), 601-644.

Woodward, J. (2003). *Making things happen*. Oxford : Oxford University Press.